阅

阅读成就思想……

Read to Achieve

思考者 Thinker 系列

ATTENTION
Beyond Mindfulness

专注力修炼

不分心的智慧

[英] 盖伊 · 沃森（Gay Watson）著
苑东明 译

中国人民大学出版社
· 北京 ·

图书在版编目（CIP）数据

专注力修炼 ：不分心的智慧 / （英）盖伊·沃森（Gay Watson）著 ；苑东明译. -- 北京 ：中国人民大学出版社，2020.6
书名原文：Attention：Beyond Mindfulness
ISBN 978-7-300-27967-1

Ⅰ. ①专… Ⅱ. ①盖… ②苑… Ⅲ. ①心理学一通俗读物 Ⅳ. ①B84-49

中国版本图书馆CIP数据核字(2020)第030268号

专注力修炼：不分心的智慧

［英］盖伊·沃森（Gay Watson） 著

苑东明 译

Zhuanzhuli Xiulian：Bu Fenxin de Zhihui

出版发行	中国人民大学出版社		
社　　址	北京中关村大街31号	**邮政编码**	100080
电　　话	010-62511242（总编室）		010-62511770（质管部）
	010-82501766（邮购部）		010-62514148（门市部）
	010-62515195（发行公司）		010-62515275（盗版举报）
网　　址	http：//www.crup.com.cn		
经　　销	新华书店		
印　　刷	天津中印联印务有限公司		
规　　格	170mm×230mm　16开本	**版　　次**	2020年6月第1版
印　　张	15.5　插页1	**印　　次**	2020年6月第1次印刷
字　　数	222 000	**定　　价**	75.00元

有人请一休禅师把最高智慧的精华写给他看。

禅师只写了一个词——专注力。

来客怏怏不乐道："这就完了？"

禅师再次施惠于他，但落笔写下的还是"专注力"这个词。

所以，一休禅师认为，最高智慧的精华就是专注力。

ATTENTION

前言

请专注于你的专注力

只要你告诉我你专注于什么，我就能知道你是个什么样的人。

奥尔特加·伊·加塞特（Ortega y Gasset）

我们每个人确实都根据自己的注意方式，来选择自己生活的领域。

威廉·詹姆斯（William James）

请专注

我们一听到“请专注”这个指令，就仿佛回到了坐在课桌前听老师讲课的学生时代。从孩童时代起，大人就一直告诫我们要提高专注力，但专注力本身却很少受到特别关注。我们最常关注的不是专注力缺乏问题，就是专注力所需要的对象或内容方面的问题，而专注力过程本身却常常被忽略不谈。请注意，这个被忽略的过程才居于“我们是谁，以及如何成为心目中的自己”这个问题的核心。正如一位佛教学者所写的那样：“似乎完成那些简单的任务，才具有根本性的价值，而完成这些任务所依赖的意识品质却无关紧要。”然而，如果我们能够自觉地把我们的意识转到过程上而不是结果上，就能发现一种看见与存在的全新路径。

专注力位于我们所思所行的每件事情的核心，但它常常是无形的、透明的，失落于我们对内容的执迷之后。我们可能时刻保持专注，或者也会让它信马由缰地飘一会儿，但很少会去注意专注或走神的过程本身。人们通常会以工具性的视角看问题，着重考虑能够实现什么样的目的，从而忽略了过程和做法。然而，正念和坚毅这类受人欢迎的品质都是建立在专注力之上的。小说家阿道司·赫胥黎（Aldous Huxley）是个例外，他在小说《岛》（*Island*）的开篇即提到“注意”这个词，而且这个词是从一只八哥的嘴中喊出来的——这只经过训练的八哥会说“注意”（attention）和“此时此地”（here and now），就是在不停地提醒健忘的我们，我们对专注力给予的注意真是太少了。为什么如此重要的体验却这么容易被忽略呢？

当下，正是我们把注意转向专注力本身的一个好时机。专注力练习的某些方面已成为当前讨论和研究的常见话题，其中既包括专注力所面临的威胁（如新媒体涌现、注意力分散和注意力缺陷障碍），也包括正念练习的不断发展对人们专注力的强化。不过，为了对专注力进行有意义的思考，我们既要思考它的作用方式，又要思考它的内容：在日常生活中，专注力是如何起作用的？为了更好地生活，我们能够且可能把有限的专注力资源分配到哪些对象上？我们发现，专注力过程既可能是无意的，也可能是有意的，是处于我们的控制和意志之下的。专注力练习明显是针对后者进行的，这也是本书的主要研究对象。当总是处于过载状态的各类商业广告宣传占用了我们有限的专注力，我们无意识注意所遭受的文化冲击就会呈指数级增长。因此，明智地培养良好的专注力习惯就变得越来越重要了。

神经科学已经揭示出，我们的神经系统具有可塑性——这是大脑改变其结构的能力，是激活神经元的路径和模式，是对重复性体验所做的反应，将终生处于进行状态中。人们发现，专注力机制居于这个过程的核心。现在看来，有意识的注意是一种我们可以通过练习来掌握的技巧，它可以塑造我们的大脑模式，强化我们的心智，并对我们最终成为什么样的人产生深刻影响。就像“集中专注力”已经成为一种说辞，而非有意识的行动一样，人类是“习惯的奴隶”这种观点也成了一句人们不加思考的格言。然而，如果像研究所显示的那样，人类的确是被自己的习惯所形塑的，那么大脑就是由我们不断重复的日常活动所“雕刻”出来的。因此，我们当然要仔细思考应该养成什么样的习惯。练习意味着有意识的注意；习惯则是指在无意识的做法变得让人完全习以为常后，人就不再能再注意到它的存在。要养成好的习惯，就需要进行持续不断的追问。

我是在撰写《空的哲学》（*A Philosophy of Emptiness*）这本书时，第一次认识到了专注力修炼的价值。我在这本书中，通过时间和空间两个维度探索了空的理念，它初起于东方的道教和佛教教义，然后经由希腊哲学家的引介进入西方，再到在基督教的威压之下几乎被人们遗忘，最后又在当代世界重见天日。这样一来，我们就需要暂且偏离主题去阐述一下关于空的理念。虽然我们说的是空，但这并不意味着什么都没有，或什么都不存在。在道家经典中，所谓有，是指万物都处于流变中的这个经验的世界，是从无或空这个具有生命力的根基上生发出来的。因此，道就可以被理解为，有的王国持续不断地从无中产生出来的过程，是有形从无形中产生的过程。与佛教的经文相比，道教的文本更富有诗意，更关注根基和生育，也更具丰富性和精神性，呈现为一个更宏大、更具有学术性、更完整的关于空的哲学，这是经过几个世纪的研究和冥想体验而形成的。这些关于空的哲学观点都涉及空的本质、形式、稳定性、持久性、内在同一性，以及如何定义的问题。另一方面，空又变成了相互依存性，这是对多元化、变化和偶然性的颂扬。对空的完整理解，意味着人们对无常和万事万物之间存在的相互依存性有了深刻的感受，认识到这与空无一物远非一回事，这改变并丰富了人们对生命和自身的理解。我发现，要形成这样的理解，西方人就需要从西方式的、多半是无意识的对存在和物质的迷恋中转移出来。而在东方传统中，对在场和不在场、存在和不存在之间的严格对立持一种更加模糊的、模棱两可的态度。这就导致了“空性”（sunyata）这样的概念出现。这是一个梵文术语，经常被译为“空性”，正如我在前面描述“空”这个词时对其所怀的期待，它应该比“emptiness”（空）这个英语单词的通常含义包含更多积极的内涵。一个有趣的例子是，空性（sunya）或者空（empty）是印度人首先使用的一个词，用于表示数学上零的概念，因此对于数学运算也是必不可少的，现在还成了现代计算机二进制语言的半壁江山。西方人传统上反对变化和无常，并沿着存在和物质的路线进行思考，拥抱一个按照抽象法则运行的世界和一颗不朽的灵魂，认为这能让人类摆脱死亡，在变动不居的现实之后或者之上，有一位上帝或者一个理念存在，因为它们是不变的，所以也更加真实。对于那些在天经地义的西方观念下成长起来的人来说，要想真正把握“空”“无常”和“相互依存”这样的概念，就必须对那些历史悠久、现在已经变得无意识的对物质和存在的关注来一个图形 / 背景（figure/background）的彻底翻转。这样的翻转能够让我们深刻理解形式对空间、声音对寂静的动态依赖性。我们对这些词语的感受，就会更深刻、更丰富，也更能明白其来龙去脉。一个人就能认识到西方哲学需要解构，在对理念和固定性、物质和存在的认识上，需要持一种更加灵活的态度。这样的翻转，随之而来的是对一种更真实的平衡的重建，需要通过专注力修炼来实现。只有在密切关注之下，我们才能发现偏见，才能实现对自己观念的再校准和再平衡。不过，形成这样的专注力需要练习，我对空的研究也说明，尽管它一度与哲学密不可分（从词源学上讲，“哲学”的英文“philosophy”这个词就是“对智慧的爱”），尽管神经科学在理论上揭示了专注力的重要性，但长期以来，专注力练习一直与科学和哲学相分离。可是，与此同时，在艺术实践中，在心理学中，就正念（mindfulness）在我们当代生活的各个方面变得风靡这件事情上，专注力练习仍然在场。因为在如今这个千变万化的世界上，人们会对确定性产生更强的补偿性情感需求，所以建立起进行专注力练习的习惯，就能与哲学上对空的认识紧密联系起来。

正如佛陀所断言的那样：“凡比丘多随寻思、随伺察，像这样成为心的倾向。”的确如此，在 20 世纪初，哲学家、心理学家威廉·詹姆斯把生物描述为“习惯的集合体”（bundles of habits），他把那些先天性的习惯称为本能，而把其余那些因为受教育而形成的习惯称为理性行为。在神经科学出现之前很久的时候，他甚至这样描述大脑的可塑性："当外部信号被感官系统采集并形成神经流之后，这些意识信息就会通过神经根的上传下达转变成真正意义上的'动作'。而在神经流的传递过程中，它们必然会在'河道'上留下不可磨灭的痕迹"。①

近来，作曲家菲利普·格拉斯（Philip Glass）撰文谈到他是如何培养自己的"专注力习惯"的。他描述了自己从每天上午十点到下午一点这几个小时里，都要作曲，他会强迫自己坐在钢琴前面，不管是否有想法或灵感。"在我第一周这么做时感到很痛苦，其实也很残酷。起初，我在这几个小时内一事无成。我像个傻瓜一样呆坐在那里，根本不知道该干点什么。慢慢地，情况开始发生变化了，我开始谱曲，逐渐感觉能做点事情了。又过了几周，我发现自己从那种近乎疯狂和沮丧的状态，慢慢转到了某种类似专注的状态……从那以后，我培养了这种类似于习惯性专注力的品质，这让我的生活开始变得井井有条。"

我们既能够培养习惯，也可能丢掉习惯。在20世纪80年代，科学家杰拉尔德·埃尔德曼（Gerald Edelman）首创"神经达尔文主义"（neural Darwinism）这个术语，解释了人的经历和体验是如何强化和消除神经放电的。我们每个人都截然不同，这都是我们各自经历和体验的结果。奥利弗·萨克斯（Oliver Sacks）描述了婴儿在运动习惯的形成和受伤后的康复的学习路径上有多么因人而异：

> 每个人都必须发现、建立自己的运动和感觉模式，寻找自我应对挑战的方式……神经达尔文主义暗示，我们每个人注定都是一个独特而需要自我发展的人，不管我们本意是否希望如此，都需要开辟自己的人生之路。

这样一来，专注力的练习就变成了自我创造的练习。这能够强化、丰富我们以及我们身边人的生活——当然，搞不好的话，也会适得其反。

---

① 援引自［美］威廉·詹姆斯所著《哈佛教授的心理学原理》中的译文，作者将神经根比喻为河道。——译者注

因此，重要的是，我们要弄清楚什么样的修炼有助于我们培养健康的心智，以及什么样的修炼反而有害。在这个社会和技术快速变化的时代，计算机、各种电子装置、社交媒体和短信息正改变着我们的修炼和体验，对专注本身的专注变得更加关键。鉴于围绕这些新习惯的担忧情绪甚浓，一名佛教学者最近写文章指出，互联网可以被视为一个集体大脑，而那些能够让众人共享某人网络记录的媒体网站也可以被称为“全球冥想的新兴形式”：

> 目击一次暴行的发生，目睹一次不公正的行为，或者直接经历了一次历史上从未见过的事情，都会把一缕意识之光投射到世界的某个黑暗角落，这很像冥想之光投射到我们原本没有省察到的内心角落中。然而，我们集体面临的挑战和个人面临的挑战一样令人生畏：我们如何才能把耐心、善良和平静带到我们看见的地方，而不让那些原本潜伏在内心深处、正跃跃欲试地想要迸发的愤怒和怨恨的波涛冲出闸门？这全在于我们如何管理专注力，这是对专注力的道德要求。

神经科学方面所进行的研究正在把人的思维过程阐释得越来越清晰。最近的许多研究发现，如对大脑缺省模式的发现、对叙事模式和以当下为焦点的专注力模式之间的区别的发现，以及对注意力不集中会让人苦恼这一现象的发现，都以一种迷人的、以人类为中心的方式打开了一片新天地。然而，永远都不要指望神经科学能够把人类体验的全貌都解释清楚；人类是具身性（embodied creatures）的物种，而这种具身性被深深地嵌入人类文化中，就像我们在前面的讨论中所看到的那样。心理学家保罗·布罗克斯（Paul Broks）研究了尼古拉斯·汉弗莱（Nicholas Humphrey）的作品，认为“当我们正在开动脑筋思考意识问题时，当我们正在用心体会那些科学和哲学理论的真理性时，我们对其艺术性的关注可能会像对其科学性的关注一样多”。他辩称，即使有一天某个问题能用科学的术语解释明白了，这些术语也未必能够吻合人类的想象力体系，在探求现象存在的本质方面，艺术性的方法和媒介可能具有更大的价值。

除了科学，在其他领域，一些古代修炼最近都实现了现代化，正如布罗克斯所说，心理疗法及其他不同的艺术和手法，在提高专注力方面都有悠久的实践史。我的目的是把所有这些领域内的专家们的经验综合起来，试图对活跃状态下的专注力进行探究。这样的探究是广博的而非深入的，是经验性的而非理论性的。我想和有关专注力的各个领域中的专家们进行交流，探究专注力在他们的体验中的位置，并探索是什么样的修炼打磨并仍然影响和丰富着他们的专注力技巧。最近有一本关于意识和专注力的带有学术味的著作指出，对专注力应该根据其功能来定义，而意识则应当以没有明确目的的现象特征来定义。我很高兴能读到这个观点，因为我的本意正是不想用学术性或描述性的方法来论述这个主题，而是想探求专注力在不同领域中发挥作用的方式——这才是活的专注力，也是它本来的面目。我们对专注力的思考越多，就越能发现，它的确位于我们一切思与行的核心。在日常生活的每一刻，我们都在运用专注力。即便是在夜晚的梦境中，我们也会受到白天专注力运动残余物的影响。一本关于专注力的书，可能会不断地分叉延伸，最后就像整个世界一样广阔，像“自我”这个概念一样人言人殊。而我会努力把关注焦点放在专注力的修炼上。

在这个探索过程中，将有三条独特的线索交织在一起：首先，是把专注力视为一种可以学习和练习的技巧；其次，再思考什么样的练习是健康的或有害的，由此揭示隐藏在专注力修炼背后的意图；最后，是对增强的或优化的专注力的反思，因为这对世俗或内在的超越至关重要。在这个物质时代，人们仍然对某种形式的超越或“精神”体验怀有热望。看起来，一种更高级的体验，也就是弗洛伊德所说的“海洋感觉”（oceanic feeling）能够达到这样的效果。这是一种与大自然合而为一的体验，或者是我们由艺术而激发出的一种自身得以扩展的感觉，是另一种不同类型的专注力的产物。

让我们回到专注力本身。词典对这个词的定义，能告诉我们它的重要性及词义范围：

attend

动词的三种时态：at·tend·ed, at·tend·ing, at·tends

及物动词：

1. 在场、出席（例：上课）；

2. 陪伴、随……而至（例：他的演讲结束之后，响起了热烈的掌声）；

3.（a）作为陪伴或服务人员陪伴；

（b）看护、照料（如一名病人）；

4. 处理、料理（例：当我们不在时，他们负责料理我们的事务）；

5. 听、注意到（例：注意听我说出的每一个词）；

6.（古语）等待、期待。

不及物动词：

1. 出席；

2. 照顾、注意（例：后续我们会注意这个问题）；

3. 投身或者引导自己（例：投身于他们的业务）；

4. 关注（例：没有偏见地关注这场争论）；

5. 准备着去服务、等待；

6. 延误或者等待的废弃语。

从拉丁语源看，ad + tendere= to stretch to（延伸到）：

1. 把心思或者精力引向；看守、照管，等待，期望；

2. 听、注意、考虑；

3. 照看；

4. 引导某人的关心到某个对象，照料。

这些定义的范围和重要性提醒我们，专注力居于我们体验的中心。让我们来看看这些定义。首先是出席、在场。这一定是所有体验的根本吗？如果我们根本不在场，又何谈体验？但是，我们又有多少次能够真正地、有意识地做到此时此地、身在心在呢？在当今这个人人忙碌、城市快速推进、多媒体大行其道的世界上，当我们的感觉被分散，双眼面对大量涌入的景象而应接不暇，双耳始终不停地传入各种噪声时，难以做到专心致志也许是很普遍的现象。拿出片刻时间，把自己想象成一名猎人：所有的感官都紧张起来，去捕捉此时此刻的所有信息，去感受周围这个危机四伏的世界，去竭力发现你正在追踪的猎物的蛛丝马迹，同时还要小心"螳螂捕蝉，黄雀在后"。也许现在这种感觉与平常相比显得大不相同，但这种感觉正是猎人们在狩猎季节一开始就希望在日常体验中获得的。现在，人们普遍宣传正念有助于促进身体健康，实现成功，并把它的流行归因于它在我们当下的日常生活经验中非常罕见。其实，如果倒推几千年，我们的猎人祖先就已经能做到完全沉浸于当下世界而心无旁骛，不知道还存在其他的可能，他们不会相信在多少年以后，这居然会成为需要别人教授才能学会的东西。对他们而言，专注力就是与生俱来的东西。它既伴随着我们生命的过程，也是我们生存的结果。

陪伴、照顾、为此负责、倾听、期待……"专注"这个动词所具有的所有这些及物性义项不仅与对象相关，更与过程相关，是与对象之间作用关系的方式——这是一种包含着接受与关怀的与世界交往的方式；这是一种关心而非强加于人的不公平负担。当被问到有没有一种东西既能保住现世的利益，又能保住死后继续获得那些利益时，佛陀的回答是："有这样一种东西，关心（care、apamada）。"斯蒂芬·巴彻勒（Stephen Batchelor）几十年来一直在精心研究一种切合于我们这个时代的佛教方法，这种方法就与佛陀的这句答话有关。在其他场合中，他还说过，所有包含着技巧的状态"都植根于且归结于关注（care）"。巴彻勒承认，"apamada"是个非常难于翻译的词，它通常被理解为"勤勉"或"留意"。他说，他之所以选择"关注"，是因为受到了马丁·海德格尔（Martin Heideger）及其所用的德语词汇"Sorge"（译为操劳、忧虑、牵挂）的影响。经过对"Sorge"一词的详细阐述，他描述了这个词如何在语法上体现了否定性的意义，表示不疏忽、不懒惰，建议我们将其理解为"机警地注意关系到对他人和自身福祉的真诚关注"。在英语词典中，这个动词的不及物意义重复并包含着这样的含义：要照顾、要关注、要随时准备、要等待、要服务。

这个词的意义的卷须向四面八方扩散，表现出朝向一个更丰富、更陌生的世界的姿态，并且距离我们日常的理解越远，我们就越会注意它。线索也许可以在它的词源里找到——延伸，即把心思和能量转于其上，倾听、注意、考虑、问候、引导某人的关注点、照料。专注力确实恰好位于我们的体验以及我们的处世方式的核心吗？或者说得更深入一些，是位于我们更好的处世之道的核心吗？当代对这个词的某些写法能引发我们更多的反响——@tention。这种写法包含着这样一个意思：专注力（attention）也可以是我们栖息于此的一个网址，而当这样的寓居方式与我们的经验不吻合时，我们就能观察到某种紧张关系的产生，此时所谓"正在注意"（inattention）实际上滑向了不注意（inattention）。

有这样一段最古老的佛教经文，叫作《法句经》（*Dhammapada*），它以教人以意为中心的思想开头，我认为我们在这里可以把它理解为保持专注力：

诸法意先导，
意主意造作。
若以染污意，
或语或行业，
是则苦随彼，
如轮随兽足。

紧接着，经文又告诉我们：

灌溉者引水，
箭匠之矫箭，
木匠之绳木，
智者自调御。
此心难控制，
迅捷又轻浮。

好好驯服它，
守心得欢乐。

如今，英国精神病学家、学者和作家伊恩·麦吉尔克里斯特（Iain McGilchrist）对此这样表达：“我们对世界所施加的专注力的本质，改变了我们眼中所见的世界的本质。”反过来，我们眼中的所见又影响了我们对未来所施加的这种关注，这样一来，“专注力的差别就不只是技术性的、机械性的问题，而是对人类本身产生了重要的经验性、哲学性后果”。他描述了我们的头脑是如何“向它（这个世界）伸出触角（这就是‘专注力’这个词的含义，即向目标伸出一只触角）”。然而，不免让人奇怪的是，我们对专注力本身给予的关注却太少了。

受到麦吉尔克里斯特和禅宗大师的鼓舞，我提出了一个核心问题：“为什么专注力如此重要？”我希望在本书结尾时，这个问题的答案将是显而易见的。显然，这自然会众说纷纭。哲学家的态度是，未经省察的生活不值得过，与行尸走肉无异。科学，尤其是神经系统科学，正在日复一日地向我们揭示出专注力过程对人类发展和福祉的中心作用。心理学家将母亲对孩子的关注视为儿童发育的关键，心理治疗试图在我们缺失专注力时进行修复，从体验的连续性上来强调专注力的重要性，两者都能记录我们的喜悦，承认我们的不幸。如果缺乏对专注力的认可，可能就不会有自主的情绪调节，由此堆积下来的这些情绪和能量反过来又会在我们自己身上作祟。如今，有一种被称为神经达摩（Neurodharma）的治疗师越来越多地出现在人们的视野中，他们把神经科学的最新发现和佛教意识修炼，以及精神分析的理论结合起来，极大地强化了积极体验。也许对我们所有人来说，最重要的是经验性的答案——没有专注力，我们就难以感觉、学习、发展或享受，不管是出于何种意愿和目的，我们的生命都会贬值，陷入半死不活的状态。

如何修炼或者说如何打磨专注力？对这个问题的答案更是五花八门。在专注之外还有融入，但专注是排在前面的。在我们能够智慧地融入任何领域之前，必须先加以注意。保罗·金斯诺思（Paul Kingsnorth）对此深有体会，他写下了自己在追随生态激进主义（ecological activism）多年之后，进行的第一次冥想：

> 老师说："就坐在这里。"这是一种常见的禅宗式态度，虽然有些人把这看成类似耸肩一样的冷淡回应，但对我来说恰恰相反。它真正想要表达的意图是：请注意。我们的文化在唤起人的专注力方面令人失望。它更推崇行动，而鄙薄沉思。面对正在我们面前展开的这幅生态灭绝的图景，人们的反应经常是激进地要求马上"行动"起来——似乎任何行动都行，即使不够有效，都聊胜于无。然而，这样做其实起不到什么作用……
>
> 在你能够积极有效地对任何事情采取行动之前，你必须理解它——这是静修的意义所在，也是专注力能够体现价值之处。要认识中立性的本质，就要先抛开你自己的背景，这会对你大有帮助。
>
> 如果我们能感受到脚下的大地，感受到树木和泥土，感受到风和雾，能够全神贯注，我们就能发现应该做什么，应该如何开始做，而无论在行走的时候背负着怎样的负担。

我在后面的章节中将如何定义专注力？我的方法可能会让你生气发火，这是因为，即使不说是全部，我也会采用上面所列出的大部分释义，而且还会在其多种不同形式下运用——从近距离聚焦到广泛性的意识，从正念到心智游移（mind wandering）。就像我正漫游在一个阅读和研究的海洋中，而你作为读者就跟在我的后面，我们共同经历着各种结果，你会遇见某个词及其在不同情况下的用法。我的意图就是，循着那些我与其实现了融合的词汇用法进行探索，从而激发你的好奇心，并阐明这一过程，而不是得出任何终结性的答案。简单地说，这里没有方程式，没有"证明完毕，谨此作答"，没有取来即用，但是会对专注力形成一个经验性的定义，因为这存在于不同的声音里：希望通过专注于专注力，通过对专注的过程投入专注力，而生活得更好。

接下来，我想通过生活的各个方面来探究专注力的过程。我想与专注力方面的专家们交谈，这包括了解专注力过程原理的科学家，了解高度集中的专注力会产生哪些成果和回报的艺术家、冥想者、精神治疗师、体力劳动者——上述所有人的工作和经验都鼓励并允许他们关注专注力本身，而不是把专注力局限在对象和内容上。我将采取现象学研究的方法，在这方面会遵从哲学家亨利·波尔托夫特（Henry Bortoft）的观点，他认为："现象学是专注力在体验之内的一次转向，它把专注力从被体验的事情（例如，专注力的焦点集中在'什么'这个词上）上拉了回来，转移到对体验对象的体验过程本身。"我想始终抓住我们的体验来谈问题，尽管我们总是忘掉这回事，但在本质上，每个人都是关于自身专注力的专家，也是唯一一个能够调用自己的意志力来强化专注力的人。

本书无意成为有关专注力的神经系统科学的探索性学术书籍，或者关于专注力修炼的自助类指导手册。我期待的是，对专注力的各个方面，以及那些在专注力运用方面最有技巧的人的思想和他们的做法，展开广泛的讨论。我的任务是，努力尝试尽可能周密地把那些个人性的见证，缝合到那张我希望能够缝制成的某张拼布床单上去，这是一个有用的整体性知识体系，但又不失每一块布头的多样性；这些个人性的见证是构成整体的特别声音。简·赫斯菲尔德（Jane Hirshfield）在听过我的这个比喻后，她给出的评价很漂亮，说这就像是一个"声音的万花筒"。最后我希望，你在读完本书之后，心中还有问题，并且好奇心更加强烈。这样的好奇心能够帮助你挑战旧习，鼓励你以开放的态度对待令人惊奇的现象，期望你能更加密切地关注日常生活的各个方面，并且愿意降低自己的期待而付出更多的关心。

在第 1 章一开始，我想在时间之河中溯流而上，首先思考古人是如何修习正念和冥想的，及其背后的理论支撑是什么。佛教和道教提出的观点与当代西方人所熟悉的观点很不一样。然而，它们的影响力的确超越了作为西方文明基础的古希腊哲学思想，但这些影响，尤其是对专注力修炼方面的影响，在西方历史上的很长时间内都隐而不显。只是在我们所说的现代和后现代时期开始时，才从中涌现出意识修炼及一些说空谈玄的论调，在充斥着物质、真相、确定性和存在等概念的诱惑中，再一次为人所知晓。然而，有趣的是，理论和实践在很大程度上已经脱节了。虽然对偶然性、存在的不确定性和空的理解痕迹，在从尼采（Nietzsche）到海德格尔（Heidegger）、维特根斯坦（Wittgenstein）、德里达（Derrida）和莫里斯·梅洛－庞蒂（Maurice Merleau-Ponty）等诸多哲学家的著作里都能明显看到，但要说对具体实践的关注，只有在梅洛－庞蒂的著作中才能看到。虽然在当代艺术、音乐和文学中，人们对空和专注力的理解有很多表现，但很少被记录下来。本章也将思考当代正念运动在其涉及的各个领域中蔚为大观的风靡情况。

在简单回顾了专注力修炼的历史之后，我将在第 2 章转向神经科学及其对专注力诸方法的当代性解释，以及对我们专注力体验的介入情况。从这些日益增长的知识中，新的修习方法正在涌现，包括扩充意识的方法、训练我们的大脑以强化健康的体验或规避无益性发展的方法。这一章将用不同的方式来回顾最近的科学发现，以及它与第 1 章中介绍的信念和练习所产生的共鸣。它将特别强调专注力是一种技能，可以通过修炼进行优化。

在第 2 章中，我还将探索聚焦性的专注力和扩散性的意识之间的不同之处，有指向的任务和大家所说的“缺省模式”之间的不同，而且，按照一篇很有影响的科学论文的说法，还要思考“精神恍惚算不算是一种令人不快的状态”。这一章还要把专注力当作自我叙事的一部分，把创造性的专注力作为我们具有超越性的自我关注点来进行反思。我会把重点放在针对我们日常生活的神经科学发现所隐含的意义上，以及我们如何才能最大限度地运用这些知识来培养出好的习惯，避免养成坏的习惯。

我会在第 3 章中谈到情感性专注力，我将思考那些构成儿童发育成长一部分的情感修炼的方法，我会特别关注在照料者和儿童彼此关注的过程中，儿童所受到的关注。这样一来，我们对专注力伸出的这根触角，就既要感受和指挥专注力如何发出，又要顾及专注力如何被接受，并要加入这个互相关注的过程或者说

“分布式认知”中。在童年时所受到的关注不足，往往会成为人们步入成年后因不快乐而寻求心理治疗的根源。在治疗中，发生在治疗师和治疗对象之间的联合性关注，也是一种治疗性关注，有可能疗愈人们因幼年缺乏关注而遭受的痛苦。在这个问题上，神经科学方面的最新研究再次加深了我们对儿童发育和早期心理疗法理论的理解。例如，把约翰·鲍尔比（John Bowlby）的依恋理论（Attachment Theory）和所有的谈话疗法等早期方案，都转为用生理学术语来描述。

我将特别关注未来在基于正念的认知疗法（Mindfulness Based Cognitive Therapy）中运用专注力，这是目前最受欢迎且得到官方认可的心理治疗方式之一。我也将关注那些受到更传统的意识修炼影响的方式，如英国的核心过程心理治疗（Core Process Psychotherapy），以及美国纳罗帕大学的内观心理学（Contemplative Psychology）方法。

第 4 章将沿着从早期发展到晚期发展对专注力进行思考，探讨如何在教育领域培养专注力的技能。接下来的章节将转向艺术方面的专注力。艺术家早已知晓专注力的重要性。我相信，我们能够经见这么多艺术作品及其价值的产生，正是因为那些艺术家把我们的专注力吸引到了那些我们本来有可能忽略的对象之上。通过想象、别出心裁的并置、新的视角、对司空见惯的场景做出新奇的解释，艺术家们重新诠释了我们的日常生活。作家威廉·莱斯特·希特·莫恩（William Least Heat Moon）曾思考过这个问题，并抵达了专注力这个问题的核心：

> 此刻，我正全身心地坐在那里，练习克服一些非常可怕的困难，努力让自己全神贯注。这是我本人的观点——请你像我一样相信吧，任何错过旅程的人一定也会错过终点——一个人是被他的专注力决定的。他观察到的东西和好奇心，都是由专注力创造和再造出来的。
>
> 从词源上说，curious（好奇）与 cure（治疗）有关，后者曾意味着“仔细观察”（carefully observant）。也许一剂好奇心的补药就会治好我们那种麻木的感觉，即生活正不可避免地滑向荒谬的状态，可以通过观察平凡而

平淡的事物来提供拯救之道，从而让我们内心的灵犀借此点通。停止、看、听——古老的铁路路口信号灯这样警告人们。惠特曼（Whitman）将其称为“关于感受的深奥课程”。

然而，如何来保持这种自我的开放性和接受性呢？如何让事物在自己的眼中始终充满新意？这就是训练中的和训练后的专注力的任务——始终能够注意到事物崭新的一面。当我们旅行到一个未知之处，或者发现自己置身于陌生人当中时，就经常会有这种解脱、兴奋，有许多可能性正在出现的感觉——这就是威廉·莱斯特·希特·莫恩所说的好奇心。因为我们必须让自己遇到的那些事物因我们的到来而有所不同。我们的道路不是静止地铺展在我们面前；当我们从路上走过时，也让道路改变了自身的存在。我们不是在顺着路走，而是把它带入我们专注力、想象和创造性的世界中，我们每时每刻都在创造着自己的道路。梵文中的冥想或者意识练习用“bhavana”这个词来表示，其字根的意思就是存在（being）。它的意思就是使之形成、存在，以及培育。

随着年龄的增长，我们对日常生活的关注越来越少。只有一些出乎意料的变化才会引起我们的注意，而日常生活中的种种情节在不知不觉中就过去了。我有时会想，这并不是因为随着我们的成长时间过得越来越快了，而是因为我们对发生过的事情越来越不注意了，也就是说，专注力的触角没有向其延伸过去。这种感觉得到了神经科学的证实。研究表明，在身体发育早期，我们大脑神经元之间的连接正处于“铺设”阶段，因此整个身体系统都需要稳定性，而不太需要可塑性。在身体的初步发展阶段结束以后，只有当一些重要的、令人惊讶的或新奇的事情发生时，或者当我们努力地对某件事情保持密切关注时，可塑性才会被激活。

如果我们有意识地这样做，那么即使事物没有多强的新奇性，专注力也会被调动起来。新奇性也许存在于我们对事物的观察中，而不存在于事物本身。温德尔·贝里（Wendell Berry）曾经写到，即使是身处完全熟悉的环境中，只要带着想象力和爱的情感（相当于“attend”定义中的关照、留意、倾听这几个义项），最精纯的专注力甚至能在最司空见惯的事物中发掘出新奇之处，能够揭示出事物中潜在的不可预测性和可能性。他说："运用想象力去认知，就是带着亲近感去认知，就是具体地、精确地去认知，就是心怀感恩、虔诚和爱去认知。"他还谈到了这样一个受人喜爱且为人熟知的地方：

> 变化一刻不停，而且难以预料。没有哪两天我们会过得一模一样，而且越是用心地度过某一天，我们就越能感受到这一天的特别之处。即使是日复一日地在一个地方工作和生活，我们对此地的认知也是处于不断修正之中的，我们仍会不断地被一些事情惊到，在经历某些事情时萌发惊奇之感，或者对某些事情心生好奇。即使这个地方一成不变，随着人的年龄越来越大，记忆和经历也会变得日渐丰富，这也会让我们对此地的看法不断得到修正。

贝里提醒我们，我们对一个地方的认知局限并不在于这个地方本身，而在于我们对此倾注的心思。这也与我们进行的思维练习、意识练习有关，通过这两方面的练习，我们能够尽力让自己变得更好。专注力方面的修炼能够鼓励我们去观察那里有什么存在着，并认识到它的存在是偶然的、暂时的和独特的，都只是一个千变万化的万花筒中的个别图案，连我们自己也只是这其中的一个元素。作曲家约翰·路德·亚当斯（John Luther Adams）也曾经这样写过一个地方：

> 多年以后，我才逐渐体会到，在一个地方待上足够长的时间后，自己对这个地方所产生的体验会有什么样的不同之处……我们在一个地方待的时间越长，对它的关注就越贴近，从而会建立更深层次的、更丰富的体验。空间是我们从这里去往那里所经过的距离。我们居住的空间就是一个地方。当我们对自己置身其中的地方进行更耐心、更细致的观察和体会时，我们就会把一个空洞的空间变成一个生活处所。

艺术家们都在努力训练自己在专注力方面的能力，他们会更专注地去看、去听、去做出更密切的回应，并以他们的作品去鼓励他们的受众，与我们分享自己所捕捉到的那些景象。因此，不管是语言、图像、声音，还是动作方面的艺术家，首先都是能通过对具体化的专注力练习进行探索而获得信息的人。

最后，我将尝试做一个总结，会把两个图景拿来做个比较——一个是我们原本可以达到的，另一个是我们在这段特定的旅程结束时实际达到的。这段刚刚结束的旅程对我们来说，只是按下了暂停键。这段探寻之旅背后所隐含的三条线索，很有可能以下述这几种模式之一被揭示出来：专注力是一种可以通过修炼提高的技能；对哪些练习是真正有技巧的、哪些练习是无用的形成了一些观点；日常生活得到升华——因为专注力得到强化获得了对生活的意义感，并在这个世界中获得一种位置感。这其中的意义，也许我啰唆了半天仍可能没说明白，有两位诗人则能一语中的。第一位是马克·多蒂（Mark Doty），他谈到了一幅静物画：

> 画中是有人还是无人。说到最后，我想这才是这些画中隐藏最深的秘密。虽然这看起来几乎要超出能够言说的范畴了，但这种感觉潜藏在它的附属物之下，是自我人格的装饰品，拥有专注力是人的本质特征，是我们实际存在于世界的最直接的表现，是广大领域中的一点意识之光，而我们与这样一个领域从未真正分开过。

另一位对世界和专注力之间的关系有透彻理解的是莱内·马利亚·里尔克（Rainer Maria Rilke），他还把这理解为我们对世界的一种义务。以下内容是他在一封信中表述过的，随后又在《杜伊诺哀歌》（*Duino Elegy*）中的第九首中表达过：

> 不管在哪里，短暂都正在落入存在的深渊中……我们的任务就是把那暂时的、容易腐坏的尘事深深地印入我们的头脑，费力地、热情地去做，这样它的本质才能在我们心中不知不觉地醒来。我们就是在看不见的蜂巢中酿蜜的蜜蜂。我们起劲地从可见的花朵上采来花蜜，再把它存入那不可见的、了不起的金色蜂巢之中。

或许我们在此，为了言说：房子，
桥，井，门，水罐，果树，窗子，——
顶多说：圆柱、钟楼……可是言说，懂吗，
哦，如此言说，大概连事物也无此意，仿佛
内向地存在。①

所以，专注力汇聚了在场、接受性、服务性、关心、开放性、好奇心和培育等意思。要训练大脑去关注所有这些——关注专注力的过程本身，只有这样，我们才能够发现我们与这个世界的接口。

① 援引自《杜伊诺哀歌》，林克译。——译者注

ATTENTION

目录

ATTENTION

第一部分

专注力的养成

第 1 章

作为凝心艺术的冥想和正念修炼

光阴似箭，所以切不可营营扰扰轻掷时光。要凝心，再凝心！

大灯国师（Master Daito Kokushi）

东方起源

佛教

2000 多年前，智者乔达摩（Gotama）真正领悟了专注力的重要性，并掌握了修炼专注力的方法。他因此最终成为佛陀，也就是开悟者或觉醒者。围绕他的体验，他的“觉醒”或者“开悟”最终演变为佛教，这是世界上第四大宗教。关于佛教究竟是不是应该被称为宗教，始终存在一些争议：佛教没有信条，也没有造物主上帝，它有关创世的故事，任何人都不必一字不差地相信。它真正具备的是对生死这样重大问题的关注：如何才能生活得好，如何免遭痛苦，以及如何对待他人。一直以来，我都把佛教的教义视为“第一心理学”，因为乔达摩分析过他自己的经历，以及他每时每刻的意识，并得出一些虽然不那么一目了然，但任何人只要通过密切注意和长期修炼就能明了的结论。事实上，佛陀鼓励他的追随者们相信自己的体验，并在临终之时忠告他们，要成为能够照亮自己的一盏明灯。

乔达摩教诲说，凡存在的事物都会显现出这样三个标志：第一，所有的现象都是暂时的，都处于不断的变化之中。在这种情形之下，它们不够令人满意，是引发痛苦的根源，并且是被称为“非我”的存在（即它们不是具有自我同一性的事物）。第二，在某种程度上，它们依附于自身之外的其他事物。第三，没有任何事物能够独一无二、能无前因而存在，也没有什么事物能独立无依，或是成为终极性存在。佛陀的核心发现——因缘观，即所有现象之间都有深刻的相互依存性，如今已经成为佛教教义而为人所知。包括我们自己在内的一切事物都有依赖性，表现为部分和整体的相互依赖、原因和条件的依赖，以及对语言或知觉命名（perceptual desi gnation）的依赖。

这就解释了佛教思想中另一个经常让人产生困惑的重要教义——空。虽然梵文里的“sunya”这个词一般被翻译成“空”，但这并不意味着什么都不存在或者缺乏，它指的是具有独立性和自我同一性的空。这恰好直接指向相互依赖性，以及我在前言中描述过的现象的共生性。在早期的佛教教义中，空主要局限于自我，或者更准确地说，是局限于“非自我”（我空）。这并不意味着自我就是不存在，尽管这确实意味着没有自我这样的“事物”。它指向这样一个事实：真正存在的不是一个完整、永恒的同一性，而是最好把它想象成一个过程—— 一个自我化（selfing）或者创造自我（self-creation）的过程。我们将在后文中看到，当代神经科学也会认同这样的观点。遗憾的是，人们在日常生活和普通的大众心理学中却意识不到这一点。我们假装自己是或拥有一个稳定、永恒的自我，并从这个以自我为中心的观点出发去设想和安排我们的世界。这就导致了痛苦和不满。因为世界及世界上的万物都会处于无常、无我和不满意这三个标志的支配之下，如果我们把自我理解为永恒、固定的同一性，它就会成为我们痛苦的根源。我们必须睁开双眼，集中专注力，认识到由无常得出的推论是令人失望的；我们可能得不到我们想要的，在某个时点我们一定会丢掉我们所享受的，而且我们将在最终死去。这并不是说，我们在失望之中不会体验到快乐和满足，如果我们能从那些难以实现的期望中解脱出来，那么我们反而会得到更多。

后来，大乘佛教的佛法把“自我为空”的观念推及所有的现象：所有现象都是变化和具有依存性的；所有事物都处于相互依赖之中——不是不存在，而是被缠绕在无尽的相互依赖的过程中。空就像数学中的 0 一样，是理解和创造所必须用到的概念，我们在前面提到过，在早期的印度语言中，0 就是被翻译成 sunya being（存在的空）的。

乔达摩经过很多修炼、苦行和心智训练得出了这些结论，结果发现了四圣谛（Four Truths）——就像斯蒂芬·巴彻勒所描述的那样，这最好被视为“四项任务”。经过多年的打磨，巴彻勒写了很多书，提供了一套当代的、世俗性的、与人类生存相关的佛教修习方法。巴彻勒最初先在中国西藏修行，然后又成为韩国的禅宗僧人，他始终如一地坚持把佛教教义解读为世俗性的，因为它们仍然能够满足当下这个时代的需要，他依靠这些可能是最古老的经文，重述着佛陀的意旨，教导人们如何在当下这个世界更好地、更符合伦理地生活。这四项任务所提供的路线图就像 2500 年前一样，对当今的人类福祉仍然有效。这要求我们了解：人间有痛苦；世界，尤其是我们构想出来的世界，注定不会令人满意；要停止造成痛苦的成因，造成欲望和贪婪的情感成因，以及把我们束缚在错误的生活价值观上的误解和愚昧的认知性成因；认识到我们有办法打破欲望、仇恨和愚昧的枷锁，把自己解脱出来；能够探索出实现这种解放的生活之道。

修炼八正道（eightfold path）能够帮助我们实现解脱，它们分别是：正见、正思维、正语、正业、正命、正精进、正念、正定。这八项可以被分为三个部分——伦理、智慧和专注力修炼。通往智慧的道路涉及理解关于相互依存性和空的基本真理的智慧。与这样的智慧不可分离的是，同情心会就此生发出来：从对这些真相的真正的切身理解出发，真正的道德必然会如影随形地出现；这是在从以自我为中心的世界观向融合、参与、互相依赖、关注和互联的立场转化的过程中，出现的一种责任伦理和响应能力。杰伊·加菲尔德（Jay Garfield）恰当地把这描述为“道德现象学”，指出大乘佛教的伦理不是依赖于戒律和原则，而是立足于专注力修炼。这导致我们的体验从以自我为中心的观点，转向互相依赖的观点，以及一种关怀的伦理。这一道路的第三个分支，与专注力、静观和冥想有关。因为正是通过专注力修炼，乔达摩才能使这些发现可以同时支撑关于伦理和智慧的教义，也正是通过这样的修炼，我们才能追随佛陀的指引。意识联系能够向我们揭示我们是如何构造体验的，以及我们的知觉错误和反动性（reactivity）。根本性的专注力是从叩问那些司空见惯的观念，以及鼓励我们把体验的各个层次分离而开始的。这能让我们从情感中过滤出我们的身体感觉和认知观念，这些有关吸引、反感、性情、爱好、习惯、期待的情感，先于我们的身体感觉和认知观念存在，并且洇染着它们。这样的体验能够让我们通过培养更健康的情感、认知，更重要的是性情和习惯，来实现自身的转变。

对心的运行之道的关注，是佛陀教诲的最核心——尽管如今它不是“宗教”修炼的所有方法的核心。有一些模式揭示了心的运行之道，以及人的体验是如何产生的。在佛陀的开示中，人类的模式是用 nama/rupa 这个术语来表示的，它经常被翻译为“心和身”，但更准确的还是翻译成“名”（name）和“色”（rupa）。

“触觉、感情、知觉、意图、专注力：这是名。”色或 form（形式）是指那些身体性的感受，即巴彻勒所描述的“身体感觉的整体”，在这里还包括那些能看见的、听到的、闻到的、尝到的、可触摸的；当然，这也是具有超越性的。有趣的是，意识（consciousness）在第一个名单中没有被提到。名 / 色——整个精神物理学的现实，是意识产生的必要条件，也被认为难以脱离意识而存在，这就像是立着的两捆芦苇互相倚靠着。斯蒂芬·巴彻勒发表过一个经仔细研究后得出的观点（尽管这个观点可能有些激进），并陈述了这个问题及其内在意涵，他的观点是：“在佛陀的开示中，没有说过意识被包含在名 / 色中——在任何一个场合哪怕一次都没说过。不止如此，佛陀还在三个场合，把意识描述为从名 / 色中产生的，因此，它们才被描述为两捆芦苇。名 / 色和意识严格地说是互相依存的……它们处于平衡之中，处于和谐的舞蹈之中。”这给正统的佛教教义提出了问题，因为这就意味着意识需要名 / 色。

一个更晚近的关于名 / 色的模型，其构成要素共同反映了佛陀教义用以描述人类的一个五重性方法，这被称为五蕴（skandha），包含色蕴、受蕴、想蕴、行蕴、识蕴。就像巴彻勒所描述的：“那是标准的佛教开示，你几乎能在绝大多数佛教的正常教义中发现它，名 / 色就被理解为身和心的简写形式。换句话说，它们将其解读为二元性的心 / 身范畴，因此，身虽死但意识还能持续。然而，我最近真正发现的却是，在佛陀的时代，名 / 色这两个词的用法与人的身和心没什么关系，而是涉及我如何来确定我们作为人的身份——名和色，我发现至少在《大林间奥义书》（*Brhandaranyaka Upanisad*）中是如此。我最终在《大林间奥义书》中发现了明确的引证。它基本上意味着，事物具有多元性（plurality）和多样性（diversity），可以被认为有名和色——我们如何识别事物，在婆罗门教中，这就是我们通过返回作为无差别的同一性的上帝而试图超越的东西。因此，名 / 色基本上就是上帝的对立物。当佛陀把名 / 色和意识自然地设定为相互依存的时候，他是把上帝从这个图景中完全拿出去了，是正在注视一个完全偶然性的、现象性的体验。这对传统的佛教徒来说，当然是个问题。”

关于心境，佛教提供了一幅非常精致的地图，还引起了有趣的共鸣，虽然按照当代神经科学的发现成果，这显然应当用一种完全不同的语言来表达。这些地图和模型自从在佛祖晚期被称作《阿毗达摩》（*Abhidharma*）的谈话录中首次出现以后，在理论上得到了充分扩展。在最近出版的书籍中，心灵哲学家埃文·汤普森（Evan Thompson）对此进行了评论，他所使用的术语体现了更有时代感的理解。他描述了佛教和 20 世纪早期美国心理学家、哲学家威廉·詹姆斯所提供的模型，显示出我们认为自然处于流动状态的意识，其实是由一个个心灵瞬间组成的。詹姆斯认为，这些时刻组成的流是平滑的，而佛教徒认为，只有未经训练的心灵才是这样的。佛教的专注力修炼是通向更明晰、更健全、更符合伦理的理解的路径，能够促成更好的控制和欢喜。汤姆森认为，关于心灵瞬间的这些模型的核心洞察力为：“我们如何深刻地去意识，决定着我们能够意识到什么，我们的意识之道有可能是健康的，也有可能是不健康的。”遵循阿毗达摩的经文，他描写了触觉、情调、知觉、专注力和意图这五种我们前面在名的模型中看到过的组成部分，并认为它们会出现在每一个心灵时刻。接触是指一个知觉的或精神的客体、相应的官能，以及依赖于这两个元素的意识之间的关系。佛教的教义涉及六种感觉，一种心灵感觉被增添到我们通常的五官感觉中。它们也按照感官和精神的客体来区分意识。例如，一个属于声音的意识时刻就会包括听的意识、声音和耳朵三者的互相接触。然而，其他一些因素始终存在，并会对此产生影响。这一事实决定了这三者接触所产生的效果，不会没有具体的特性存在，会被人当时的情感基调影响，无论这种情感是令人愉快的，还是令人不快的，抑或是中性的。因此，人的洞察力能够认识对象和自身的感受并将其识别出来。人的认识意向性上存在着目标导向性，这类似于现象学中的意向性。专注力就是能够把意识导向其目标对象的精神因素。它能把其他因素绑定到目标上。

哲学家琼扎登·甘内利（Jonardon Ganeri）对五蕴给出了另外一个非常有趣的当代性翻译——佛教的人类过程模式。他提出了这样的解释：色是一种呈现式的反应；感受（vedana）是对享乐的品鉴；知觉（samjna）是标签化或成见化的过程；心智建构或性情（samskara）是一种倾向性的建构过程；意识（vijnana）是有意识的注意。值得注意的有趣的一点是，这个关于“自我”构成的模型与一位 20 世纪西方哲学家的论断存在吻合之处：“总的来说，我们的欲望和偏好，不是作为我们自身中的外在存在而被我们注意到。在很大程度上，那就是我们自身。”值得注意的是，所有的佛教定义采用的术语都是动词性的而非名词性的构造，具有一种很容易就会失去的关于过程的感觉。我也想指出，我对专注的触角伸出去的这个过程，以及习惯化或看法固化过程的关注。

与佛教重视实证和修炼相吻合，专注力作为一个始终存在的要素，也能与其他两个精神要素区别开来——入定（concentration）和正念（mindfulness）。入定，是指内心持续注意的能力以及惟精惟一的聚焦能力。正念，是指在一段时间内始终把焦点保持在对象之上，不忘忽、不分心的能力。这些“对象 – 确定”因素，对冥想、心智训练都很重要，并以预设专注力（presuppose attention）存在作为前提。阿毗达摩对心和精神因素所做的描述的精妙性，可以解释为什么它会认为，只有在天真未凿的人心中，意识流才能如此平顺。佛教就是关于如何修炼内心的宗教。

冥想和正念

居于正念和冥想核心的是，努力让我们的内心专注于当下——让我们抛开那些已经发生之事的困扰，以及对未发生之事的烦忧。在一个偶然而不确定的世界上，最合适的就是在如何专注于存在及如何回应此刻需求方面进行修炼。我们通常的模式是，隐藏在一个对其同一性和永久性方面所知不多的信仰后面，怀着一种凭借以我为尊的愿望就能引导世界的神奇想法，通过我们不断增长的欲望来建构自我，无论是消费物质资料、知识，还是技能。一旦我们真正承认，那些我们用来支撑自己的同一性的对象和信仰（这是我们在世界上生存的支柱和地标）不是真正的避难所，就可以在对我们的身体、感觉、心和身边的这个世界更切身的意识中，发现一个更加灵活的"无基之基"（groundless ground）。通常认为，《大念处经》（*Satipatthana Sutta*）的教义居于关于冥想的指导方法的核心。佛陀指导追随者，正念的基础始于身的沉思，随后是情感的、心的，以及对心之对象的沉思。上述各种沉思都要依照教义而行；这就是说，依照它们的无常和四圣谛（或称四项任务），脱离痛苦和执着。目前所传授的主要有两种独特的冥想模式：一种是专注于某种目标的入定，被称作奢摩他（shamata），它被认为是另一种冥想模式，即内观冥想［毗婆舍那（vipassana）］的基础，后者是指在当下对事物的经历过程中，从一个片刻到下一个片刻，始终保持正念。然而，正如我与利·布拉辛顿（Leigh Brasington）的探讨所揭示的那样，这是非常宽泛的差别，其中还包含着其他更细微的差别。

布拉辛顿现在是禅那（jhanas）这种功法的首席导师。"禅那"意译为"思维修"，这是一种专心进行冥想的修炼，与印度教和佛教传统都有相通之处，它能把人在专心冥想过程中所经历的各个层次的体验都精细地区分出来。虽然佛陀本人采用这样的方法修炼了六年，但没有获得开悟，也许正是这个原因，使得这些方法在佛教界受到一定程度的忽略，但在当代却风靡起来了。禅那功法的进阶路线图，列明了修习过程中各个可以识别的阶段，传统上的修习者借此获得清醒的头脑，并导向对身体和心灵现实的如实知见，也就是说，获得洞察力。

“洞察力修炼的目标是，在一个既能瞻前又能顾后的环境中，让我们体验到世界的真正本质，从而达到真正的理解，不论是端坐在垫子上还是不在垫子上，都是如此。”他把修炼者在禅那中的运动，比喻成要把手中的剑磨得锋利，以便去砍断无知的锁链（即我们用以想象我们自己和世界的错误方式）；通过坚持以自我为中心的观点，并使之越过欲望、厌恶和错觉，就可以保护我们自己不会堕入无常之中。

在另外一些冥想传统方面，布拉辛顿也有着广泛的体验，并且对计算机编程也很了解，因此我和他围绕专注力专题的对话是很有意思的。我是在布里斯托尔遇到他的，他在那里闲待了一周。他通常总是漂泊在路上，在不同的隐居地之间飘来荡去。我们在火车站附近的一家咖啡馆交谈，最初那里很安静，快到午餐时间时，一下子变得喧闹起来。他明确表示，“专注力是所有佛教修炼的核心”，并引用了戒律四正勤及四正念的基础。谈话一开始，他就告诉我：“我从两个方面来理解专注力—— 一个是冥想的教义，也就是专心冥想（禅那）；另一个是从一个计算机程序员的角度来理解。后者是另外一种形式的入定，也是另外一种形式的专注力。区别在于，专心冥想要求一种集中于单点的专注力，计算机编程要求的则是在不断变化的关注点下的专注力。换句话说，在专心冥想之下，你选择了一个对象，然后就是它了；在给定的某段时间内，这是不变的。而在编程时，我会在写完一个指令后接着写另外一个指令，对于我想完成的东西，我的内心有一个完整的想法。而且我也知道，我正在写的程序指令是如何与整个程序这一更大的范围融为一体的，我也许还知道整个程序是如何与更大范围的系统结合起来的。因此，虽然它非常专注于一个接一个的指令，但专注力在这些指令之间还是存在上下转移的，这是针对正在进行的工作所发生的分层性运动，并且当‘我现在想写一个循环语句’，你的专注力就会集中在如何写出一句优质高效的循环语句上，专注力也会集中于打算用这个循环语句完成什么样的任务。因此，这里有很多不同的事情正在进行，但如果我正在练习专心冥想，就会有呼吸或第三禅的乐（sukha），就是这样。只要我留在那个状态，就会保持住那个状态。因此，虽然这两种方式都要求不要分心——我也是这样来翻译 Samadhi（三摩地、定、三昧）的。定并非专心，它是不被分心。因此在你入定后，你只是生出了止息杂念而不分心的能力。”

从布拉辛顿对不同形式专注力的区分来看，这种集中专注力的形式是单点的和任务导向的，即冥想者对于专注力形式的区分比科学家区分得更加精确和细致。就像我在第 2 章中将要谈到的，科学家们更倾向于在集中专注力和心不在焉之间进行区分。而他继续进行更精确的区分，因为他也修行中国西藏的大圆满（dzogs chen）冥想，这是一种意识敞开的修炼，在这种修炼中，“我试图在完全有意识且没有分心的状态之下达到放松的状态，但不是把专注力集中在单一点上，也不关乎你的任务或目标，或是任何其他事情——只是想完全沉浸于当前的体验中。而且这也是我体验过的第三种形式。这些形式的作用方式各不相同，但因为都与止息杂念使心神平静有关，所以只要修行其中一种就会对其他几种有所助益”。

止息杂念不分心（indistractability）是所有这些方法的共同要素。布拉辛顿向我描述了，在一个修习大圆满的隐居之所，他如何通过修行专心禅那来开启一天的生活：“我感觉到集中于某一点的专注力会带来止息杂念的效果——会驱散一切杂念，这样我就能更专注于大圆满修行，这是一件很难做到的事情，因为你没有什么可以用以锁定专注力的事物。对于编程来说，会有这样一件完全神奇的事情发生，而且还有一项任务需要完成，而对禅那来说，也需要有这样一件事情去关注。可是大圆满与这两种修炼截然相反——它‘无须专注于任何事物，只要敞开就好’。因此，为了让我的心中不存杂念，我会去修习禅那。”

我们继续讨论，并认为现在这种在内观禅修中心修习内观禅修的方式是一种无选择觉知的形式，而且布拉辛顿也指出了这些不同形式之间的区别，从一开始就表明：“所有这些都是专注力的不同方法。无选择的觉知不是不分心（分心也没有关系），而是静观其如何发展的。大圆满也并非不分心，但它是不二性（non-dual）的——或者说它是指不分心，但它并非关注于单一的点，而是不二性的。希望你不要失去敞开性的觉知，它是一种专注力缺位的状态，它是让心绪转回到缺省状态去运行，尽管我觉得很多人不过是走神发呆而已，但我还是希望你能越来容易地注意到自己的注意力分散状态。因此，禅那是一种聚焦于单点的专注力，而无选择的觉知和大圆满两者都并非单点性的；如果恰当地修行，无选择的觉知就会是非单点性的、非任务的，而且是二元性的；大圆满将会是非单点性的、非任务的，而且是不二性的，然后，像马哈希（Mahasi）这样的内观禅修也会是非单点性的、二元性的，并且是任务性的。至于计算机编程，就更非专注于单一点而完全不分心，而是非常任务导向的。这些都各不相同。”

我问他，藏传佛教大圆满冥想和所谓达到“无色”（formless）层次的禅那之间是否有相似性。他回答说，这是一个经常被问到的问题，他的答案是：“有相似性，特别是针对无限空间的第一个无色禅定阶段，而且这个空间中存在着开放性。但它有一个非常明确的对象，所以它并非不二性的。正因为有这样一个空间对象，所以它与大圆满的共同点只是具有开放性而已，在大圆满中是没有对象的。舒雅达喇嘛（Lama Surya Das）说过，本觉（rigpa）这种明心见性的状态是不存在人造物的，因此也就没有对象，没有精进，也没有分心，而在无限空间中却存在人造物——一个非常明确的空间感正是你所关注的东西，并且取决于你介入的程度有多深，你的精进和专心的程度也不尽相同。因此，两者虽然有相似性，但因为不二性的缺席，实际上是完全不同的。”

即使是相关文献中特指的最高层次禅那中的非想非非想（neither perception

nor non perception)，“没有区别是因为根本没有任何事物以供区分，而在大圆满法中，是有很多事物可以区分的，但你不会去区分。即使在这种状态中，它和大圆满法也相去甚远。大圆满法既开放又广博，而非想非非想既不会让人感觉高大，也不会让人感觉渺小，这会使人产生某种闭塞感但又无法真的说出来，而关于本觉，你则绝对可以进行描述”。

像斯蒂芬·巴彻勒一样，布拉辛顿也回归了《奥义书》，这是阐述印度教基本哲学概念的古梵语文献合集，有助于辨别如来佛祖意旨的独特性。他点出一部经常被引用的佛经（sutta），其中有如来佛祖给婆醯迦（Bahiya）的忠告，布拉辛顿认为，这“几乎已经抓住了佛经中的不二性”。这种教义常被翻译成“看时就只看，听时就只听”（In the seen, let there be just the seen, in the heard, let there just be the heard）。不过，他对此解释道：“因为在巴利语（Pali）中没有冠词，所以在巴利语的表述中，‘看’（seen）这个过去分词前面就不像英语的对应表述前边要加定冠词 the，但巴利语把过去分词当作英语中的动名词来使用，因此我们能领会到的其真正意思就和‘in the seeing let there just be seeing’这句话所表达的意思一样，就‘在看（seeing）的时候，就只看（seeing）’这句话而言，看（seeing）就是一个动词而已，只有动词，没有对象（宾语），所以这就落入了一种不二状态。婆醯迦是《广林奥义书》的信徒。这本书中的很多记载都有助于理解如来佛祖的意旨。《奥义书》有言，‘在看时，会有一个看不到的洞见者；在听时，会有一个听不到的听闻者；在感受时，会有一个察觉不到的感受者。这就是你的本心（atman）。’因此，婆醯迦一直在寻找这样的一个人，而佛祖教诲说，‘没有人，当你看时，就只是看。’”

我问布拉辛顿，他认为在什么时候会失去自我认知？他告诉我：“当你进入第二禅阶段，熟练掌握了这种禅那之道时，你不会去想‘我这是在第二禅阶段’。当你正在体验快乐时，并没有‘我是快乐的’这种想法，就只是体验到快乐这件事或是处于快乐的状态中，因为它更像是一个动词。因此，在初禅阶段，当你失去自我认知时，你不会意识到自己已经失去自我认知了，因为此时‘喜’（piti）与‘乐’（sukha）的情绪是如此强大，而且如《佛经》所述，此时仍有一些背景性思维存在——这不是思维分散，而是自我可能会闪现其中。但是一旦进入第二禅，自我闪现就真的不会再发生了，这取决于你修习禅那的熟练技巧及沉浸其中的深度。甚至在你想进入第三禅或任何阶段时，它更像是‘进入的时候到了’而非‘我应该进入了’或其他类似的情况。这只是意识的觉醒——‘该往前走了’。因此，修禅最重要的一个方面是，就算你只是经历了20分钟禅那，你想要让自我构建的网络（即你的缺省性模式网络）运行起来的倾向，就已经实实在在地降低了，而且你的心境也会更平静。如果你走出禅那状态后再来看世界，换句话说，就是开始进行内观修行（insight practice），你就不大会再用以自我为中心的角度去看世界，这将给你一个观察事物运转的更好角度。”

这种专注性训练，是否能以某种长期性的方式影响我们心智游移和以自我为中心的缺省模式，也许仍是一个可以讨论的问题。当我拿这个问题来问布拉辛顿时，他回答说：“你暂时性地正在运行的一个网络不算是缺省模式。依据你事后所做的事情，它会卷土重来。当你脱离禅那状态后，跳上汽车然后开车上班，这种缺省状态很快就会回来。当你打坐修行默禅（non-verbal meditation），当你关注身体时，就像在做全身扫描一样，本我不会回来，它就只是一个觉知领域。或者，如果你倾听并关注感受（vedana），就不会有本我的存在，即使你正经历苦与乐，那也就是苦与乐正在发生——眼观其发生和流逝，将不会有任何本我存在，但专注地思考诸如‘生老病死是自然规律’，本我回归的速度就会相当快，佛经提到过，这能为你提供一定程度的冷静，因此当你看到‘我也会衰老、生病和死亡’时就不会觉得怪异，能够从容看待，而且能够做到如此冷静仍然要基于这样的事实，即对本我的意识已经下降，即使你已经开始做二元化的个人修炼，比如考虑自己的死亡，那么这也不是原来的本我了。在它周围，有更多的空间。”

布拉辛顿就此写了一篇文章，认为正念和专心是可以取代缺省模式网络性活动的法门，是觉醒的永久开关。

布拉辛顿提出了专注力的魅力所在，其中之一就是速度，即你集中专注力的速度有多快。他说，人们专注能力的变量之一，是其集中专注力的速度有多快。另一个变量是我们与世界联系的方式："人们主要以三种方式与世界联系——视觉、听觉或动觉。在教习冥想时，我需要试着找出学生们与世界联系的方式。由于他们在主要方面的情况不同，因此需要的技巧存在差异，我所使用的示例也会相应地做出变动。如果我能搞清楚他们是以视觉的、听觉的，或是其他什么方式与世界联系，就会非常有用。我的一名学生是一位音乐家，他可以清晰明确地觅得入定之途，每当他达到那种境界时，禅室的供暖设备就会打开，然后他就会进入音乐的幻觉中。他是一名超在禅定（Transcendental Meditation，TM）练习者，所以我请他唱念古老的咒语，希望这可以冲开他的听觉通道，这样他就不会产生音乐幻觉，并最终以这种方式进入禅那。这是一件与获得专注力有关的事情，虽然是对问题进行封阻，但对解决问题仍然是有用的。"

我告诉布拉辛顿，对他的书，我最欣赏的一点是，他以很接地气的物理性的方式来表达自己的教义。他说，这种以身体体验为基础的方法，对于他处理首次接触这些修行方法的弟子们所遇到的问题大有裨益。在向头脑中真实发生的一切开启我们的觉知时，常常会遇到一种巨大的阻力。西方禅堂在早期阶段经历了许多灾难（后文将探讨）。布拉辛顿说，虽然他的早期训练没能给他特定手段来处理这样的心理问题，但其中已经包括了触觉专注力的形式，如全身扫描和出入息念（mindfulness of breathing），这些都是非常有益的。后来，一个关于身体体验（Somatic Experiencing）疗法的训练发挥了很大作用，由此他能够教学生通过注意自己的身体以摆脱困境。另一个实例是，他也摸索着使用定向专注力来处理严重的问题。

我们还谈到了通过强化专注力，以便在日益世俗化的世界中发挥某种超越性作用的想法。布拉辛顿说，他喜欢的词不是"超越的"（transcendent），而是转送

（trans-send）——转送日常——或转送世俗。他还认为，达到那种境界的方式就是专注力修炼。“它以某种方式看待我们所达到的境界，并且有不同的理解。我非常喜欢龙树菩萨（Nagarjuna）‘轮回就是涅槃，涅槃就是轮回’（Samsara is nirvana, Nirvana is samsara）的思想。这仅仅取决于你如何看待它。要走出寻常的互动方式。”那是专注力的方式，是通过专注力而走出寻常的方式。

在德文郡的盖亚之家（Gaia House）进行教习访问期间，我与一位经验丰富、也叫斯蒂芬·巴彻勒的练习者谈到冥想时，他也强调了身体性体现在专注力修炼中的中心地位。他曾描述过作为觉者，乔达摩究竟为什么需要进行打坐修行，并回答道：“在雨季禁足期，大师通常通过出入息念入定……对此你可以这样说，‘这是一个庄严的处所，是一个神圣的处所，它是通过出入息念来实现的正定，人们可以真正说出这一点。’”这种基于气息的觉知是如来佛祖所教导的所有冥想修行的基础，这导致了在人的身体中有一个栖居之所，它能把人与整个世界联系起来。正如巴彻勒所指出的，这样的训练“包括不断向人们发出警示，让他们返回到对经验的切身体验上，而这是很容易被遗忘的”。

当我和巴彻勒交谈时，他说，一直以来，专注力本身并非他最重视的东西。他说：“对我而言，专注力都被冥想、觉知和内观（vipassana）这些东西吞没了。从一般意义上讲，所有这些术语都是可以互换的，但在特定意义上，有一个佛教术语可以被翻译成专注力，那就是‘作意’（manasikara），或者说更强调一些，可以译作‘如理作意’（yonisomanasikara），这是一种智慧关照，但关于作意，高僧大德们并没有着墨太多。”

巴彻勒将梵语术语“如理作意”翻译为专注力的具体体现，这与传统上将其翻译成明智的、谨慎的和理性的专注力恰成对比。他之所以这样做，是因为他把 yoni 这个词的起源纳入考虑了，这个词在字面上的含义是子宫。他解释道：“（这）在佛教注解中完全被忽略了。这是一个如此不可思议的隐喻。这是非常具有颠覆性的；佛陀的意思就是，专注力来自子宫。也就是说，这是一种完全以你的身体作为根基的专注力，而这种身体基础能够培育出新的生命。佛经中也有一个精彩的段落，佛陀将不如理作意（ayonisomanisakara）或无实质的专注力描述为被思想吞噬了。换句话说，那种不是来源于子宫的专注力，就是指你被自己的思维过程和自己内心喋喋不休的对话吞噬状态下的专注力，因此，这种专注力与具体事物的牵扯太多。”

当我提出如理作意也许可以被描述为佛教的“方式”或佛教修行时，他表示赞同，并且说道：“如果运用得宜，那么它与现在的正念几乎是同义词。”他赞同将包含连续性和记忆的各个环节的正念，描述为持续的专注力修炼。“没错，我认为这可能是一个更好的描述方法。因为至少在理论上，当我们随带着那些始终存在的因素等进入阿毗达摩之前，专注力似乎确实是被理解成知觉能力（sentience）的一个非常核心的基本特性。我们说众生有情，这意味着他们有能力去关注一个客体，放下自己的想法，并以某种程度的连续性把他们的心力指向它——不管是猫盯着老鼠，还是你和我在看一本书，都是如此。作意在德性意识方面没有内在价值。如理作意会被视为一种美德，但作意本身在道德上是中性的，不是一种美德，只是一种心理活动。就挲提（sati，巴利文，可译为正念、觉）或正念而言，阿毗达摩的不同版本的看法是不同的。我所研修的无著（Asanga）阿毗达摩，认为这在道德上是中立的。而在上座部阿毗达摩中，这被视为美德。我想不出在哪个实例中，如来佛祖是在非美德的意义上使用正念的，但巴利文大藏经（Pali canon）有一个非常具体的目标——通过训练让人达到更开悟的境界，所以显然是越专注越好。这是一个有趣的问题：正念是不是价值中立的？有些人坚持认为，它永远是一种美德，但这不是无著的理解方式。继五个无处不在的因素后，无著给出了第二组因素。这是五个所谓的客体辨识因素，正念也随慧、定、欣赏和向往包含在内，而这些都并没有内在的价值取向。例如，建造一个像原子弹这样的有害客体也需要慧、定等。特别是考虑到藏传佛教将正念（不管是 mindfulness 还是 sati）都译为 drenba（记忆 / 回忆），我想，很难说清楚为什么应该视其为有德行的。这将取决于如何对这些品质加以利用，以及赋予其道德品质的目的是什么。

如果你能以务实的态度来构建整个讨论，不执着于‘这些精神状态是什么’，而是去探讨‘这些精神状态能让我们做什么’，那么这些问题就迎刃而解了。从讨论的死循环中摆脱出来的唯一方法是，把它带回到实践中。如何运用这些知识才是真正重要的。”如果要讨论当代人对正念这一概念的普遍用法（或是否可说滥用），那么这种务实性的重申是非常重要的。

在我们考虑当代人对这种修行的浓厚兴趣之前，我想向道家所做的重要但鲜为人知的思想贡献致敬，并且要在对正念修行自东方起源到早期西方理解的探讨之旅中先绕个道，去探讨道家的思想。在当代人被过量的虚拟和实际信息不断冲击的时候，这也许可以作为我们这种越来越抽象（在两种意义上使用这个词）、繁忙的生活方式的一剂解毒药。因为尽管大部分遗失已久，但这些修行之法并未被我们自己的文化遗忘殆尽。

道家学说

一直以来，我都特别专注于佛教教义而非道教教义，因为与道家学说相比，佛教教义在更长的时间内，得到了更为充分、全面的清晰阐述，而道家学说则更基本，更有诗意。道教哲学与修行的共同点更多。大卫·辛顿（David Hinton）是一位诗人，也是一位著名的中国文献译者，他这样描述：“道（Way）的本体论结构被复制在意识结构中，思想与世间万物都产生于具有生产能力的空之境。”因此，“可以通过冥想修行，在意识深处体验到道。你可以将修道视为思想从空中萌发，然后又回归空的过程，你也可以简单地驻留在那种未分化的空中，那是属于‘无’（Absence）的具有生产能力的世界。”

辛顿写道，《道德经》中的许多语篇都可以被理解为对冥想觉知的描述，它是以诗意的形式而非推论的形式被描述、呈现出来的。道教哲学和修行在很大程度上影响了禅（Chan，中国）和后来的佛教禅宗（Zen，日本），并被后两者接纳吸收。《庄子·内篇·人间世》中的一则故事，对自我观念和冥想修炼做了简洁、具体且具有道教思维的讲解。

回曰："敢问心斋。"

仲尼曰："若一志，无听之以耳而听之以心；无听之以心而听之以气！听止于耳，心止于符。气也者，虚而待物者也。唯道集虚。虚者，心斋也。"

颜回曰："回之未始得使，实自回也；得使之也，未始有回也；可谓虚乎？"

夫子曰："尽矣。吾语若！……"

道教对中国，后来也对日本的艺术形式产生了很重要的影响，尤其是在卷轴画和诗歌方面。辛顿曾经描述过，中国诗歌充满了他所谓的对"原始宇宙哲学"的理解——这种"原始宇宙哲学让我们处于存在和不存在的精神生态之中"。这需要关注时间和空间的出现，以及在一个永恒转化的过程中，从创造性的空中产生出来的万物：从非存在中出现，这是一个发生和出现的永恒的展开过程。对于我所发现的中国和西方在哲学及艺术方法之上的那些富有想象力的而且有益的差异，法国汉学家弗朗索瓦·朱利安（François Jullien）已有过描述。他认为，中国思想是由呼吸吐纳的逻辑，而不是由希腊思想所采用的知觉逻辑而建构起来的，而且正是这种差异决定了人们认为现实是由什么构成的。基于吸气和呼气节奏的呼吸吐纳的逻辑，存在于气息出入交替的连续性过程中，并以这种方式而不是通过在在场和缺席之间选一个位置，来表达对虚实交替的调整，正是在这虚实交替之中，世界的过程才得以流动起来。然后，存在被视为从空这个无差别的来源过程中产生。另一方面，希腊人最终接受的知觉逻辑所引出的是作为知识客体的现实概念，这是一种见者和对象，以及在场和缺席之间的分离。对于中国式专注力的修行模式（即冥想修行和揭示现实）而言，包括思想在内的万物都不断地像呼吸一样由空进入有，然后再消散。

辛顿对此做出了精彩的描述，以下我将全文引用。

这是一个思想实验：如果你想知道从根本上说什么才是真实的世界，请走进旷野，闭上眼睛。然后，开始坐忘。忘记你所知道和相信的一切，忘记我们的文化所积累的所有知识，忘记我们所有关于世界和我们自己的假设。完全放空心灵。然后睁开眼睛，看看你见到了什么。你首先看到的是周围所有的自然物。如果你完全放空了心灵，这会是一个奇妙的启示：存在，物质宇宙广阔而深奥，万事万物，四面八方，可此时也很有可能变得一无所有。

接下来，你会注意到的事情是，放空的心灵能够觉察到，奇妙的存在并不会与存在相分离。它们是一个单一的组织。如果你在此停留一段时间，向外远望，就会意识到，存在莫名地有股生气。事物在不断移动和变化，出现和消失。白云在悠悠流动。风吹动着野花和树叶，飒飒作响。日夜在交替。四季在变迁，春去春又来。有人生命终结，有人呱呱坠地，万物生生不息。万事万物时刻都在不停运动，未曾稍歇，没有开始也没有结束。

最后你会意识到，同样的事情也发生在你的心中——你内心的变换与白云苍狗或四季轮回并无不同。

当我们不停地思考着，那正是我们最强烈地体验到自己与世界的分离状态的时候。冥想让思想消失，随之消失的还有那种分离感。当你的思考停顿时，剩下的只有空净的心灵，只有映照在眼前的一切事物。这就像你刚一睁开眼睛时所看到的旷野。

进一步的迂回：希腊人

尽管主张物质和存在（甚至是在抽象方面）的希腊哲学思想最终占据了主流地位，并成为西方思想的基础，但我们还是能在希腊哲学的理论甚至实践中发现与东方思想呼应的其他传统。赫拉克利特（Heraclitus）早就说过“一切皆流，无物长住”。他还指出：“当人们谈论世界时，并没有关注这个世界或自己的心灵，他们就好像睡着了或正恍恍惚惚，心不在焉。”

此外，正如东方的情况一样，希腊哲学不仅是理论，在很大程度上，它更像《作为一种生活方式的哲学》（*Philosophy as a Way of Life*）这本书的书名那样，对书的内容做了如此清晰的表述。这本书的作者法国人彼埃尔·哈道特（Pierre Hadot）向人们展现了希腊哲学在当时代表着一种多么富有生命力的开创精神，它关注的是一种健康、道德的生活方式，这与乔达摩的教义是一样的。为此，它讲授了什么是希腊人所谓的幸福感（eudaimonia）、健康或繁荣、静心（ataraxia），这有点类似于佛教的舍（equanimity）和无欲心境（apatheia），也就是自我克制。伊壁鸠鲁（Epicurus）对此有过表述：

> 空是哲学家一直争论不休的重点，没有人间疾苦可以因此治愈。正如不能祛除身体疾病的医学是徒劳无益的，不能帮助人摆脱灵魂痛苦的哲学也是毫无用处的。

希腊与佛教哲学在思想和内容方面的重叠不是我的关注重点。我在早期所著的书中曾对此有过概述。在本书中，我关注的是修炼。因为这些都是专注力和觉知的修炼。美国学者托马斯·麦克艾维利（Thomas McEvilley）在其不朽的研究著作《古代思想形态》（*The Shape of Ancient Thought*）中提出了早期佛教（Early Buddhism）、伊壁鸠鲁学派（Epicureanism）、斯多葛学派（Stoicism）和皮浪怀疑论（Pyrrhonian Scepticism）之间的相似性；他所依据的理论是一种基于感觉经验的自然主义知识理论，是一种关于因果关系的自然主义学说，是一种建立在苦乐而非绝对善恶基础上的根本性的自然主义伦理，也是一种作为他所说的“打断心理过程”（interrupting mental process）策略的基础的自然主义的心理学。这是指，他们认为正念也许能使知觉和行动的过程解除联结或产生延迟，以便培养一种针对刺激的深思熟虑的反应，而非仓促的或习惯性的反应。就佛教的训练而言，其目的在于由塑心而达至克己，并通过修行，让处于自我掌控之下的心灵能够符合事件流（flow of events），能够符合这个无常的世间；对自己的心，我们能够通过修行实现控制，而对世间无常，我们无从控制，只能符合。

正如哈道特对此的描述：“专注力（prosoche）是基本的斯多葛派精神态度。”

对于斯多葛学派和伊壁鸠鲁学派的哲学，他说，哲思“是一种连续的行为，与生命本身具有永恒的同一性”，并且对两个学派而言，“这种行为都可以被定义成专注力的方向”。关键在于关注当下。希腊人寻求的通往寂静之路，通往概念消除以促进语言实体化之路，涉及与当下的直接关系。因此，希腊教义在重视当下的非概念、非评判性的觉知方面与正念是相似的。如果希腊人没有给我们传下来这种被称为冥想的传统，那就可以非常肯定地认为，他们肯定会有针对想象力和思维实验的修炼。据哈道特所说，冥想对他们来说是一种“理性的操练”。哈道特强调的重要方面之一是，这种精神修行的宇宙维度。其目标是超越自我，使自我与普遍或宇宙理性相协调。作为自然的一部分和普遍理性的一部分，与整体联系起来的感觉，是希腊式修行的一个基本要素，也能转变他们对自我所持的感觉。今天，我们很可能把这看作对我们这个时代的有局限性的个人主义的一剂解药。

与佛教修炼不同，希腊式精神训练没有留下任何身体形式，“而是纯粹理性的、富于想象力的或直觉的练习，可以采取的形式也是变化多端的”。然而，随着基督教的诞生、传播及其对信仰的强调，这种作为生活之道的哲学开始在西方凋零。修炼仍在修道院进行，但理论现在被描述为哲学论述，脱离了修炼和日常生活，转而发生在学术机构内，这样的学术机构与柏拉图学园有所不同。理论与修炼、理性与信仰，以及身与心的分离就此开始。尽管有很多这样的分歧在最近期的哲学中得到了解决，但我认为理论和修炼之间仍然存在一条鸿沟。尽管已有很多论述讨论了如何融入修炼之中，但是真正能够融入修炼之中的人还是很难找的。尤金·简德林（Eugene Gendlin）被称为聚焦（Focusing）这种具体修炼方法的创造者，与哲学相比，他在心理疗法领域更为人所熟知。不过，当前也存在着一股复兴古代修炼方法的潮流。当代德国哲学家彼得·斯劳特戴克（Peter Sloterdijk）曾说：“从带有古代欧洲禁欲主义强制性结构的修炼之法中解脱出来……可能构成了 20 世纪最重要的基于智性的历史（intellectual-historical）和基于身体的历史（body-historical）的事件。”

接下来，我们也将思考以所有生命形式出现的对于正念的当代诉求，其中一个表现就是，人们对古希腊思想，尤其是对斯多葛学派哲学的兴趣将会复苏。数十年前，关于马可·奥勒留（Marcus Aurelius）思想的一些袖珍版小册子陆续出现，现在已经发展到连斯多葛周（Stoic weeks）和斯多葛营（Stoic camps）都大行其道了。为了创造出“适于现代的斯多葛思想资源”，由埃克塞特大学（University of Exeter）、国王学院（Kings College）与伦敦大学玛丽女王学院（Queen Mary University of London）的学者，以及英国和加拿大的心理治疗师组成了“今天的斯多葛主义团队”，并致力于这项工作。迄今为止，已经进行过五个“斯多葛周”。2016 年，参与者在“斯多葛周”期间获得了关于如何根据斯多葛派原则以度过这一周的小册子、日志、练习法及建议。最近的一部电子书——《今天的斯多葛主义》（*Stoicism Today*），围绕此项目提供了精选篇章。其中有一节讨论了斯多葛学派的专注力和佛教（或后期佛教）正念之间的相似性和区别。

正念运动

正念修行的流行，其历史背景可以追溯到古印度，甚至可以追溯到专注力修炼的佛教传统，但今天人们的修炼主要是世俗性的，脱离了其哲学和道德历史。在世俗环境中运用正念始于 20 世纪 80 年代，是由马萨诸塞州总医院医师乔·卡巴金（Jon Kabat-Zinn）博士首倡的，其目的是想了解他自己从佛教教义中体验到的正念修炼，是否有助于他有效地照顾那些受到慢性疼痛和压力困扰的患者。为让这种修炼被医疗和世俗环境接受，卡巴金不得不使其脱离任何特定的或一般的“宗教”背景，所以他开办了为期八周的正念减压课程（Mindfulness Based Stress Reduction，MBSR）。卡巴金将正念形容为“以一种特定方式集中专注力——目的性、在当下的，以及非评判性的”。这一观点因他在 1990 年出版的《多舛的生命》（*Full Catastrophe Living*）一书，以及美国公共电视网（PBS）于 1993 年播放的比尔·莫耶斯（Bill Moyers）的纪录片《心疗》（*Healing from Within*），引起了人们的关注。后来，针对抑郁症的复发预防开发认知行为疗法的津德尔·西格尔（Zindel Segal）、约翰·蒂斯代尔（John Teasdale）和马克·威廉姆斯（Mark Williams）几人，也接受了卡巴金的训练，并用了几年时间开发出了基于正念的认知疗法（Mindfulness Based Cognitive Therapy，MBCT），这是一种集西方对心灵内容的关怀及东方对其过程的关注于一体的心理治疗。临床试验已证实，MBCT 在复发性抑郁症的复发预防方面是有效的。通过这些修炼获得的益处在经验和证据两方面都得到肯定，因此在学校、企业和其他组织等许多不同领域中，正念修炼得到广泛普及。

接下来的故事现在已广为人知。成功造就成功。如今，正念手册乃至正念涂彩书都能雄踞图书热卖榜，人们还针对智能手机开发了诸如一分钟正念修炼 App。几乎所有自视甚高的大公司都会向员工提供正念修炼。的确，这种训练如今几乎覆盖了所有人群。向银行职员、学生、抑郁症患者和军人提供正念训练，不仅有助于他们缓解创伤后应激障碍（post-traumatic stress disorder，PTSD），而且还能在交战之前，让他们成为更加专心致志的战士。正念修炼已经发展到这样的程度——麦当劳快餐式的修炼指南也推出了可供人参考、可以让每个人都能轻松享用的心灵鸡汤。佛教界对此产生了一些严重的担忧，因为这相当于对佛法的“注水”和弱化：对于传统的正念来说，其修炼不能脱离哲学和道德立场，否则就不是真正的正念。当代的许多正念修炼都呈现为“私人专属时间”（Me Time），这与其体现开放性的“非我”（Not Me）初衷形成了尖锐的矛盾。

因此，出现了这样一种担忧——必须关注修炼意图和专注力修炼本身，仅仅关注大脑中所发生的活动并不是一个充分的评价标准。埃文·汤普森指出：

> 虽然正念取决于大脑，但它并不在大脑中。某些神经网络可能是正念所必需的，但正念本身存在于那些由道德规范行动所包含的综合性的心身技能中。这不是神经网络，而是你在这个世界上生活的方式。

在科学方面，也出现了一种忧虑——正念风潮正滚滚向前，但其在科学研究方面的基础工作还做得太少太浅，甚至连一些热门新闻报道都是毫无根据的，这只会导致后续的舆论反击，会把有益的探索和修炼与那些肤浅的做法一股脑地拍死。也有人担心，正念可能是一种“暗度陈仓”的佛教形式。毫无疑问，正念确实有效，对很多人都有助益，但如果这些人觉得正念和宗教有丝丝缕缕的瓜葛，可能就会对它敬而远之。

那些认真关注正念的人们存在这样的担忧：由于正念的好处被大众媒体大肆吹捧，因此正念修炼的真正主张，面临着被那些因过分夸大其积极作用而沦于虚假不实的各种主张淹没掉的危险。“从减少孤独感到增加大脑灰白质再到有助于睡眠”，一篇列举了正念 20 多种益处的热门文章，引发了神经学家、布朗大学冥想计划研究员凯瑟琳・克尔（Catherine Kerr）的担忧。2014 年，她在她的 Facebook 主页上表达了自己的担忧。她认为，这种观点终有一天会被认为是大吹大擂，届时这种片面的报道只会激发强烈的负面反应。她的评论引起了巨大的反响，由此导致了一个关于正念和巧妙行动（Mindfulness and Skilful Action）的研究小组的诞生，它成为一个重要的研究据点，聚集了 400 多名著名学者、科学和临床方面的冥想研究人员及一些佛教徒。在《三轮》（*Tricycle*）杂志的一篇采访中，克尔指出，对正念过度吹捧和盲目接受的原因，以及科学家和普通民众对她这种忧虑态度的抵制，还有他们对那些提出了谨慎建议或提示许多研究结果实际有误或可疑的报告的抵制，都来自我们对确定性永不磨灭的渴望及对不确定性的逃避心态。她写道：“然而，有清晰科学认识的人都了解，证据基础不会总是泾渭分明的。”让人感到讽刺却又相当有趣的是，因佛教对空和无常的关注，使其与确定性存在对立，正念修炼的初心是要向我们展示体验的偶然性，但这却与人类心灵对确定性的强烈渴望发生了冲突。

克尔认为，如果正念的倡导者们只专注于正念对大脑运行机制的影响，他们就会挂一漏万，正如那些佛教门下的正念批判者们，在批评世俗化的正念冒犯了佛法的同时，也会对世俗化正念的一些重要作用视而不见。她提出，他们错过的是一种体验的维度，他们无法了解，对那些痛苦中的人们而言，参加正念减压课程有何意义。这个过程与其说能带走你的痛苦，不如说是学习如何以一种新的方式接受你的问题；学会容忍不确定性是我们面临的一个存在主义问题。正念减压课程及其各种变化形式正是以这样的观点来帮助人们的：对那些具有佛教观念的人们来说，这是一个能够带来安慰的答案。她总结道：

> 我们倾向于用相互竞争、各执一端的抽象概念来解析世界——一端是科学还原论，另一端是纯粹的佛法——这会使我们忽略那些可能就是正念真正力量之源的难得一见的质变。

在发表于同本杂志的另一篇文章中，佛学家及作家安德鲁·奥伦茨基（Andrew Olendzki）也持有类似观点。他同样是基于体验，尽管这是来自科学阵营对立面的佛法戒条（Dharmic）。在质疑正念修炼的意图究竟是要在企业界提高竞争优势，还是在军事领域培养更优秀的战士时，他认为，在这个时代，当“专注力成为稀有而珍贵的商品时，就算它是在杂乱地发展，对专注力技能进行训练成为一个热门项目仍然是可以理解的”。不过，他认为，在反复念诵《大念处经》的过程中能够发现正念训练的关键难题，而冥想训练的核心阐明：“人要保持独立，不执着于世界上的任何事物。”他说，这样的超脱姿态与当今企业、军队及其他组织推广运用正念的意图是不吻合的。“只有以独立的态度来修炼正念，才能让我们了解其无常的、相互依存的及无我的本质，这些都是切断依恋的因素，也真正具备转化之功。”至少，它是对痛苦和压力寻求的解脱，也是与克尔所说的不确定性共存的能力。如果我们坚持它的体验性，似乎就可以找到共同点。一个类似的观点是由正念心理学（Mindfulness Based Psychology）教师及认知疗法治疗师珍妮·威尔克斯（Jenny Wilks）在另一篇颇有见地的论文中提出的：“关键问题在于，正念修炼对参与者的影响是什么。”实际上，只要我们坚持植根于具体体验，而不是专门在理论主张上争执不下，佛学和科学这两种不同关注点之间的差异就可以被克服，大众观点和科学观点之间的差异同样如此。事实上，专注力和意图的相互作用是连续性的，不断产生于日常体验的各个方面。

然而，我们切不可忽视对正念的爆发性流行，需要进一步关注的一个问题就是，正念修炼如何教授，以及由谁来教授。卡巴金充分认识到了传统修炼的好处及其面临的困难，而像珍妮·威尔克斯这些人则沉浸在传统和当代的知识之中，当然这也不是绝对的。一些正念修炼是由那些对正念传统知识一无所知的人士引导的，更危险的是，他们有时甚至不了解这些都是高强度的修炼，需要具备一定的心理和身体健康水平才能进行。毫无疑问，很多人是不适合冥想的。威洛比·布里顿（Willoughby Britton）博士就见识过这种不适合的修炼造成的不好结果及其受害者。布里顿博士的实验室研究了冥想修炼在情感障碍的认知、情绪和生理方面所造成的影响。在被她称为“黑暗骑士计划”（Dark Knight Project）的研究中，布里顿曾尝试记录、分析和公布一些存在于冥想中的被人们忽视的危险。她指出，虽然有很多关于冥想的正面数据，但从未有人愿意深究其中是否存在潜在问题或不利影响，以及是否有一些修炼可能更适合或更不适合某些人（而非其他人）。她说道：“令人感到讽刺的是，美国佛教冥想的主要传播系统实际上是医学和科学的，而不是佛教。”结果，许多人只是从减少压力和提高执行能力的角度来看待冥想，如情绪调节、专注力等方面。

根据布里顿的说法，一个普遍存在的误解是，冥想只是用于压力排解和提高劳动效率这两方面——“因为这就是美国人最看重的”，这样的想法挤压了科学研究的空间。能够被人接受并得到经济支持的研究课题，就只剩下那些承诺能提供我们想听到的答案的问题，如：“它能促进良好关系吗？它能减少皮质醇吗？它能帮助我更努力地工作吗？”布里顿说，研究已经表明，冥想确实能够满足这些愿望，他们也拼命地向公众灌输这样的结果。然而，此类修炼导致的负面结果的案例则鲜有报道。人们只能够读到有关“灵魂之夜”的宗教文学，如圣十字约翰（St. John of the Cross）的原始描述，或通过杰拉德·曼利·霍普金斯（Gerard Manley Hopkins）的十四行诗的描写去理解在修炼的某个阶段可能遇到的危险：

哦，心灵，心灵中有崇山峻岭；险峰似崩
骇人，直耸，无人曾登。不必在意它们
想必从未有人踏足。

要知道，这一旅程的各个阶段都会带来危险。在宗教的求索之旅中，存在一个超越了任何阶段的整体性的目标或意图，而针对求索过程中可能遇到的情况也有相应的指导。当遇到预计只会产生幸福和提高工作效率的方法时，这样的风险就既不会被列在宣传册上，也不会在人们的预想之中，更不会得到支持。威洛比博士正勇敢地弥补这一空白，不仅通过她的研究，也通过为那些半途而废的人们提供实际支持。《三轮》杂志网站上刊载的另一篇关于她的精彩采访，解决了上述所有问题。她孜孜以求的是让那些遵循佛法的人和从事科学研究的人们进行合作，避免受到各自信仰和期望的影响。她表示："如果佛教徒有话要说，那么他们最好停止批评，然后开始合作，用工作来取代对抗。否则，他们就会被'麦当劳快餐式正念'运动的潮流所抛弃。"

珍妮·威尔克斯无疑是正念运动的合作者。作为资深的认知行为心理治疗师，她教授正念，而且她自己也是一名佛教修炼者。我们交谈过一次，试图讨论正念、觉知（awareness）和专注力之间的区别。珍妮说："我会在大多数情况下将'觉知'和'正念'当成同义词来用，专注力的意思可能更集中在当下，正念也是觉知的一部分，但有更多的连续性意义，而且它还是你要主动地记住这是自己需要拥有的，因为它来源于'去记住'这个动词。如果看向那边，我看到一个词，我注意到它，这似乎不太像正念，但当选择对周围的事物施以一种连续的觉知流的时候，似乎就更像正念了。专注力可能更像是某件事抓住了你的注意力，但你难以想象某件事会抓住你的正念。我认为正念和专注力之间的区别非常微妙，但与正念相关的事物更具连续性。当我们心不在焉时，我们会重新记起来要集中专注力，这就是正念在发挥作用，它是能够让我们在不专注时重新集中注意的能力，而一旦我们注意到它，我们就会再次变得专注。这也许更多的是挲提，也就是记忆的因素。”我们认为，正念是以一种中立客观的特定方式进行的专注力修炼，而且可以被视为针对那些受过专门的专注力培训或正在接受专注力培训的人所进行的修炼。

在伦理问题上，珍妮认为，对正念教学中伦理缺席这个问题的关注正在日渐成为一种“不可小觑的观点”。对此，她并不愿意附和。“慈悲源于悉心的关注。虽然它是内隐的，但我们可以对它单独进行训练，实际上，在挲提的概念中它是外显的，而依据上座部阿毗达摩，这一概念在道德方面始终是一种积极的心态。如果留意苦难，你就会看到你周围人痛苦的原因。”她还提出：“我们更多的是从佛教戒律的角度来看伦理规范，但我的理论是，这是因为我们这些以犹太–基督教为思想传统的西方人，是以一套规则、命令或功利主义为基础的，并且认为佛的伦理规范也许更像是亚里士多德学派的美德。现在的问题是‘你想成为什么样的人’，我认为这才是我们试图通过正念来实现的目的；我们正努力使自己成为一个不落俗套的人，一个不沮丧、不紧张、不急躁、更富有同情心的人。这不只与规则有关。因此，我不认为伦理问题有多么重大，也许觉知和专注力，以及一种符合通常模式的仁慈与接纳之心就足够了。如果你感到烦躁不安，那么你此时可能不够专注。对那些自己不擅长的事情，你可能会既懒得说又懒得做，如果你能做到专心致志，就很容易避免这种情况，所以无论我们的价值观是什么，正念都具有这样的能力。”

珍妮指出，与大多数的正念培训和修炼不同的是，在认知疗法中，专注力主要是投入到思想上，因为思想往往才是维系情绪和抵抗抑郁的能量。研讨课程为期八周，从第四周和第五周开始，专注力就转向了思想。其创始人约翰·蒂斯代尔推测，认知疗法收效的原因并不一定是因为人们写下了他们的想法，以及对这些想法的积极重塑导致其行为发生了改变，而更多的是因为写下自己的思想这个行为，并把记录保留下来，使其实现某种形式的抽离。借此，他们解脱了自我身份的限制，这是具有治愈性的活动。我们不是在过多地改变思想，只是感觉到这种思想的存在，“哦，这就是一种想法——能来就能走”。这种对身份的否定开辟了一个主动响应的空间而非被动反应的空间，我相信这是所有治疗方法的核心，是任何形式的治疗所包含的觉知修炼的结果，无论是心理治疗还是物理治疗。在谈话结束时，珍妮最后提出了一个观点，这种对思想和思维过程的专注力“并不是我们在认知疗法或佛教修行以外的世界中经常看到的东西，也不是对思想加以关注的理念。专注力本身几乎就可以被视为一种治疗”。

杨增善法师（Shinzen Young）是洛杉矶的一位大师级人物，他几十年如一日，一直致力于让专注性技能的教学走出传统，并开发出一套切合当今世界，而且令人印象深刻的呈现和教授正念的技能。当我通过 Skype 与他交谈时，他告诉我：“我想说的是，如果说有什么大家应该了解但实际并不了解的惊天动地的大事，那就是专注性技能是完全能够训练出来的，而且我想说，这会直接或间接地从各个方面影响人类的幸福。这对我来说是个福音，是好消息。这是不被任何特定信条或各种规则的条条框框所限制的福音。通过系统性地提高专注力技能，任何背景或任何文化的人都可以由此获益。”

他形容自己的方法“与科学不冲突，在文化上是中立的，并且在其精神影响中潜藏着工业力量”。他的信念是其教学之道的基础：“正念不只是一种技能，它是三项技能——专心、感觉清晰和平静。”在这个框架内，他提出了一个明确的、合乎逻辑的、脱离了宗教信条且有具体表现形式的教义，不但能与科学兼容，而且从心理学的角度看，也是很精妙的。

这就是他对符合科学的、以专注力技能为基础的心理和精神成长的力量及重要性所抱有的信念。他提出，强化性的专注力可能是发展的下一步。他用希腊和罗马世界观的终结与基督教的兴起来类比，向我解释这种强化性专注力兴起的必然性。为了实现这个目的，他多年来一直致力于实现“以一种交互式的、算法学习的方式来教授正念技能”的想法，这就意味着，“会有一位个人教练，在你进行正念修炼时陪伴着你，给予你反馈意见，并且可能在此基础上向你提出建议和指正，这会遵循一个流程进行，你会自然而然地遇到挡着的墙和开着的窗”。

他相信，这种方法在教授和支持练习者这两个方面都是最理想的选择，他进一步提出：“这种用于指导修炼的算法程序不仅可以借助多媒体软件自动完成，还可以将其作为一个辅助工具，而不是教练的替代品……这会是人人都可以拥有的一款计算机程序，可以用它来指导自己的修炼，能够以低成本获得全天候的指导，就好像得到极大改进的冥想指导录音带或指导书。”

他已经完成了第一部分，并在卡内基梅隆大学（Carnegie-Mellon University）实验成功。将此作为心理治疗辅助手段的进一步实验将在哈佛大学医学院（Harvard Medical School）进行。

另一方面，人们之所以对正念兴趣激增，也是出于对新技术、新媒体的急速发展对我们大脑影响的担忧，特别是对儿童发展中的大脑影响的担忧；也许这还真是影响大脑发育的因素之一。必须把很多学科整合到一起来思考这些课题：心灵哲学现在很愉快地与科学牵手，在神经科学这个大标题之下，我们能够发现认知的、情感的甚至冥想的神经科学。一个能够真正发挥作用的有前瞻性的方法，必须对专注力的各个方面给予广泛的、客观中立的、非工具性的关注。毋庸置疑的是，当今世界迫切需要对专注力的关注。正念以如此广泛的形式得到普及正说明了这一点。另外，书名中出现“安静”“沉静”甚至“空”等字眼的书籍也悄然增多。不过，我们不应忽视其中的危险，更不应该盲目地投身其中。

旅行作家、散文家皮克·耶尔（Pico Iyer）曾基于一场 TED 演讲，编写了一本精彩的小书，名为《安静的力量》（*The Art of Stillness*）。尽管他有成为一名专业旅行者的欲望，但在这个日渐喧嚣的世界，他仍希望能够得到平静，追寻内心的而不是外在的旅程。耶尔说，任何一个阅读他这本小书的人，一天中获得的信息量会比莎士比亚一辈子获得的还要多。他写了很多关于“止境”（nowhere）的内容，然后以“我认为更值得一去的地方是止境”结束了全书。他没有指出的一些事，有一天，我很惊讶地意识到了——

止境

正是一个空间，远离开

止境

第 2 章

关于专注力的神经科学

我们关注当下的方式在很大程度上决定着我们的体验品质，因而也决定了我们的生活质量。神秘主义者和冥想修行者在多年前就做出了这一断言，现在，越来越多的科学研究也证实了这一点。

山姆·哈里斯（Sam Harris）

如果说佛教的观点让我们认知到心灵最初的风景，神经科学则让我们了解到最紧跟时代步伐的心灵景象，而且它几乎处在日新月异的扩展中。令人难以想象的，也许是二者之间的默契程度，尽管它们的语言体系的确不同。就本书的写作目的而言，这两个主题可能是最具相关性的。首先是关于自我并不是物质，并不是处于一劳永逸的完成状态，并不是一个有固定本质的实体，而是一个动态过程的信念。佛教思想中的无我反映在属于科学的过程性、多中心的自我中。其次是佛教徒所谓的修炼或教化的重要性，及其与神经科学中所谓的可塑性之间的关联方式。可塑性是指，大脑响应那些渗透到一致性的神经元放电模式中的习惯和行为模式，并随之适应和改变的能力。在过去的几十年中，20 世纪 90 年代被称为“属于大脑的 10 年”，关于大脑如何运作的知识以前所未有的速度激增——不过，这并不是说那些根本问题得到了解答。在神经性的大脑加工过程和主观性的对经验的“感觉”之间仍然是一种不相及的关系，这被称为一个“硬问题”，还远远谈不上被解释清楚。确实有些可以被称为“神秘主义者”的妙人，认为这个问题可能永远都无法完全理解，就像眼睛要想看到自身会很难一样。一些人则相信，答案就在眼前，而且完全是物质性的。然而，如前所述，另一些人认为，要成功地从理论上解答这个疑难问题，必须有经验方面的参与，但可能不得不裹着艺术的伪装出现。

对于意识体验这个难题来说，专注力明显居于中心地位，它能令人欣喜地用另一种形式把处于分离状态的心 / 身联结起来。这是一种用心理学术语来理解的现象，但是在以生理术语理解的处于变化的现象中，它能发挥可测量的影响。埃文·汤普森在他的精彩著作《觉醒、梦幻、存在》（*Waking, Dreaming, Being*）中，提醒人们留心这样一种变化：一旦注意到某种刺激（一种心理过程），视觉神经元对该刺激敏感性的激发率（一种神经生理过程）就会提高。

在这些年的研究成果中，最重要的一项是神经可塑性过程，它是大脑在对活动和经历的响应中改变其结构和功能的能力。现已可知的是，在身体发育阶段过去很久之后，大脑的生理机能和神经元放电模式还会在整个生命过程中不断发展。心理和身体上的变化，都可以催生这种改变。体验和思维可以在我们的大脑中实现实体化。这是一个双向的过程，就像我们的遗传性生理机能影响着我们的体验一样，我们的体验和思维也会反过来影响我们的大脑。对我而言，这是以一种完全属于内在的、固有和不神秘的方式来展现的，也许我们可以称之为“心”，抑或是“心灵”的非物质性过程——这是体验，是身体的和心智的，能够留下物质和物理痕迹。一些研究项目曾表明，在小提琴手的大脑中，与左手动作对应的大脑部位高度发达，而伦敦出租车司机大脑中的与记忆有关的海马体则高度发达。此外，不仅行动会留下痕迹，人在行动和想象时，大脑的许多相应部分也都会被激活。

在这个主题中，最重要的是人们已经发现，专注力过程对这种变化极为重要，能够极大地影响神经元放电的同步性。神经心理学家、作家和教练里克·汉森（Rick Hanson）写道：

> 你的体验非常重要。不只是当下的感觉，还有它们在你大脑中留下的最终印记。你的快乐、担心、热爱和焦虑等体验，会让你的脑神经网络发生真

实的变化。神经系统的构建过程经由有意识的体验得以加强，特别是对你知觉中的重点内容影响更甚。专注力就像聚光灯和吸尘器，它会凸显你注意到的内容，然后将它们吸收到你的大脑中——不论是好还是坏。

有种传统说法认为，你的思想是由它所考虑的事物塑造的。根据我们对经验依赖性神经可塑性的了解，一个现代版本的说法是，大脑根据人的思想所考虑的事物为自己塑形。

专注力和自我

如果神经可塑性的理论说明人是习惯性的动物，那我们理所当然地应该密切注意自己的习惯，注意如何集中专注力，以及应该专注于哪些方面。神经科学家和哲学家都认为专注力是自我人格的核心。在心理学发展早期，威廉·詹姆斯就说过："我的体验就是我选择去关注的那些事。只有被我注意到的事物，才能塑造我的思想。"米哈里·契克森米哈赖（Mihályi Csíkszentmihályi），以其对最佳状态［optimal state，他称之为"心流"（Flow）］的探索和定义而闻名，他写道："改变个性意味着学习新的专注力模式。"而德国哲学家托马斯·梅青格尔（Thomas Metzinger）则写道："专注力的能动作用（attentional agency）是支持自我意识体验的本质核心属性之一。"我们可以回忆一下佛教的人类心理物理学模型，它是由五蕴组成的，分别是：色蕴、受蕴、想蕴、行蕴、识蕴。行蕴即性情或习惯，是自我创造的核心。神经科学家都赞同，本模型中的自我是一个过程，是一个自我化或自我创造的过程。出自保罗·布罗克斯的这段引文差不多可以表达这个意思：

> 思想来自过程和互动，而非来自物质。从某种意义上说，我们居住在物体之间的空间里。我们存在于空中。这是一种迷人的、让人获得自由的思想，没有什么好怕的。

这里还有另外一番描述：

> 升起和下沉、浮现和衰退，正是五蕴中的本空（empty of self）。换言之，五蕴中充满体验这一事实与它们是本空的这一事实是一样的。如果五蕴中或其背后隐藏有真正实体的自我，那么自我的不变性将阻止任何体验的发生；其静止的本质会让不断起落的体验戛然而止。

以上两段引文都来自科学家，后面这段的作者也对佛教感兴趣，前者则对此类教义一无所知。

在另一段引文中，保罗·布罗克斯说道：

> 从神经科学的角度来看，我们都是分裂且不连续的。我们的心理过程是自我感受的基础，如觉受、想法、记忆，都散布于我们大脑的不同区域。没有特定的聚合点，没有灵魂的驾驶舱，也没有灵魂的飞行员。它们聚在一起就像是一部虚构的作品。人就是一台讲故事的机器，而自我就是一个故事。

我们可以回到第 1 章埃文·汤普森所指出的，佛教和神经科学在对自我化过程进行描述方面所呈现的相似性。把自己看作一个独立的自我与掌握外界对自我的看法这两个过程是密不可分的。我们在下面的章节中将更为详尽地探讨，正如发展心理学的研究结果表明，这两种能力可以同生共长，并建立在联合的或共享的专注能力的基础之上。这两种能力在婴儿大约九个月大的时候开始出现，开始于由婴儿、成人，以及婴儿与成人都关注的某些事情所组成的一个三重结构，如目光追随、玩玩具及模仿行为等，这些都是这两种能力发展的体现。就是在这个时候，孩子获得了观察成人对对象的注意这一能力，这个受到注意的对象有时就是孩子自己，因此孩子开始将成人对自己的注意反映给自身，这样就能够从外界的视角来看待自己。正如埃文·汤普森所描述的那样：“自我定义的过程是联合性的专注力活动，把每一种注意力能动因素都作为他们共同的专注力焦点——‘我关注你，就是在关注我自己。’”参与这种二元活动对孩子从心理上掌握外界对他们的看法是很关键的，这样他们就能把他们自己当成一个独立的自我来看待。

时间一到，这个自我就会水到渠成地发展出从目前转换到过去和未来情境的能力。这个过程被称为自我投射（self-projection），它会将自我心理性地投射到另一种情境中。自我意识能通过对过去的记忆和对未来的展望（自我投射到未来）过程进行培养。这样一来，就形成了自传性（autobiographical）或叙事性（narrative）的自我。

心智科学（mind sciences）更有趣的发现之一是，大脑自然地以两种不同的方式运行：任务导向时的聚焦性专注力；以及所谓的缺省模式，当没有把专注力聚焦于不同的任务时，就会出现放电模式。这两个过程会涉及大脑的不同部位。因为，聚焦性专注力活动大多发生在皮质中线（midline cortex）的前面；当聚焦需求或者我们的专注力较低，而且思维有些恍惚时，皮质中线后面就会发生默认性区域活动。也有一些有趣的研究表明，当大脑处于缺省模式时，我们也会更加关注自我化。与我们视为自我投射的大脑活动相关的大脑区域，与缺省模式是重叠的。埃文·汤普森表示：

> 当我们休息或大脑活动处于消极状况之下时，自我投射和缺省网络之间存在联系。当缺省网络处于活跃状态时，无意识思维就处于高峰期，表现形式往往是思考过去发生的事情，以及筹划未来。

里克·汉森把这一区域描述成“模拟器”，认为它是一个“进化上奇妙的自适应式发展，借此我们可以思考过去和未来，并尝试不同的可能性”。沿着前额叶皮质中线分布的其他大脑区域，也与自我投射和默认性神经网络有关。可以观察到，在心理学家所谓的“自我相关处理”过程中，这些区域也是活跃的。当人们需要评估如何看待与自身相关的事物时，就会发生这种情况。当你心智游移时，可能就会想出一些创造性地解决问题的方法，形成汉森提到的自适应功能，但这也可能与消极情绪有关。有一篇经常被引用的论文，它有一个令人回味的标题——《心不在焉会令人不快乐》（*A Wanding Mind is an Unhappy Mind*）。这篇论文指出，大脑在缺省模式下，我们更容易态度武断和患得患失，从而导致不快乐。有趣的是，缺省的神经网络与自我密切相关这一发现，与佛教对自我中心的关注产生了共鸣。科学认为，这就是事实，虽然也指出，与佛教事业的目的对立的是，它可能会导致人感到不快乐，因此，这就变成问题了。

另一篇有趣且经常被引用的论文是法博（Farb）等人的《关注当下：正念冥想揭示自我指摄的不同神经模式》（*Attending to the Present: Mindfulness Meditation Reveals Distinct Neural Modes of Self-reference*），文中谈到了与自我表现有关的不同的神经网络。为了解释不断变化的体验下的连续感，威廉·詹姆斯假定了一个“客我”（me）来理解当下的“主我”（I）。现在已经发现了这种区别的神经性基础，发现这个假定的“客我”（me），是内侧前额叶皮质（medial prefrontal cortices）的一项功能，它以叙事性自我指摄的形式，跨越时光保持着人的自我同一性，连接起自我指摄，并支撑起自我意识。有别于假定的“客我”（me）的当下的“主我”（I）是瞬时性的和专注于当下的，是基于横向网络的，在大脑的右侧。这些网络支持开放的、持续的、当下时刻的觉知。研究表明，这些横向网络通常易于被内侧近中的脑部区域所负责的叙事模式所选用。法博等人提出，皮质中线活动支持“能够生成叙事的心智游移，这非常像专注力不活跃，大脑处于‘缺省模式’时的相关活动”。借助功能核磁共振成像（fMRI），研究者对那些在知觉即时体验方面受过特定训练（接受过正念减压训练）的被试大脑中的这些神经网络活动，与对照组进行对比研究发现，自我意识的缺省模式，可能取决于中线前额叶皮质区域之间的惯性耦合，这决定着自我的认知 – 情感表现和更多关于身体内侧状态的神经影像表现。围绕此类研究，出现了更多术语上的重叠和分化，毫无疑问，试图使它们明确“契合”彼此的尝试是错误的。例如，哲学家丹尼尔·丹尼特（Daniel Dennett）采用“自传性的自我”（autobiographical self）这个术语，而现象学家则采用“叙事自我”（narrative self）这个术语，所以围绕该话题的交谈往往有些困难。然而，一般而言，在任务导向和心智游移这两种模式中，似乎是由大脑的不同部分来打头阵的，而且与自我投射（过去、未来和想象）有关的区域会同那些与心智游移有关或与缺省模式有关的区域相重叠。此外，从分心返回到心智的专注力修炼（无论是聚焦性专注力还是开放意识），一定会影响缺省模式。

与此相反，对于人在高度聚焦和参与的时候失去自我投射至少有叙事性证据。菲利普·格拉斯写下了他自己关于创造性专注力的有趣体验，谈到他自己的专注力，从“通常的普通专注力，到完成某种令人难以置信的事业所需要的特别集中的专注力”这一变化过程。要做到这一点，他说需要做出一些牺牲：“我们坚持，最终要放弃的是我们一直坚持着不肯放下的东西——我们观察自己时所采用的专注力机能。”要突破障碍进入一些新的领域，就必须丢掉这种盯着自己不放的能力。

米哈里·契克森米哈赖曾探索过这些专注力在行动中的状态，并且赞同格拉斯的观点。他表示，如何创造性地使用精神能量有赖于有多大程度的空余专注力能被利用。而且——

> 对于一个注重保护自己的人来说，几乎所有的专注力其实都集中在监控那些可能对自己造成威胁的东西上了……影响精神能量自由使用的另一个限制是，对自我目标的过度投入……当一个人看、想或做的一切都是围绕着服务于自身利益时，就没有专注力去了解其他任何事情了。

他描述了要具有创造性，既需要意识聚焦也需要有开放性的意识——意识聚焦可以防止分心，意识开放则可以获得更多的体验。刚接触这个说法时，你可能会感到这有点自相矛盾，仔细想想，其实并非如此：

> 这两种使用精神能量的互相对立的方式有一个共同点，这比两者间的差异更为重要。它们让你决定，在某一点上是保持意识开放更好还是聚焦更好。它们都能够体现你控制专注力的能力，情况就是如此，无论你是聚焦的还是开放的，都没有关系。

对于如何建立起有可能控制专注力的习惯，契克森米哈赖给出了一些方法建议：以适合自己节奏的方式来安排自己的日程；花时间反思和放松；选择和塑造我们生活的空间；注意真正给我们带来快乐和痛苦的事物，以及获得更多快乐和遭受更少痛苦。

在这里，重温他对“心流”的定义（一种最佳体验状态）可能会有所助益。事实上，专注力经常涉及一些困难性的活动，这些活动通常具备新奇性与发现性这两个元素。他发现，这样的状态是由那些具有几乎完全相同经历的人共同做出的描述，无论是什么样的活动导致了它的出现。他认为，这包含以下九个主要元素：

（1）每一步都有明确的目标；

（2）行动后马上得到反馈；

（3）存在着挑战与技能的平衡；

（4）行动和意识相融合；

（5）不会受到干扰；

（6）不会担心失败；

（7）自我意识消失；

（8）遗忘时间；

（9）活动本身就是目的。

我认为，上文中菲利普·格拉斯描述的他在创作音乐时所进入的无我之境，以及提到的遗忘时间，也可以算作“心流”状态的上佳事例。

专注力和世界

如果专注力对我们的体验，甚至对我们的“自我”创造是至关重要的，那么它对于我们如何体验这个世界就更加至关重要。麦吉尔克里斯特认为，专注力处于我们对世界体验的中心位置，而且它对我们所体验到的这个世界的创造也至关重要。他写道：“我们了解到的世界，只能是不可避免地被我们的专注力本性塑造过的世界。”麦吉尔克里斯特最出名的是他关于大脑分为两个半球的假设，这在他那本令人印象深刻的著作《主人与使者》（*The Master and His Emissary*）中有详细的描述。他从专注力的角度，看到了大脑的两个半球之间的差别：

> 鸟类、动物和人类两个脑半球之间的差异，最终与专注力的差异有关，这些差异因为明确的生存原因而不断进化着。但由于我们加诸世界的专注力的本性改变了我们眼中的世界，而我们从这个世界发现的东西又会影响我们投向未来的专注力，因此专注力的差异就不只表现在技术、机械、问题方面，还有重大的人类体验和哲学性后果。它们改变了我们居住的这个世界。

他提出这两个脑半球在用途方面是非对称的：一边是生存，一边是如何吃喝及如何存活下去。前者需要密切关注那些小细节，后者需要保持着广泛警惕性的持续性专注力。这种非对称性十分重要，而且主要不在于哪个脑半球发生了什么样的情况，而在于它们如何发挥作用。为达到最佳效果，能了解全局的右半球应该为“主人”（Master），左半球则应当作“使者”（Emissary）。

麦吉尔克里斯特曾在东伦敦做过一次讲座，随后我与他进行了第一次交谈。然而，在经历了高峰期拥堵的地铁之旅后，身心俱疲的我们最终放弃了在拥挤嘈杂的餐馆里交谈的尝试，这也说明当代城市生活的压力，可能也是导致他所说的不太理想的左右半球脑平衡的原因。几周后，他待在苏格兰的一个岛上，我在德文郡，我们各自在安静的家中通过 Skype 交流。此时，他再次强调了专注力的重要性，他认为专注力不是一种功能，不是某人做的某件事，而是意识的一个方面。在心智的认知模式中，有许多事情听起来像是机器能做的事（比如，它能记得事物）——当然，它不是能记住它们，而是它可以模拟，但对专注力，它连模仿都做不到。专注力只是某个时刻处理意识的方式，所以它是意识的一个不可分割的方面。

当我提出专注力是他关于左右脑半球不对称性观点的核心时，麦吉尔克里斯特表示同意，并说：“可以这么说，我所记录下来的所有区别最终都可以追溯到专注力的差异上，这是根本。关于专注力的另一件事是，它不仅是意识的一个方面，还是通过意识而形成的世界的一个方面。因此，它完全处于核心地位。如果就像我所想的那样，世界不是位于某处的一个硬核，而是在某种程度上我们难以测量、无法了解的事物，要由我们与它的互动，我们加诸其上的专注力，以及我们对它的构想才能真正形成，那么专注力就不仅是由我们所引起的意识的一方面，还是由其所引发的事物的一个方面，即现象世界的一个方面。因此，专注力也是一种道德行为，因为你负有责任——你的关注方式将影响那些最终形成的东西。在一定的情况下，人们可以明显将其看作道德行为，比如对人的关怀，不论是作为一名治疗师或医生，还是作为丈夫、妻子、父母，你关注的方式都非常重要，会对其他人造成影响，关系着他们如何看待自己，如何看待自己与你的关系，所以只要人们在关注，就会被牵涉进一个道德性的行为中，而对一个有意识的人来说，他不可能不关注。我喜欢引用路易斯·拉韦尔（Louis Lavelle）对此所做的完美表达，这位不算特别著名的存在主义哲学家20世纪30年代在法国说过，‘慈善纯粹就是关注人的存在’，换句话说就是，‘爱是对另一方存在的纯粹关注’。这非常清晰地把专注力定位于道德领域。”

既然能把专注力看作一种道德行为，我问这是否意味着他也将其看作一种技能或能力，可以进行训练。麦吉尔克里斯特再次表示赞同：“当然。按理说是这样的，我碰巧也听说过这方面的事情。埃里克·西格曼（Aric Sigman）对屏幕媒体和技术对儿童专注力的影响相当感兴趣。他说，他的‘这些研究结果’明显表明‘慈悲可以通过训练来培养，而更伟大的利他行为可能源于理解他人痛苦和情绪控制，以及大脑中赏酬处理的神经系统越来越多地参与和作用。换句话说，从认知科学的含义来讲，人性的方方面面，包括移情及换位思考的能力都可以进行培养，这是很明显的事情。”

然后，我又问，他认为哪些专注性习惯或做法对实现左右脑半球的平衡最重要，并能纠正他曾详述过的当前人类大脑左半球的专注力模式过度强化的问题。

麦吉尔克里斯特在笑着否认自己在这方面知识超卓的同时，也声明："说到大家应该怎么做这个问题，我比我的邻居强不了多少，我想我的知识都是关于我们是怎么样的，而非关于我们应该怎么办的。"他郑重其事地声称："不管是在理论上还是实践中，对我来说意义重大的都是正念这个好朋友，但'正念'这个词快成陈词滥调了，所以大家都不再提了。不过，正念真的非常重要。如果就像我在《主人与使者》中所写的那样，这个观点属实，我自己相信这是真的，那么新的专注力，也就是针对所有尚未处理、尚未包装起来的新体验的专注力，就是由大脑的右半球产生的。在这方面，人们会提到埃尔克宁·高柏（Elkhonen Goldberg）和科斯塔（Costa）对此所做的研究；几乎体验的所有方面，当它是第一手的，当它是直接呈现出来的，或者正在呈现的，而不是间接地正在被他人向你呈现时，依赖的就是大脑右半球，然后你就可以想象正念应该是一条可以强化它的途径。自从这本书问世以来，一直有研究表明，体验确实涉及了广泛分布的神经网络，但主要还是集中在右半球。因此，正念的确是个好东西。

"我们能做些什么来解决问题呢？在最基本的层面上，慢下来就是答案之一。说起来，这是一件再简单不过的事情，但确实是这样，当你在做事时慢下来，那么这件事就会展现出与其目前的状态完全不同的特性，你看待它的感受也会完全不同，这当然很值得。现代生活的总体漂流方向是，让你在尽可能短的时间内包揽尽可能多的事物，并且把时效放在一个非常根本的层次上。我一直在读亨利·柏格森（Henri Bergson）关于时间的作品。他对从运动的角度研究时间很感兴趣。我们关于延伸和时间的观念取决于运动，可能还不光是观念，事实可能也是如此。如果宇宙静止不动，它就不会有维度，反之亦然；但它们是彼此紧密相连的。大脑右半球似乎能够理解时间的延伸，或深度或范围，因为事实上它就是能够知道这一点，而左半球似乎是专注于空间或时间顺序上的一系列点，这是相当不同的，因此大脑左半球基本上没有对时间或空间的体验。

"知觉更依赖于大脑的右半球而非左半球。在所有的知觉模式中，右脑都比左脑要好用得多。由于受到机械性记录数据这种认知模型的影响，知觉在我们眼中似乎远不如我们对它的期许那么完美，但这真的是一种有创造性的活动；因此，在我们能够察觉到根本就没有单纯接受数据这回事时，我们总是会把数据理解成某种事物来接受；我们总是能从中创造出一些东西。我们创造出的这种东西非常重要，而且右脑更擅长于此。知觉也会来自我们关注领域的边缘，并且有理由认为，大多数新体验可能正是来自这样的外围区域，因此右半球始终是新感觉（就是那些正在涌入的事物）的守护者。但这不是从新奇的意义上讲，也不是从新奇作为幻觉的意义上讲——新奇是当我们把事物以不同顺序排列时得到的创造性产物，这似乎是大脑的左半球参与的活动——通过把我们已经掌握的事物以新的方式重组，从而实现对新事物的主观性的有意创造。但真正的'新'是另一回事。在这本新书中，我会把那些虚幻的新奇性和新颖性进行对比；那种僵硬的知觉不会注意到新事情的发生：不是就只盯着看［或许'盯着'（staring）这个词本身就是错误的，因为它也意味着一种专注力模式］，而是你要与自然景色交融在一起，要密切关注这些石头和水池等清冽的事物；如果到了这样的程度，它们就会变得充满新的活力。这与那种白白浪费了能够创造新奇性的智慧财富的情况完全相反，这是始终以'若只如初见'的眼光来观察事物。右半球似乎专门针对事物本身提供持续的开放性专注力。因此，基于这些理由，你会同意右脑才是新事物出现的地方。"

照我的意见看，许多有益的修炼似乎都是围绕不作为、接受性或取消性的，他表示同意，并谈到一场他做过的主题为"不的力量"（The Power of No）的演讲："关键的一点是，否定就是深刻的创造性。对此，我们完全误解了，以为创造就是要走出去做一些事情，正相反，这常常应该是停止和保持沉默，以及为事物的成长创造一些空间。尽管我们没有能力让事情发生，但我们有能力去阻止正发生的事情或是放任它们发生——而大多数时候，我们会通过自己的行为去阻止它们发生。一旦我们停止作为，就不再干扰那些正在发生的事情，这就意味着这些事情最终可以发生了。"

谈到最近关于寂静、空、沉静和空间这些主题的书籍和理念的流行，麦吉尔克里斯特指出，虽然这些主题引起人们的重视是件令人高兴的事情，但其中也可能隐藏着危险：“它可以与发生在后现代主义的那些情况互为参照——这个对所有确定性的概念都加以质疑的这个流行观点，很容易导致我们从‘没有一个真相会是完全肯定的’这一符合实际的认知，滑向‘根本就没有真相’这样一种消极观念。我认为恰恰相反——如果某件事情是完全确定的，我们就会知道这不可能是真的。只有在不确定性中，我们才能找到真相。我认为，在这些不确定性中存在一个相当重要的积极性转变可能会被人遗忘——空中所隐含着的积极性转变也可能被人遗忘了，这样在人们审视不确定性带来的空虚不实，并互相鼓励着在这条通向无意义的道路上奔跑的过程中，不确定性就变成了众说纷纭的争吵。当然，你和我并没有以这样的方式使用‘空’或‘否定’这两个词，我们的方式更精妙一些，我们正在谈论的是一种丰富充实的空，它不只是任何旧有的空的概念。任何旧有空间都不够好。空的空间是一回事，伟大的音乐篇章间的空音符则完全是另一回事。”

此类讨论引发了对“灵魂”的讨论，麦吉尔克里斯特在皇家艺术学会的演讲中，将其描述为“一种态度、一种气质、一种专注力”。如今，他补充说：“换句话说，它是一种方式或过程，而不是一件东西。”他解释说，这是一个脱离中心视觉的过程，也是大脑右半球的领域。他也说过，只能以隐喻方式对其进行谈论，“但却难以脱离具体化”，我发现他说的这套东西非常有趣。他解释道：“当然，我想摒弃‘灵魂是某种幽灵，并没有物质特征’这种想法。我认为，无论我们怎么说，它都在我们的身体里，而且我不认为在许多神秘主义的传统中，这是一个非常异质的观念；虽然对一些倾向于分离身体和灵魂，与柏拉图理论相悖的基督教传统而言，这确实有些另类。我们必须承认柏拉图是个名副其实的天才，但另一方面，他也需要对西方传统中的许多缺憾负责。很明显的一点是，在西方，我们能够看到间接表达不如直接表达更具优势，而事实上，有很多的事情只能通过寓意深刻的隐喻、叙述、观念和意象间接或含蓄地表达，如果你想把它条分缕析地解剖开，就像非要将一个意味深长的笑话解释清楚不可一样，‘七窍开而混沌死’。所以，我们一定要采用间接的表达手段。”

我们又回到大脑的左右两半球理论，以结束我们之间的讨论。关于这个理论，麦吉尔克里斯特表示：“有一个听起来非常愤世嫉俗但又难以绕过，而且我认为还相当有力的论据赞成大脑分为左右两个半球这一假说，这种观点简单地说就是，我不认为有任何神经学家会对左脑和右脑的关注形式不同存有争议。锦上添花的是，你还可以在鸟及哺乳动物身上看到这个现象。它们的关注方式不一样，这一点是无疑义的，而且也是公认的观点。以下是神经学家不会走但哲学家却会走出去的一步，这同样是无可争议的——我们关注世界的方式，也会改变世界。而且，我也不认为有任何人会认真地对此提出质疑。如果你直接就把这两件事放在一起——左半球和右半球的关注方式不同，不同专注力创造不同的世界，就像白天过后是黑夜一样毋庸置疑，因此它们就会带来两个不同的世界——这是两类不同的世界，你会由此想到这两个世界会源于两种不同的专注力，会具备不同的特征。情况是否如此呢？答案是，确实如此。这看起来如此有力，以至于我都看不出你该如何质疑它的真实性。”

训练专注力

如果专注力这样重要，那么为什么我们不重点关注它呢？《专注的大脑》（*The Attentive Brain*）作者、神经科学家让－菲利浦·拉夏（Jean-Philippe Lachaux）提出了这个问题，并以类似于麦吉尔克里斯特的方式做出了回答：

> 我们为什么要让自己对专注力感兴趣？因为它决定了我们对世界的知觉，我们与周围的一切及与我们自己的联系。它像聚光灯一样照亮了这个世界和我们的思想、感觉，以及内心的感受。

拉夏说，20 年来，他都无法找到一本可以教授他如何集中专注力的普及读本，直到发现了日本禅师写的一部书，把他引向了佛教传统。他写道："那一刻，我明白了，对专注力的理解不仅仅是一个学术性问题，还必须伴随着修炼。"他也承认，科学界对于专注力的定义仍然没有达成共识。尽管威廉·詹姆斯曾在 1890 年的声明中说过，"每个人都知道专注力是什么"。正如我们已经看到的，专注过程可以划分为几个不同的层次——神经元的、认知的和行为的。不过，总的来说，我将继续采用威廉·詹姆斯的说法，因为他的基于体验的专注力定义，清楚地描述了有限能力、竞争焦点与一般性理解的理念。

> 专注力是指，当同时存在几个可能的思考对象时，大脑清晰且生动地牢牢抓住其中一个的心理状态。意识的聚焦、集中是其本质特性。它意味着放弃对某些事情的关注，以便有效地处理其他事情。

除非伴随着专注力，否则我们无法将感官收集的信息记在心里，也无法将其存储在记忆中。"你看到的是由你所注意的东西决定的。"大脑的神经元处于竞争状态中，哪些对象能够被记录下来是由其信号强度决定的，这就是专注力的功能；受关注目标的信号要比未受关注目标的信号更强。是什么指引着我们的专注力，是什么不由自主地吸引着我们，或者我们认为什么是相关的，又是另一回事。专注力和意图是交织在一起的。

关于专注力，更科学的理论性描述是将其体验划分为发生在不同大脑区域的三个阶段：示警、定位和执行控制，后者负责监控和解决专注力冲突。前两个阶段是无意识的，如果把专注力视为一种技能，那么它们与对专注力的自愿控制过程相比，与专注力这一理念的利害关系要弱一些，尽管我们也必须注意那些转变成无意识的习惯在控制专注力方面的力量。专注力是有限的资源，而我们对这种能量的需求很大。拉夏在一次以"专注、分心，以及我们大脑中的争夺战"为题的 TED 演讲中清楚地讲述了这一点。他讲到，我们的大脑是分裂的，也就是说，我们并不是一心一意的。我们的心智处于游移中，我们难以控制它。我们关注的是我们估计会与自己有利害关系的事物，但由于大脑被划分为不同子系统的集合，因此与其中某个密切相关的子系统却未必与其他的有什么关系。按照优先级地图，专注力的第一个动作是进行示警。有些对象与这种专注力优先级地图的联系几乎是本能性的，如闪烁的灯光、面孔和文字材料，这些对象能自然而然地吸引我们的专注力。如果你对某种对象的关注时间久一点，专注力地图就会按照你当前的愿望和兴趣重新定位和修改，从而与其保持一致。该地图将根据基于我们记忆的个人报偿系统，将这些个人好恶纳入考量，然后再调整我们的专注力分配。然而，我们也可以通过在额叶中运用相反的执行系统，让专注力避免流于这样的自发性运动。因此，拉夏认为，有三个系统在争相抢占专注力，它们分别是：由长期习惯形成的习惯系统，由好恶形成的报偿系统，以及更加灵活的执行系统。这在我们从视觉到思维的所有知觉过程中都会得到运用。他还指出，报偿系统对新颖性和信息非常敏感。电话铃声等警报会吸引专注力。此外，如果我们已经习惯了不断有新颖性出现的有刺激性的环境，那么一旦环境中失去新颖性就会产生厌倦，并且作为对此做出的反应，我们会产生对新奇性的探索行为。所有这些都会让我们失去焦点。

只有执行系统才能让我们集中专注力。只要我们能在记忆中保持意图的存在，专注力就能保持下去，但要长期维持这两个系统并持续专注于目标对象，会十分困难且耗费精力。在我们的执行系统中，由于我们的意图、计划等会不断扩散且彼此竞争，因此集中注意力就变得更加困难。大脑中的这种斗争会导致分心。某种程度上的多重任务状态会一直持续：我们边听边看，边吃苹果边走路；真正的问题出现在我们同时专注于两个或更多要求很高的活动之时。那么，我们到底该去关注哪一个呢？要保持专注，我们就需要一个强有力的执行系统，这样的系统中有能够长时间保持活跃的神经元。而且，我们还需要避免出现疲劳等情况。我们还需要一个统一而不分散的执行系统，以便一次只处理清楚一件事。

如果我们知道这些分散的力量，就可以利用对这三个系统的了解来提高聚焦性专注力。拉夏在演讲的最后给出一些建议：以在学校为例，神经科学现在已具备相关知识以对专注力训练给予支持，这种训练可以提升人们的幸福感。这番表述强调的是，要培养专注力，我们必须关注专注力本身，而不仅仅是针对其内容或对象。事实上，以日本的茶道为例，拉夏指出，几乎所有事物都可以用来培养专注力，但绝大多数事情都难以奏效，因为，专注力在此时仅仅被当作一种达到不同目的的手段，但其本身难以被视为一个目标或意图。

由于变化过程与关注力过程贯穿在人发育的各个阶段，在人后期的发展阶段，自愿性的专注过程将变得与任何变化都更加息息相关。伴随着早期的人生发展阶段的结束，进一步的变化会更加体现意志性，而非原始本能。神经可塑性研究的带头人之一迈克尔·梅策尼希（Michael Merzenich）在对猴子的研究中发现，猴子只有在密切关注某一事物时，持久性的变化才会发生。他将基底核和专注力系统称为“可塑性的调节系统”，当该神经化学系统被激活时，大脑就会进入可塑状态。一旦主要的神经元连接在早期发育阶段被设置完成，就会需要一个稳定而较少可塑性的系统。然后，就会释放脑源性神经营养因子（brain-derived neurotrophic factor，BDNF），在足量的情况下：

> 这会关闭基底核，然后结束轻松学习的神奇时期。此后，就只有在一些重要的、意外的或新奇之事发生时，或是在我们密切关注时，才会激活基底核。

这些发现都强烈表明，专注力是可以被训练的。最近，有关冥想的科学研究令人振奋。人们已经发现，“集中注意力和开放意识形式的冥想，涉及在开发持续性精神活动的元认知（meta-awareness）的同时稳定意识，这会影响大脑的默认网络”。贾德森·布鲁尔（Judson Brewer）及其耶鲁大学的同事共同进行了一项研究，对比了经验丰富的冥想者和初学冥想者在修习三种类型的早期佛教冥想时的大脑活动。所谓“早期佛教冥想”是指集中或聚焦性专注力，对仁慈及对无选择的觉知或开放的觉知进行的冥想。据称，处于缺省神经网络下的大脑区域很少出现心智游移的情况，而与监控心理过程有关的大脑区域在缺省大脑网络区域活跃的情况下，也会随之活跃起来。这就支持了这样一种假设：在缺省网络处于激活状态的过程中，与初学冥想者相比，经验丰富的冥想者会同时激活不同的大脑区域。它也支持这样一个联想：对受过训练的冥想者来说，心智游移和与自我相关的心理进程可能更容易得到控制。

在此基础上，布鲁尔和他的同事们推测：从心智游移到认知控制的这种可达性，最终可能产生改变缺省模式大脑活动的能力，这不仅会出现在冥想过程中，在被动的静息状态下也是如此。这可以最大限度地减少失控的心智游移和消极情绪状态。

在法博和安德森（Anderson）对自我呈现的大脑网络展开的研究中可以看到，通过专注力训练，习惯上结合在一起的模式会变得分散开来。在这次研究中，以是否在正念减压课程接受过八周训练为划分标准，将被试分为两组，通过核磁共振成像来观察他们各自的大脑在评价性的叙事焦点，以及以当前为中心的和非评判性的客观体验性焦点过程中的大脑活动。在进行与不同焦点有关的任务时，没有受过训练的人的大脑活动变化不大。那些接受过正念减压训练的人，在从叙事转到体验性焦点的过程中，表现出明显的大脑活动变化。研究表明，正念训练之后的重组（mindfulness training，MT）“与相关概念是一致的，即 MT 允许独特的体验模式。在此模式中，思想、情感和身体感觉都会被视为对‘自我’来说是好的 / 坏的或必不可少的，并被作为可以简单观察到的短暂精神状态来对待”。

文章结尾处的陈述是：“有越来越多的证据表明，通过更基本的当前中心焦点来接近自我体验，可能是人类幸福感的一个重要方面。”关于这些发现，埃文 · 汤普森指出，他们认为，“当我们对正念修行提供的当前中心意识进行这种训练时，更容易脱离那种自我认同性的叙事形式”。

汤普森还描述了被试如何通过观看核磁共振实时扫描的大脑区域的活动，来主动控制痛觉相关大脑区域的活动（前扣带皮质区），以实现对慢性疼痛的控制。

通过有目的地改变大脑活动，可以改变对疼痛的知觉，减轻感觉到的疼痛的严重程度。

诺曼·道伊奇（Norman Doidge）所著的《重塑大脑，重塑人生》（*The Brain that Changes Itself*）一书记录了神经可塑性发现的非凡历史，随后，他又在《唤醒大脑》（*The Brain's Way of Healing*）一书中继续探讨了这个问题。他描述了那些几乎必须被视为奇迹的治疗结果，包括激发大脑的可塑性资源以治愈诸如慢性疼痛、帕金森病、创伤性脑损伤、孤独症，以及其他病症的实例。在所有这些情况下，借助能量源（如光、声音、振动、电和运动），治疗性干预会使心理觉知与活动相配合，以便利用大脑自身的自我平衡性和神经可塑性资源。在最为引人注目的关于利用声音来治疗这一章中，干预措施表明，在从有意识的专注到无意识的关注这一过程中，涉及大脑皮质区域的意志性专注力，对康复起到了必不可少的作用，而直接参与皮质下过程更能产生非凡的结果。通过声音刺激大脑皮质下区域，可以自下而上改善脑组织。在道伊奇提供的其他故事中，我们也发现了许多关于有意识的、有意图的、聚焦性的专注力能够重设遭到破坏的自动过程的例子。

古与今、神经科学与佛法

心灵生命组织（The Mind Life Organization）在一位藏传佛教大师的启发下，汇集了多位科学家和修炼者，在长达 20 多年的时间里，共同讨论神经科学和佛教哲学，特别是与佛教修行的交集。理查德·戴维森（Richard Davidson）等人所进行的研究（特别是在威斯康星州麦迪逊的研究），似乎表明了专注性训练能在生理和心理上带来无可争议的好处。戴维森发现的结果，“支持这样一个观点，即专注力是一项可训练的技能，可以通过被称为‘聚焦性专注力’（focused attention，FA）的冥想的心智练习来强化”。其他研究表明，这样的训练不仅会提高专注力，还会增加积极的感受（自我的幸福感和对他人的同情感），也能增强免疫系统功能。

我与科学家苏珊·布莱克莫尔（Susan Blackmore）就专注力展开过一次有趣的交谈，作为科学家和冥想者以及就这两方面进行写作的作家，她从主观和客观的角度谈到了这一主题。我们在她位于德文郡的家里交谈，她告诉我："关于专注力的心理学著作及相关理论比比皆是。这是一个复杂的现象，有非常多的不同侧面，也涉及许多不同类型的能力，即使人们对专注力已经做过100多年的探究，在心理学方面也还没有出现真正获得普遍接受的理论。"

她解释说，从科学的角度来看，这算是出现了一些相当复杂的事情。我就所谓的"变化盲视"（change blindness）做了一个真正史无前例的实验。这个实验的意思是，如果你移动一幅图片，当它的移动速度与你眨眼的速度一样快时，即使图片发生了很大幅度的运动变化，你也注意不到。由此，人们对自己的眼睛如何视物这个问题的思考发生了翻天覆地的变化。变化盲视成为这个巨大变化中的一部分；此前人们以为知觉就是在意识流中看到的对象，就是视觉在头脑中创建的画面；现在他们认为，大脑根本就不是这样工作的，大脑中根本就没有相关的画面；这显然是一种与前者完全不同的观点。因此，我们很容易想象，如果你读过一些心理学书籍，其中大多数甚至是相当严肃的神经学书籍，就会发现这些书籍即使到现在还理所当然地认为，当你睁开眼睛，你的大脑要做的就是获取所有的信息，然后剔除错误和运动等因素，快速拼凑出一幅关于世界的真实图景。事实可能并非如此。更可能的情况是，正在发生的事情及现在你正在思考的视觉方式，是当你关注视觉世界的某些方面（视网膜后面当然会有某种图像、影像出现）时，你的大脑和整个神经系统只是关注了其中的某些部分，从中提取大量信息，然后就将其他信息弃于脑后了。你可以认为，在同一时刻，会有许多平行的意识流在大脑中流动；如果你愿意，也可以称之为一连串印象；我甚至不喜欢"意识流"这个词，因为我不认为还有这样的事情。如果在某个时刻，我正注视着那边摆放着的一架钢琴，我就会看到这架钢琴并产生一种我可以看到其他一切背景的假设，然后我带着同样的假设将专注力切换到你身上，这样我们最终就会产生我们可以看到整个房间和其中的一切的错觉。而实际上，我们所关注的事情的出现和消失。

当你思考某种思想，甚至更难的是，将自我视为某种先出现再消失且无常的事物来思考时，这种出现和消失的感觉自然就有了一种佛教的意味。然而，一旦回到科学的背景，我觉得有趣的是，我越是练习用这样的方式思考世界，用这样的方式思考自己与世界的互动，它就会变得越容易，而那种感觉就像是大脑中真的有一幅画面，画面中所有的事物我都一览无遗的想法却变得越发可笑。你在体验世界的方式上的这种变化，需要借助一定的知识视角来进行，而且我认为，要是经过数十年的冥想修炼，你可能会更容易做到这一点，它真的很吸引人，因为它有助于剥离你作为体验主体的感觉，剥离你作为位于此处的一个人，在大脑中对此处的事物已经形成一幅图画的感觉。“这个是什么，那个是什么”的认知都需要退场，所有临时性的事物都先跳出来，然后再消逝。因此，从知识性结果看，从认知科学近 20 年来流行的各种理论来看，以及从我在 1995 年和 1996 年所做的实验来看，这都是一个很大的变化，但这些理念要做到自成体系还需要一定的时间，但当我想到专注力时，就只有这么一件事会浮现在脑海中。

我认为，对于从知识成果方面来理解这一点，以及获得冥想体验以支持做到这一点来说，这一定是个难得的体验。苏姗对此表示赞同，她说，现在的认知科学拥有一套完整的观点，有些观点认为视觉不是图像的构建而仅仅是抓住图像的要旨，但也有观点认为：“根本就没有这种图像性的特征可言，因为视觉不是构建任何东西，而是行动，是基于行动的知觉，所以‘看’是一种行为，是要抓住感官运动的可能性；还有介于两者之间的各种观点，不一而足。我想说的是，和我一样，有些人也已经发现，他们的脑力劳动影响了他们看待世界的方式，但像以往一样，不知何故，也有很多科学家似乎想让他们的科学研究和他们其余的生活井水不犯河水。无论他们多么巧妙地解释可能发生的事情，实际上都从未改变他们看待世界的方式。我之所以会怀着如此的热情采纳这种观点，并认真地训练自己以这种符合我对当下科学认知的方式来看待世界，首先，是因为我的性格就是如此，我不想把科学与生活的其他部分割裂开来。其次，我进行过很长一段时间的冥想训练，即我时时在意我对世界的看法，并关注周边发生的事情，比如，眼睛扫见那边放着一本书，我就会想‘哦，这是从哪儿冒出来的一本书’……总之就是诸如此类的事情。因此我认为，是这两个互有联系但又稍有不同的原因导致我对这个理论如此上心。”

当被问到她是否认为专注力是一种可以训练的技能时，她回答说：“我不会说专注力本身是一种技能，但我认为专注力训练是一种技能，的确如此。专注力是大脑的一种自然能力，它本来就如此。让我们以猫的大脑为例（她指了一下刚刚离开房间的猫），它会集中注意力。当有田鼠或老鼠时，它会非常小心地、沉稳地关注着，会稳稳地趴在那里。像人类一样，猫与其他大多数动物的专注力，既可以是由内部需要驱动产生的——‘我现在感到饿了，到处转转看能不能找点吃的’，也可能是由外部某些事物驱动的，如声音、噪声、某种东西急速掠过产生的响动，以及诸如此类的信息。人类的反应和认知也是如此。因此，这些能力都是非常自然的，是与生俱来的，我想稍稍修正一下你的意见，我认为能够被加以训练的并非专注力本身，更确切的说法应该是——引导专注力的能力。引导专注力的目的是什么呢？这就是问题所在。你可能会遇到一些传统的思想方法，它们的主张是不加选择地对所有事物投入同等程度的专注力——换句话说，就是无选择的觉知。还有一些思想方法则可以被归结为深度专注，是针对某些特定事物的、非常狭隘的专注力。我肯定还有其他方法。因此，能够培养专注力的方式各有不同。此外，还有注意事物的能力。你以某些传统性的思想方法进行训练，这样当你的专注力被其他事物吸引走的时候，就能及时注意到。我想，还有一些关于冥想的传统思想方法可能会说‘绝不要让专注力溜走，永远都要保持专注’，而还有一些思想方法则可能认为这无关紧要，如果注意力游离开了，那么你只要注意到这个事实就可以了，由它去吧。而当人们训练自己引导专注力的能力时，就会出现多种复杂情况。我认为，如果你训练以一种方式来运用专注力，例如开放意识，那么这种技能就会在某种程度上发生转移。根据我的体验，在相当大的程度上，你会变得很容易以完全不同的方式来集中注意力，如狭窄且集中。在我看来，这似乎是一个普遍技能，你在这一点上进行训练，而不是针对你正在接受训练的那个类型的冥想的具体技能。”我们谈到了大脑的缺省网络，以及大脑在任务取向和缺省模式之间的差异。苏姗谈到了自己在当天早些时候的体验：“我到那边去锄地，听到有些人说，他们发现自己在做园艺的同时，还能很容易地做到眼观六路、耳听八方。我的情况与他们不同，我必须聚精会神。我在锄地和除草时就只是锄地和除草，一心一意地除草。关于这种差别，我想了很多。我必须专注于‘现在除这株杂草，然后是那株，耙犁放在哪里了’，而我很难做到同时留心其他事情，这与单纯的散步可不一样。此时，我甚至都没有想着要去留心外界发生的其他事情。我的这种状态，我想更像是心流状态。这是一个令人振奋的现象，契克森米哈赖认为，心流似乎是一种自我消失了的状态。这看起来与缺省模式非常吻合——当你正处于任务取向的状态之下，你大脑的某些部分正聚焦于这项任务，你就不会把任何认知资源，比如专注力，投入自我这里，但当你没有处理真正具有挑战性的任务时，当然也不会进入这种思考结构，而是会跳回缺省模式，这时大脑网络可能会出现自我，这当然不如心流状态令人愉悦，因为涉及自我的那些杂事也会随之冒出来。不过，我不认为我们已对大脑中发生的这一切有了足够的了解。至少我对我的大脑并没有了解得没那么清楚，而且现在的理论变化非常快。然而，我现在对自我的兴趣集中在身体外的体验上，而且我在 45 年前曾经历过一个戏剧性的过程，让我回味至今。现在他们探讨了自我的四个不同方面，分别是：身体意象，这是身体外体验最重要的部分；控制感；第一人称视角；对身体的拥有感。这些自我体验都是在你接近叙事性的自我或自我形象，或是社会性自我，或是其他任何事情之前，首先会发生的，但它们都出现于大脑的缺省神经网络之下，至少是在颞顶交叉点，以及它与大脑其他部分的连接区域。让我着迷的是，了解清楚这些互相之间紧挨着的，正在处理自我不同方面的大脑的不同部位，确实比较有助于不把自我当作某种事物来理解，更不当成某种永久存在的事物来理解。我们会产生‘我在这里——哦，这大概就是第一人称视角’的感觉，而‘这是我的脚’这种感觉就有所不同了，这是当成某种事物的感觉，我所做的科学研究与佛教训练之间的关系，与此类似。”

与大多数人（科学家或冥想者）不同，苏姗极其追求忘我的体验，她在《十禅问》（*Ten Zen Questions*）这本书中对此做了描述。她告诉我，她做过一次为期七周的通向体验本质的终极正念修行，这是在完全不存在心智游移的情况下只关注当下时刻，她在修炼中发现："自我意识开始消失。如果我真的用心关注，街道就好像从我的脚下滑过去。我的感觉会从'我正走在街上'转化成'街道在我脚下滑走了'，因此很容易产生一种某种事物出现又消失的感觉——就是这样的一种情形。"

在最近一次和利·布拉辛顿一起参禅论道以后，听了她讲的有关婆醯迦的故事，她开始意识到所有的正念都不是那么极端的，并获得了一种自认为颇有助益的全新认识。她说："我现在能分开两种完全不同的状态。我可以练习我所说的'普通正念'，它更像是我能意识到我此刻正在做什么；以一种很云淡风轻的方式活在当下。我就坐在这里和你说说话。我没有神游某处，我就在专心地和你谈天。我能够关注到外界环境。如果这里发生了什么事情，我就会注意到。这不同于你在刻意推动这件事情往前进行，强迫自己将专注力投在这上面——这与专注力有关——自我已在此时退出了。就像我曾经以学术性风格描述过的那样，有一些东西出现又消失。这些东西在我们的意识中，来了又走，这张桌子就像是这样出现的。走路时，更容易进入这种状态。这仅仅是一种出现，不论出现的是何物，它的发生都不针对任何人。因此，当下在我的脑海里，如果我做的是普通正念，我就不会感到沮丧，因为我没有做现在被我称为'婆醯迦方式'的正念。我认为这是有所不同的，我只在容易做到时才修炼，如散步时，一些简单的事情不需要更高层级的控制。这对我而言是一种巨大的解脱。"布拉辛顿热衷于能够生活在相关性中，而她总是被绝对性吸引。

当我问她，在"事物"（stuff）不具自我意识的出现和消失过程中，是否能够保持一种连续性的感觉时，她回答说："一个答案就是，可以说连续性存在于物质世界中，而不存在于我们的自我中，这确实与专注力有关，因为在生成性认知科学理论上，尤其是在感觉运动理论上，是你获得了世界的连续感——我现在说的不是自我连续感，而是世界的连续感——因为你总是可以回顾，你总是可以及时地去了解。因此，尽管此时我正盯着一只毛茸茸的小鸟黄色的喙，它蹲在那边的钢琴上（笑），但我却有这样的印象——那里就是全世界，尽管这种感觉很模糊。如果我继续盯着看，它就会更模糊，根本看不到什么了。由于我的专注力在鸟喙上，因此对此没有用任何心理过程加以处理，但我可以保持，或者说这个系统可以保持能够意识到这一切的错觉，因为'看'就是此时我需要做的全部工作，而且我们还通过看记下了一些要点，这应该是与眼球运动有很大关系。我认为，我们始终拥有一张以身体为参照的位置图，即第一人称视角。比如，我们会说，书在那边，门在那边，这些都被保留下来。这类要点能够使我们的眼球运动保持精确——因为我正关注着黄色的鸟喙，所以它不会消失。这是一个坐标系，允许我在任何时候都能把注意力转向其中的某个点位。我每次这样做时，都会投入专注力。这种自信正是来自世界的连续性，因此这个系统不需要连续监测书架、门或其他任何物件的位置。只是掌握着向哪里看这样一个要点就好，这种连续性位于心之外的世界中，而不在心里。"

苏姗谈到她对技术进化的兴趣，引用了"模因"（meme）和"技术模因"（teme，这是苏珊基于模因的概念而创造出的术语）的概念，认为这改变了我们以外部引进形式提高能力的理念。1999 年，苏姗写了《模因机器》（*The Meme Machine*）一书，她在书中将模因描述为"最初的寄生虫变成了共生的有机体；文字和语言类寄生于我们的大脑，并使我们得到更高级的大脑，从而改变了我们的行为"。现在她相信，类似的事情会借助于第三复制基因进行，这就是数字技术。"它寄生于我们的大脑，并从自己的利益出发来改变我们的大脑，以处理从未有如此之多的难以让我们开心的信息。技术模因改造大脑的相关方面以符合其利益，让我们的大脑有能力做许多事情，从事物中吸收大量信息、计算、写故事、形成图像、向周围传递这些事物、为某些东西争论，所有这些都创造了越来越多的技术模因，它们互相竞争以进入更多的大脑，所有这一切都是我们的大脑被以特殊方式加以利用的原因。”

苏珊把模因解释成第二复制基因，而技术模因则是第三复制基因。第一个是线粒体，她说：“最初自由生活的细菌，后来被吸收到细胞内，形成了真核细胞。它们的任务就是从外界引进保护和食物供应，并专注于提供能量这一职能，而其他细胞则把能量生产外包给线粒体，并继续去做其他事情，所以双方都能从中受益。这就是它被称为共生关系的原因。我曾提出，随着技术模因在我们已经创造的技术中得到广泛传播，我们逐渐扮演了如同线粒体的角色。这一人类技术领域，始终处在发展之中。我们之所以用得上它，有好几个原因。其中之一是因为我们花费了大量时间处理电子邮件等，而且生产能源的任务也是由我们做的，我们采掘煤、石油、稀有金属等，以便产生一切能生产计算机并保持其运行的东西。你可以看看服务器的能量图，这是对一般能源使用的比例是如何不断上升的反映。我认为这个技术进化物已经完全超出了我们的控制，正如所有系统一样，正在完全按照自己的利益而演变，并改变着我们的角色。我认为，能力外包就是我们放弃自己种植食物的能力，以及其他所有使用自己身体的能力，以便能在屏幕前度日，因为这对技术模因很有用。所有这些都在专注力话题之外。但这也许不是因为如果你按我建议大多数心理学家采用的方法，把专注力作为认知资源的引导，或认知系统中的能量资源，这就会与专注力有很大关系，而是因为技术领域中正在发生的一切，导致了我们对屏幕的专注远远超过对自己的身体，以及如何满足身体需要并使其保持健康和快乐这件事情的关注。因为从进化论来看，人的幸福并非重点，对重复基因的复制和再生产才是最重要的，无论这是基因、模因还是技术模因。其对人类幸福和健康的需求，都不同于当下这个世界。”

人们只需要看看注意力缺陷多动障碍（attention deficit hyperactivity disorder，ADHD）诊断大幅增长的情况，就能了解这一点。关于注意力缺陷多动障碍有大量研究，但无论是关于病例增加还是如何缓解，目前都还没有明确结论。唯一的可能是，它会让人对以提供治疗为目的的专注力过程产生兴趣。20 世纪 60 年代，马歇尔·麦克卢汉（Marshall McLuhan）提出的“媒介即信息”，显然是千真万确的。新媒体正在改变信息，也会因此改变人类的大脑。

从任何意义上都可以说，文化能够改变大脑。自幼在不同文化背景下成长、操着不同语言的人们，大脑之间都存在着差异。文化影响可能会被视为文化习惯，从而加强某些途径，就像重复性的行动或想法发挥的作用一样。如今，处于迅速发展和变化中的由媒体参与的虚拟现实，正重塑着我们的大脑。老师们注意到孩子们的专注力持续时间正在减少。意识到这一点的电视和电影制片人，正运用这方面的知识来指导他们的节目与产品，因此，其吸引力会得到循环强化。研究者将注意力缺陷多动障碍的增多与电子媒体和电视联系在一起。这种联系未必是危言耸听的，的确有令人不安的证据表明，“电视，以及诸如音乐视频和电脑游戏等其他电子媒体的危害，大多体现在对专注力的影响上”。这些节目的加速性特征满足了使用者对高速反应日渐强化的胃口，并影响了我们的适应反应。这一定是有害的吗？我确实不知道，但这肯定是我们需要加以注意的事情之一。患注意力缺陷多动障碍的人似乎并没有体验到快乐的增加，他们的行为也不会提升周围人的快乐和轻松感。对这个问题的认识只是第一步；对注意力缺陷多动障碍的治疗，要靠对这种神经可塑性的认识及明智使用，但目前它正在引发一些潜在问题。事实上，道伊奇的最后一本书介绍了一些已被证明对治疗有效的且取得了成功的非化学过程。

埃文·汤普森的作品在本书中被引用多次，他最近因为一个被称为“关注正念”（Attending to Mindfulness）的项目获得了一笔为期五年的加拿大社会科学和人文研究委员会洞察经费（Social Sciences and Humanities Research Council of Canada Insight Grant）。我认为这与本书的主题十分相关，因此我想在此引述完整的项目总结。

在人们对哲学忽视了几十年之后，专注力已成为心灵哲学的一个重要主题。关于专注力的本质及其与认知、情绪和意识的关系的一些基本哲学问题，既是由关于专注力的认知性的神经科学激发的，也是其先决条件。我的研究项目将对这一心灵哲学和认知神经科学共同的焦点问题做出贡献。

据我所知，最近，认知科学领域对通过佛教正念禅修进行的专注力训练展开了研究，我的研究项目将成为对这种研究的重要性进行的首次哲学检验，也是对印度藏传佛教哲学关于专注力的理论与当代心灵哲学的相关性开展的首次哲学研究。

我的研究假设是：（1）专注力能主动地构建体验；（2）引导和控制专注力的能力对成为一个具有主观世界视角的认知主体必不可少；（3）自发的精神专注力是一项可以训练的技能；（4）正念冥想方法能以可准确描述和衡量的方式训练专注力；（5）正念是一种巧妙的体验性认知，不只直接取决于大脑，还取决于身体的其他部分，以及物理、社会和文化的环境。

我的研究项目设有五个具体目标：（1）将自发的精神专注力作为一个可训练的灵活技能进行培养；（2）从概念上和现象学意义上澄清专注力、意识和能动性之间的关系；（3）指明自发性的精神专注力不应该被还原性地等同于头脑中的神经过程，而应该被理解为一种从总体上体现的技巧性的活动模式，以及嵌入环境中的一种代理物；（4）对忽视这些修炼的身体呈现性和嵌入性本质的关于正念冥想修行的认知神经科学进行批判；（5）针对正念认知的科学提出另一种身体呈现性的认知方法。

我的具有方法论性质的对策（这是我在早期的工作经历中形成的带有普遍性的方法），是对主观体验进行概念性和现象学的分析，以评估那些对人类认知力所进行的认知科学调查，同时运用认知科学的模型和研究结果来丰富哲学分析。一个关键的新进展（建立在我早期在跨文化心灵哲学方面所做的工作基础上），将扩大现象学的心灵哲学领域，把印度藏传佛教哲学包含进来。进一步的进展将显示这种跨文化方法对专注力与正念训练方法的认知神经科学的重要意义。

此项目将成为跨文化心灵哲学的典范。它将证明这个关于认知科学方面基本问题的跨文化精神哲学的重要意义。这也是对正念冥想训练在理解专注力及其与主观能动性和意识的关系的本质上进行的首次哲学性审查。

神经佛法和基于大脑的心理治疗方法

里克·汉森已经在科学和冥想的前沿与广大公众一起合作了。他是一位训练有素的心理学家，也是为数不多的几位能够教我们运用大脑的可塑性来提升自我幸福生活指数的教师和治疗师之一，著有畅销书《冥想 5 分钟，等于熟睡一小时》（*Buddha's Brain*）和《重塑正能量》（*Hardwiring Happiness*）。汉森解释说，对于坏消息，大脑的惯有处理方式就像尼龙搭扣一样，会牢牢抓住不放；而对于好消息，它就会像不粘锅一样，根本粘不住。人们在遭遇过坏消息后，这一天就算毁了，如果看到野生动物从树林中冲出来，那么在这一天都会念念不忘、心有余悸，再也不会相信这一天还会有其他任何好消息。在掌握了人的这种心理特点之后，他开始教授人们强化好消息的方法，即从容生活，多关注感恩、欣赏这样的积极情绪。密切关注并扩大这些感受，可以改变我们的大脑模式，从而形成大脑的习惯性路径。当我们真的在走路时，比如当我们在美国旧金山湾的北部丘陵地带散步和交谈时，我们很容易体验到欣赏和感激的情绪。也许正是这种景观影响了里克·汉森的思想。

汉森开始讨论专注力的第一个阶段——警觉。作为对神经系统传入刺激的第一个有意识的认知，这是在等待信号充满不确定噪声的阶段，神经系统正在等待着某种情况的出现。如果将处于等待状态的大脑的不确定噪声比喻为海洋表面，那么正在传入的信号就是扔向海面的一颗石子，会引起层层涟漪。虽然海洋是一种混沌状态，但它充满了潜力。由于我们的神经基质只有一小部分会被用来反映体验，因此他指出这种闲置的能力就是丰富的潜能。受到詹姆斯·奥斯丁（James Austin）及其关于禅和大脑的论述甚详的著作影响，汉森向我描述了他从专注力第一阶段（即警觉阶段）和佛教空的思想之间归纳出的联系，指出预警阶段涉及的老式神经网络更多与非个人的感觉相关联，而不是与自我指摄的心理处理过程（self-referential processing）相关联。他感兴趣的是训练属于这一阶段的能力，从而刺激这种模式摆脱自我参照的可能性，他将此描述为“当下这块挡风玻璃”。

按他的描述就是，在后面的定向或者调用资源做出响应这两个阶段出现之前，让人们能够安住于一个所有事物都是“新新新”和“鲜鲜鲜”的地方。

当然，自相矛盾的是，这种训练又需要我们先对专注力进行定向，并加以保持。不过他指出，这种觉醒的体验，即禅中的“顿悟”（satori），往往是在一无所知的意外背景下获得的，这里引用一段我最喜欢的俳句：

> 我捞起月亮 / 盛入我的水桶
> 然后 / 洒在草地上

他最感兴趣的是训练专注力，以纳入我们更多的整体觉知，并在更多方面予以扩大，从而纳入一个更广泛的领域。专注力可能仍集中在一个单一的对象上，但重点是扩大。例如，打网球时，尽管需要将专注力集中在球上，但要把它扩大至整个球场和对手身上。又如演奏音乐时，不仅要将专注力集中于乐器上，还要扩大至整个乐队甚至观众。

他相信专注力一定可以被训练，但他建议，从三个相关方面或不同特性的角度来看待专注力将会有所帮助，而且鉴于这些情况，把个人情况纳入考虑对提高个人修炼也颇有助益。这三个方面分别是：专注力的安置和维持；把注意力从无用的对象上收回来或将其屏蔽在外的能力；寻求刺激的程度。这些特征可能是先天的，也可能是后天的。他以“野兔”和“乌龟”为例来谈论了这个问题。在光谱的这一端，大多数属于“龟”这个类型的人会很好地定位和维持专注力，但当有必要时，他们不善于撤回专注力，并且在寻求刺激方面不太可能达到迟钝和沮丧这种程度。而在光谱的另一端，有注意力缺陷多动障碍倾向的“野兔”一族则可能很难定位并维持专注力，难以做好过滤工作以从某些事情上撤回专注力，或者更好地寻找具有更高刺激点的事情，虽然一旦投入高刺激的事情（如电子游戏），他们的持续性专注力可能会变得非常强。他认为这样的人会更多地从散步冥想等训练或对善良和感恩等积极情感的专注中受益，而与之相比，更传统的早期佛教冥想类型也许更适合“龟”族人的性情。他强调，每个人都应该认真对待专注力，否则许多修炼都只能以一场空欢喜而告终。

里克·汉森提供每周在线简报，名为“就这一件事”（Just One Thing），这也是一本书的名字[①]。最近一篇题为《集中专注力》（*Pay Attention*）的文章阐明了他在这方面的建议。他解释称，因为经验依赖性神经可塑性的存在，所以无论我们关注的是什么，都能产生一种改变我们大脑的特殊力量。他描述了我们当下不断发生的心理过程，是如何像水滴石穿一样塑造了我们的神经系统的，所以控制专注力是改变大脑的基础，从而也能改变生活，让生活更美好。然后，他提出了在任何有意聚焦的过程中都会使用到的七个步骤，从在沉闷的会议上保持头脑清醒到冥想修行。以下是他提出的七个步骤。

（1）设定意图以保持专注力。

（2）放松，吸气，并以吸气的两倍长度呼气，重复呼吸几次，这样可以刺激平静下去的副交感神经系统。

（3）想想那些能让你感觉到受关怀的事情，以及能让自己对某人或某事显得非常重要的事情。

（4）想想那些让你感到安全的事情，把对潜在危险性的万分戒备之心放下来。

（5）鼓励积极的感情，如喜悦或感激。

（6）获得对身体的整体感。在整体视野上对事物的这种感觉会激活大脑的两侧（尤其是对于右利手者的右侧大脑）的网络，以支持持续性的正念，并叫停当我们思想迷失时会变活跃的中线网络。

（7）让积极的体验持续几秒钟，因为这种驻留将有助于将这种体验注入大脑和

① 这本书的中文简体字版将书名译为《这些年我们都忘了爱自己》。——译者注

自我的意识结构中——一起激活的神经元，会连到一起。

这些是汉森关于养成新习惯的培训教学之关键所在：将专注力放在良好积极的感受和想法上；培养出吸纳美好事物的习惯；感觉到被看见、被照顾、被欣赏和被感激之情，拒绝沉溺于消极思想，仔细分析那些我们能发挥能动性的地方，以及我们无法改变的事情。总之，要自我修炼。

第 3 章

情感性专注力

没有切身体会的专注力……只是传闻罢了。

玛丽·奥利弗（Mary Oliver）

有人可能认为，神经科学领域发表过很多关于人身心发展早期阶段的观点，那时我们的大脑正处于可塑性最强的时期及学习任务最重的阶段。最近的一些发现，通过揭示作为其基本支撑的神经生物学，让我们重新审视和解读很多早期理论。就依恋理论而言，更是如此。20 世纪 60 年代，约翰·鲍尔比关于早期依恋的著作广为人知并备受推崇，他讲授了照顾者（通常是母亲）和孩子之间的早期依恋关系对孩子之后的情绪发展的重要性。然而，由于女权主义对母亲角色中心地位、对相关科学观念的反对及缺乏兴趣，使得他的假设失去了支持。幸运的是，这个理论对综合医院的一些行事规则影响尚在，例如，鼓励婴儿和儿童在留诊期间与家人保持密切联系已经成为标准做法。

然而，在 21 世纪初，依恋理论受到了重新审视，并最终得到了明确证明，这种理论确实有生物和物理证据。圣地亚哥的艾伦·绍尔（Alan Schore）教授已成为这一领域的领军人物，丹尼尔·西格尔（Daniel Siegel）等人将他的作品带入更广阔的领域。苏·格哈特（Sue Gerhardt）在《母爱决定命运》（*Why Love Matters*）一书中，非常明确地阐述了早期依恋的重要性。这本书强调了一个主要发现：婴儿大脑的成熟具有体验依赖性，而且这种体验体现在依恋关系中。这种关系清楚地表明佛教教义表达的专注力和同情心之间的联系。以下是丹尼尔·戈尔曼（Daniel Goleman）的简要描述：

> 同情的行动开始于充分的专注力，就像默契感一样。你必须真正了解一个人。如果你了解了一个人，共情就会油然而生。如果你能做到设身处地，就能够与他人感同身受。如果产生了共情，且对方又处于极度需求中，就会产生共情关怀。你想帮助他，就会做出富有同情心的行动。因此我要说的是，同情心始于专注力。

由此看来，我们必须做出明显的转变，从强调付出专注力到同样强调接收专注力。婴儿早期发育过程中发生的现象，我们可以称之为照顾者和孩子之间的共享专注力。绍尔教授提出，右脑调节过程的开发对身体和情感状态的调节至关重要，对社会情感信息处理和对与生存和压力管理相关的重要职能的控制亦如此。这些过程的成熟依赖于对包含在婴儿和主要照顾者之间的依恋关系中的体验。他列出了所谓的成长发育中的"交易模式"，该模式将脑组织的发展视为基因编码方案和环境影响之间的共享过程。环境影响的核心是照顾者和孩子之间的二元共振或协调，这是构成婴儿后期能力基础的一种移情沟通，借助这种能力，婴儿就可以自主调节情绪。婴儿不仅能注意到家长的目光，还能注意到他们在情感同步中分享的情感线索，其中包含在面对面交往中的视觉和听觉感情沟通，能够让处于这种二元关系中的双方都能体会到一种状态变化——双方共同从低唤醒状态发展到高唤醒增强能量状态，从安静的警觉状态转化到强烈的积极情感状态。

绍尔讲到了从右脑到右脑的共振，指出当两个右脑系统在情感同步中相互带动时，就会创建一个连接性共振，这在脑组织中发挥着基础性作用。他把这个连接过程称为"共同专注"。一位足够优秀的母亲或照顾者［使用来自唐纳德·威尼康特（Donald Winnicott）早期的精彩说法］能够完全了解孩子的生理和心理需求，从而调节孩子或积极或消极的情感状态，并为孩子未来的健康发展奠定基础。绍尔提出："依恋关系直接影响右脑心理–神经–内分泌–免疫这一沟通体系的发展。"他描述了在最初的两年过去后，孩子情感状态的自我调节能力，如何从主要由照顾者外部调节发展到能够把这个功能内化于心。

如果母亲的愿望未必能反映婴儿的体验，那么这种对唤醒的调节将不可避免地包含同步和异步体验，能让婴儿学会情绪调节。异步负面体验之后的积极情感恢复，可能会通过让孩子相信消极情绪可以忍受并终将过去，从而培养孩子的韧性来实现。同步的积极情绪互动不仅会创造安全感，还会培养孩子正能量的喜悦、好奇心和自我探索。据绍尔所言，善解人意的照顾者会“交互调节婴儿的积极和消极状态，从而促成一个供婴儿体验依赖模式发展的成熟环境，共同促进婴儿右脑控制系统的成长”。

这种体验总体上是偏于积极还是消极，将会对大脑结构的成熟和婴儿的心理发育产生深远影响。理想状态下，所有婴儿都需要这样的照顾者：她能够通过准确响应当下发生的事情，对婴儿的需求做出适当反应，从而验证并理解婴儿的体验。这种体验以后就会变为生理性的和内在性的。大脑右半球在这个阶段经历了一个与情绪处理有关的成长过程，这个阶段将从婴儿在子宫内的后期一直延伸到出生后的前两年。在积极的条件下，此时的早期母婴互动有利于其以后自我调节结构的发展。这一时期的积极体验会使大脑神经元连接更丰富；而消极体验则会导致大脑发育的改变以及随后的情绪（专注力）调节困难问题。允许接受积极和消极情绪的早期关系体验，使得此类感觉能够在成人生活中得到充分的体验和宽容。

然而，如果未经历这种关系，对身心健康至关重要的感情自由流动将会被终止。如果这些共享体验在很大程度上是异步的，那么对婴儿的影响将是负面的。因缺乏对婴儿需求的周全响应而导致其长期处于压力之下，会引起神经元和化学紊乱，导致高唤醒和低唤醒，造成混乱的生化变化，对婴儿发育期的大脑而言，这是一种“有害的神经化学”。对依恋亲密过程的严重破坏，如母性的或其他护理关怀被剥夺或遭受创伤，会对婴儿发育中的大脑造成精神生物性的和神经化学性的调节异常不平衡，从而导致神经元、突触和神经化学过程的异常发育，对婴儿的生理和功能造成损害，这涉及日后的创伤后应激障碍、抑郁、焦虑、上瘾、专注力缺陷，以及免疫系统损伤。

丹麦心灵哲学家丹·扎哈维（Dan Zahavi）在最近的一篇关于共享和专注力的文章中提出，在人的发育期出现的三个不同层次，决定着内容和功能各不相同的共享形式。在婴儿出生后大约第二个月时开始出现的一级主体间性方面，会产生一种相互作用，婴儿会进行面对面的互动和双向交流。二级主体间性是在婴儿7~9个月时出现的，这时婴儿能够脱离面对面的相互作用，并就外界事物与他人分享，这是一种三位一体的专注力，包括孩子、看护者及共同关注的客体。三级主体间性是在孩子到了21个月左右产生的，同时伴有主张所有权，以及展示自我客观化和自我意识的自我认知的一个过渡过程。

若在早期发育阶段中得到的关怀不够充分，那么确实可能导致婴儿不快乐和不健康。不过，这并非木已成舟，无可救药。如前所述，对神经可塑性的研究已表明，人的发育成长会贯穿一生。正如早期发育中的共享专注力会塑造日后的大脑路径一样，心理治疗中的某个类似过程，可能有助于修复早期伤害。正如早期积极情绪体验可以通过创建健康的大脑路径来培养孩子未来保持稳定情绪的能力那样，消极体验和缺乏关心也可能引发日后的情绪调节困难问题，所以日后生活中可以尝试通过关心和关注加以弥补。结合自己在儿童发育与心理治疗领域的工作，绍尔指出："促进情感调节现在被视为各种形式的心理治疗的共同机制。互动性调节作为能'促进成长的环境'的因素而被纳入治疗关系功能中。"绍尔还提出："处理正确心智的情感正是弗洛伊德动力潜意识的神经生物学基础。"专注力仍然是这个过程的核心。治疗师和当事人可以通过再造在童年遇到的一个照顾周全的照顾者的情形，共同创造一个安全和专注的区域，以促进患者痊愈，而这最有可能是患者在早期的成长发育阶段中所缺乏的。绍尔写道："对创伤理论的心理神经生物学更新催生了非常不同的治疗方法，这与更新后的临床模型是一致的，在这些模型中，治疗的主要机制围绕相关的'非解释性'干预进行，而非围绕口头干预进行。”他和其他人指出，治疗方式应该反映患者经历重大创伤或是被忽略时的年龄。如果伤害是发生在孩子学语前且是理性的，那么治疗必须接近这些经验水平，然后才能将理解转化成语言和理性。

通过与一位特殊教育教师的交谈，我了解了她对这一过程的体会。她告诉我，难缠的和受到伤害的男孩往往需要更多的关注——他们做出捣蛋行为，以引起她的关注。对此，她尽量不以消极的反应回应，且面对所有的挑衅都始终保持真实和坚定，对好的行为报以更多的积极关注。这样一来，他们的行为问题就会缓慢但稳定地减少，她就可以继续在课堂上进行教学工作了。她说，每年第一季度，学生的行为问题都会增多，但此后，通过沉着冷静地处理，她还是可以继续开展教学工作的。

心理治疗性专注力

专注力是心理治疗的核心：首先意识到问题、模式和痛苦，然后控制被忽视的反应，并以深思熟虑的响应取而代之。因此，觉知修炼对以下这两种受佛教影响的心理治疗训练都极为重要——科罗拉多州博尔德市的纳罗帕大学的觉知训练，以及英国的核心过程心理治疗（Core Process Psychotherapy，CPP）训练。这两种训练通常都有其觉知训练基础，被称为共鸣、交流和共同专注力因素。

我先与 CPP 的创始人莫拉·西尔斯（Maura Sills）探讨过这些主题，她是拥有 25 年历史的卡鲁纳研究所的主任，她和她的同伴共同培训 CPP 方面的心理咨询师，这是一种以佛教冥想修炼为基础的心理治疗形式。莫拉几年前曾作为心理治疗师担任过我的私人教练。CPP 起源于莫拉与迪克·普里斯（Dick Price）在加利福尼亚州的伊莎兰研究机构所获得的西方心理治疗训练体验，以及她与缅甸小乘佛教的传统上师一起修行的体验；迪克是格式塔疗法（Gestalt therapy）的创始人弗里茨·皮尔斯（Fritz Perls）的继任者。在最近与我的谈话中，她说道：“核心过程以专注力和意图为基础。它建立在恰切地保持专注力的基础上。当你让我考虑这些问题时，我重新考虑了这种区别——如果说在觉知和专注力之间真的存在区别的话。对我来说，觉知只是我们自然状态的一部分。有时它被称为‘正念’，但我更喜欢‘觉知’这个词，这是一种敏感性——对我来说，这是一个接受域。我们可能会接触到它，也可能接触不到。因此，我认为觉知和专注力的区别在于，专注力的主要品质之一就是对觉知领域保持注意，注意我们所知道的内容。对我而言，保持注意就是意图。我的佛教师父曾说过，你不必达到觉知领域，如果你喜欢，那么你只需要退回到它那里，退回到它的敏感性即可。而且这对我来说是一个全身的过程。当然，在佛教中谈论心，更多的是关于觉知领域，而不是大脑，但是一种对心的觉知的精细化。不过，对我来说，觉知并非完全在内心中。如果我真的让自己去关注自己身体的任何一部分，就会对扩大的认知领域有一个触动。谈到来自西方和佛教传统的 CPP，对我来说，在一定程度上，我们可以信任结合了任何觉知和专注力的冥想修炼，而意图就是我们引领这种专注性的觉知所去往之处。因此，它是一种向往，一种运动轨迹，一种选择。”

她解释说：“在训练中，我们谈论和教授三个专注领域。我们相信，冥想修炼既是心理历程又是精神历程，而且我认为，如果未能清除某些障碍、心理限制、意识约束和认识约束，我们就难以完全听到那些需要听到的声音。我们教授内容的第一阶段与内观非常相似。这是一种非常简单的修行，主要学习如何将专注力自如地引导至我们自身状态的各个方面，包括心理的和精神能量的状态，这就像冥想修炼时坐在垫子上打坐一样。对我而言，其内观方面与信任相关，相信我们已经把能力开发得足够好，足够持久，能够使其不必再处于引导之下，不再需要被规定方向，并且相信心理治疗关系中的自由的专注力会始于自身。

“一旦达到这一阶段，你就会引导这一专注领域并使之向他人开放，这也是向其他人发出邀请，欢迎他来施加影响，同时对于在越来越深刻的层次上向他人开放所产生的影响，仍然愿意理智地接受，对其做出响应，并且能安于与其同在。对我而言，这是邀请我们进入一种不同的智慧中。因此，有两个专注领域，会让我感受自己的体验——一是在我打坐时，二是当我开放自己的敏感领域，开放地接受他人对我的影响时。这个敏感领域已成为正念修行中非常重要的一部分，它真正开启了感官之门。当我们打开感官之门时，就有机会直接领悟对方正在传达的信息，知道我们如何受到影响、如何反应，以及如何回应它。因此，当一个人可以打开心灵的这两个方面时，我们就能与之心意相通，并能够在这样彼此相关的时刻进行修炼。

“然而，按我的意见，这仍然不够，还存在第三个专注力领域，虽说这个过程不像我描述的那样呈线性状态。对于受到他人影响的第二领域，在属于某人自己所产生的体验的领域中，必须有一种冥想修炼，能为我们打开感官之门，向这样一种可能性开放：直接去认识那些凭借自己的认知难以认知的东西。这两个专注力领域也都露出了一些空间，能够允许觉知扩展到关系性修炼中的对象之外，但是我们可以对其进行描述。很多时候，这是向非活性成分开放的邀请，我想，这更接近你所说的空无或空：能够接触到体验王国的各方面，而你们两个和你们之间的关系能由此产生出来。它给每个事物一个更加相互关联的环境，所以那些新发生的事情会成为一个更广阔领域的一部分。对有些人来说，它可以被称为原型的；对有些人来说它像是象征性的符号；对有些人来说则是普遍的，或者是跨代的或祖传的——在这样的象征性疆域里，个人所产生的关系性体验能让它发出的涟漪察觉到正在扩散到哪里去。偶尔会有这样的时刻，此时会产生绝对的意义感，但这并非认知性体验，而是通过更大的觉知领域而产生的对万物的包容性，无论你把它称作什么。但是，如果没有以下这一切——内在的关系，与对象和这个领域的关系，它都将只是一个局部性的体验。显然，在这里对象是特殊的，它是一个支点，但还有属于更大心智的这个方面。在体验的混乱中，当这种关系性体验仅仅与主体和客体相关，它就总会有一个条件性的方面，就会产生一种治疗师需要放下在认知领域中积累起的东西，去服从于更大的方面的感觉，这样一来，心智就可以在交流过程中实现真正的自由流动。然后，正在产生的体验就可能会有一个不同的品质，这能给人带来更多的通常并不与个人意义相关的意义感。它就有希望使治疗师、倾听者能够通过亲身经历的状况和在关系中经历的状况，在有时甚至可能超过关系体验的越来越原始的层次上，深化对痛苦和不幸的性质的认识，并对其产生更多的体会。因此，对同情心的响应可以来自一个不能回避或是很少能够回避的地方。它通常会减少治疗关系的活动，并赋予沟通更多属于传递的性质，而非一种明确表达的干预。所以你的修炼之处存在着多种可能性：无论你对存在于这一场域中的，以及需要沟通的事物是否理解。我个人的感觉是，对其持开放态度，就意味着无论这个神秘过程是什么，在所有联系的某个层次，都会有一个接合点，这些接合点可能会包括：被治疗者的历史、治疗者的历史、世界的历史、家庭的历史。在这一过程中，也能了解到，如何做才能让意识较少受限。有一个观点是，治疗师在这里什么都不用做，只需要相信这个扩展的领域就行了。

“然后呢，当然，会有反复。因为我们是人类，所以我们无法始终保持开放性——有时我们没有足够的资源以保持开放性，有时是被治疗者需要更多关系性接触。这看起来不会始终是一个样子，但作为治疗师，我需要等待，在我真正开始与被治疗者‘交手’之前，我要完全安静下来，直到听到寂静本身。如你所知，我们的治疗对象绝对不需要了解这些。”

我请莫拉描述在培训中，治疗师是如何接受鼓励和接受赋能去获得这样的专注力技能的。我记得当我接受她的训练时，这种治疗方法被称为“共同修炼”，这指的是将冥想中磨炼出来的专注力特性转移到治疗过程中的能力上，这一过程中的一个重要方面是让他们在“不知不觉中感到舒适”。她答复说，他们尝试用很多不同方法来教授这些技能：“每个人都要进行日常的静坐修炼，所以他们现在正在培养的是自己的个人能力，以满足正在出现的体验，以巧妙的方式与之形成关系，并继续超越或经历他们认为是真实的体验。最重要的是，我们会通过演示和示例进行教学。我们经常与学生会话，并且在会话中，学生以直接方式真正体会到了治疗师在场的感觉，这有助于学生安静下来并按照治疗师教授的方式去集中注意力，所以这是一种本体感觉（somatic experience）疗法。然后，可以用口头反馈的方式来交流体验。我们使用的语言，如‘好奇’‘考虑’‘也许’‘我想知道’——这些都是具有不确定性的语言，是用温柔的探针来感触你的体验。然后，是治疗师的分享，比如，‘我自己现在感觉到的是……’，这都是取决于你如何描述，而不是在定义这是什么，也不是在询问结果，而是在探讨它是如何发生的、如何被影响的，以及你能够如何描述它。因此，这需要通过接触和示例来实现。

“在训练中有一些特定的冥想练习，如内观，以及藏传佛教的琴奈（Kum Nye）练习。这些都是训练患者耐力的身体锻炼，无论患者的身心处于什么层次，都有必要进行这样的活动，并且它们能让练习者朝着更微妙的潜意识的体验层次努力，包括涉及一些尚处于非常早期的心理问题的趋势，从而有机会制止他们早期成长过程中的一些经历继续造成影响。通过身体修炼来学习，能够让治疗师产生更多真正在打坐的感觉，真正拥有与当事人现场相处的体验，而不是那种想要有所作为的冲动。

“我们也做相关性练习，以两人、三人，有时是五六人的群组来练习。我们教导受训者，如果你只允许自己把全心全意的觉知传递给其他人，正如我在与三个专注领域有关的部分所描述的那样，通常就不再需要什么了。这里有一个基本的前提是，觉知本身就有治疗的功效。

“在教授的过程中，我们还帮助、支持和强化人们与其任何一种神圣体验的联系。显然，不是所有参加训练的人都是佛教徒，所以人们的用词各不相同。我们倾向于称之为‘来源’（source），虽然我的确更喜欢‘神圣’（sacred）这个字眼，这指的是把我们与那些我们从本性上就难以习惯的事情联系起来。我们在修炼中运用了四梵住（Brahmaviharas，佛教神圣领域中的友谊、慈悲、怜悯的喜悦和平静），从而通过围绕个人的或与个人有关的专注力修炼来确立开放性并扩大这些感觉。这听起来很虚假，而且在开始的时候给人的感觉也是如此，但渐渐地，在人们和那些根本不习惯或不太习惯的领域建立起真正的关系后，这看起来就会影响到治疗关系中那些遭受痛苦、受到制约和遭遇困难的状况，并强化那些有可能实现的疗效。这让人们能够更迅速地达到体验的深处，而免于卡在体验的边缘地带。这就为练习者激活了这种相信普遍性的支持场域，或相信这种神圣的互通场域的能力，这似乎有益于我们在关系性的和条件性领域必须要做的工作。它会加速某事物，加深某事物，也会让某事物更加清晰。”

我们讨论了治疗关系是如何反映或重现母亲和儿童早期的分享式专注力的。莫拉描述了鲍尔比、斯特恩（Stern）、莱克（Lake）和费尔伯恩（Fairburn）的研究成果对训练的重要性，并赞同："有一个母性领域与那些在治疗关系中类聚起来的事物非常相似。认识对方的存在本质这件事情是母亲们应该做的，或者令人感到缺憾的是她们不常去做；这是一种反思能力，来自母亲们与其自身存在及更大场域的联系；这种能力是必不可少的，也必须达到足够的高度。这样一来，其他人才能把她们在一些更大的事情上与谁联系着的这种感觉内化于心，这是作为母亲首先要做的事情。”

这种关系必须给予孩子及实际接受治疗的人一种包含着接受和爱的积极感觉，以及在面对不可避免的苦难和困难时的坚韧。目前在许多心理治疗领域对积极体验的强调需要与针对耐力和毅力的专注力相匹配，以能够应对困难和悲伤。正如莫拉所言，“这是一个舞蹈”，我还记得她多年前以“从刀刃上舔蜜”为题发表的一次谈话。

凯伦·吉赛尔·威格拉（Karen Kissel Wegela），多年来一直担任科罗拉多州博尔德市纳罗帕大学冥想心理疗法和佛教心理学项目的负责人，也是这个课程的训练师，她发表过许多类似的观点。这种方法建立在邱阳创巴仁波切（Chogyam Trungpa）藏传佛教方法的基础上，围绕的是“英明睿智”（brilliant sanity）的概念，即“人性本善的概念。他们最基本的品质都是积极的——开放、智慧和温暖”。发掘这些本心的方法要借助于觉知，就像威格拉所说的那样，“引起我们自己和我们当事人”的专注力与好奇心以体验当下时刻，无论我们正在做什么。这样，我们就能看穿我们的困惑，并发掘自己内在的智慧和慈悲。觉知的旅程开始于尝试接触到那些纯粹的体验，接触那些无叙事线索，也没有通常会伴随它们的故事线的情感。专注力就径直指向精神、身体和能量体验，而脱离了任何对牵挂、偏好和意图的探索；就是要完全呈现身和心（身 / 心）当下正在出现的任何事物完全共同在场。就如同莫拉·西尔斯所描述的 CPP，它要求治疗师（从而传递给被治疗者）具备保持在场及对未知保持泰然的能力。了解情况和拿出对策反而要比保持开放和听之任之容易得多，这有些奇怪，因为这揭示了将专注力集中在当下所具有的积极的治疗力量。威格拉还写过她所谓的“没头没脑”（mindlessness）修炼法，即“身与心不同步的方式，通常的意图是逃避不适感”。然后，她通过谨慎地利用这个方法来追求身心幸福。她描述了如何将正念和好奇心带到有能力改变它的体验中。

尽管威格拉的心理修炼疗法，以及她的教学和作品都沉浸于专注力这一话题中，但当我就此明确询问的时候，她却声称自己并不知道专注力为何物。于是我接着问她，她认为专注力应该是什么，她回答说：“我始终将它当成集中注意力，所以它是明确地将你的心思放在某件事上或放在你的知觉上——这就是关注，就是与其在一起。”我们讨论了专注力和意识的定义，而且我解释说，我在使用这些措辞时不甚准确，主要是实用性地进行行为描述，而没有力求准确，而且我认为她在心理治疗过程中所涉及的冥想性方法，都是与专注力和意识分不开的。对此，她敏锐地补充道：“专注力也可以说是意识到自己的意识。”当我解释说我感兴趣的是聚焦的专注力和外围的专注力之间的区别时，她解释说：“在我看来，正念和意识之间的区别就是奢摩他和内观这两种冥想修炼之间的区别。”相较于“外围的”（peripheral）这个词，她更喜欢用“广泛的”（wide）或“全景式的”（panoramic），但她也赞同，在她教授的过程中，这两种说法都会用到。“为了让我自己的教授更有根基，我会以一种更高、更广的方式。不仅仅是‘我的身体在哪里’，还要把接受治疗的对象，以及我与之一起修炼的这个空间也包含进来。”当我进一步要求她描述这一过程时，她笑着回应道：“当我非常专心致志地做某件事时，我并没有特别意识到自己。当我完全心在意在时，我认为我做得最好的事情是做治疗，并且没有许多观察者。因此，我总是很难告诉别人我究竟是怎么做的。”

我提出，她对自己所做的事情如此富有经验，她可能就是正处于完美的“心流”状态，并问她在教授那些还难以达到这种状态的其他人时，她会对他们讲些什么。她回答说：“我依靠两件事——一是给予反馈，二是做示范。然后，我会谈论一些事情，尽管这永远都无法捕获到体验。我会谈论倾听和注意的基本技巧，让治疗对象知道你在倾听；你已经听到他们所倾诉的；如何发问——这都是些简单的事情。”

当我问她是否认为专注力是一种可以教授或加强的技能时，她回答说：“我想到的一件事就是学会放手。我与人们谈论这件事的方式是，对下一刻发生的事情感到心甘情愿。除非你已经知道如何放手，否则告诉别人去放手只能是徒劳无功的。如果你是我的治疗对象，而且你被某些事情困扰得心烦意乱，那么我会更多地谈论如何回到当下和放下所有困扰，并会建议你反复这样做。我有一个治疗对象，我曾与他一起回顾了一连串发生在他身上的对他来说很不公平的事情。我们所做的是共同去发现解决之道。找到他身体中那些中立的部位，并把专注力重新引导到那些中立甚至有快感的部位上。他遭受了长期的身体疼痛，有一次，我对他说，‘你又纠结了，要返回去追踪痛苦的来处，返回去发现解决之道（解决之道是一种治疗手段，是一个预先选择好的积极形象，如果痛苦的情绪和思想变得过于强烈，那么它可以作为一个可以返回的避难所）。’他开始抗议，于是我对他说，‘不，你必须严格要求自己，不能总是让这种事情发生。’我非常严格，有时会铁面无情地跟治疗对象谈，从而切断他们的想法，特别是那些正被这种想法折磨的人，比如，‘你不能总是回味这个想法。无论你什么时候注意到它，都要把它斩除掉。’

“有时，我会给他们讲雨衣的故事。多年前，我有一个男朋友，他给了我很多机会让我品尝嫉妒的苦酒。一天，我驾车行驶在纽约第十九街，一个穿着棕褐色雨衣的女人正横穿马路。这件雨衣猛然让我想起了我男朋友曾对女人穿的雨衣很感兴趣。我发现我的心绪被这件雨衣刺激得天旋地转，我想，'现在我甚至都不想看这件雨衣，不能再这样下去了！'就在那一刻，我无情地割舍了它——这种做法颇有裨益。我讲这个故事的一部分原因是为了告诉我的治疗对象，我了解他们的苦楚，我了解这有多么艰难、多么痛苦，另一部分原因是给他们提供一种手段——冷酷无情。我总是从一些更温柔的东西开始，比如'体会你的呼吸，体会你的感觉'，但有时需要更多的举措。你需要铁面无情，需要采取一些没头没脑的做法。你需要做的就是掉头、放开它，然后去做其他事情。你做什么事情对我而言都无所谓，但如果你的身体能投入进去，那就再好不过了。当某些人正经历没有人可以诊断的巨大身体疼痛时，我会告诉他们去看看有趣的电影。我告诉他们，我觉得他们需要休息。人们针对缓解慢性疼痛来教授正念，以此作为一种自动转移专注力的方式，关注疼痛本身，而不要想带来疼痛的那些事情。我也和别人一起这样做。"

当我提出疼痛本身和带来疼痛的那些事情之间的区别，是聚焦性专注力和广泛性专注力之间区别的一个示例，而且实际上也是聚焦性专注力和默认模式之间的区别时，凯伦表示赞同。

然后，我们按照纳罗帕的传统观念来定义"交流"（exchange），我想把共同专注力和莫拉·西尔斯曾讲过的意识扩展领域结合起来。然而，凯伦认为，那种交流与共同专注力完全不同。"共同专注力是两个人关注同样的事情，所以有共享意义；而交流则未必与专注力有关，我想很多时候它是无意识的，是碰巧出现了。这只是有什么事情发生了。这就是共鸣，但这不是联合性的——联合意味着把两个独立的东西联合起来。交流则是我们与我们自身不能分离的自然现象——这就是非分离性。藏传佛教金刚乘（Vajrayana）中的传播就是通过交流发生的，但这是不同的。"

这让我想起莫拉·西尔斯把治疗性接触中这一层面的体验描述为“一种传递”（transmission）。我坚持认为，即使它是无意识的，它仍然是她试图带入意识和表达（articulation）中的某些东西。对此，她回答道：“没错，但这种现象本身并没有引起人们的关注。这是你可以关注的某些事情。如果你不关注它，如果你没认出它，那么它可能会导致各种麻烦——因为你会认为这些事情就是你的事情，或者是因你而起的，即使事实并非如此。没关系，现在是你（作为一个治疗师）有责任去处理它，但治疗对象可能没有意识到这一点。我反复使用的一个例子是，如果我正与治疗对象坐在一起，并开始感到恐惧，而且对和他交流的内容也没什么了解，那么我就会觉得我正跟一个可怕的人坐在一起。而在有些情况下，这个和我坐在一起的人也会产生一些恐惧。这不容易分辨出来。学生们总是问我，‘我怎么才能知道这是交流？’我回答说，‘你是不知道，你必须进一步探索。’如果你对此很了解，就完全不必把它当成你需要做的事情了，这自然很好。不过，更多的时候你并不知道。”

我们认为，这表明了那些在训练中能完成自己工作，并能更好地识别出反移情作用对心理治疗师的重要性，以及对他们自己对治疗对象正在呈现的状态做出恰当的反应的重要性——在训练过程中，他们不能陷入与治疗对象无意识的强烈共鸣中。凯伦补充说：“通过交流，人们认识到自己被了解、被倾听、被感觉到了，并且他们中的许多人在成长的过程中还没有在任何程度上有过这样的经历，而这样的经历是有治愈作用的，即使这可能从未被谈论过，他们也从来没有意识到这仍然是有益的。”

照我看，这种确认，这种被关注意义上的专注力，这种被倾听的感觉，是心理治疗和疗愈过程的核心。接下来可能是将无意识的东西带入意识并表达出来，让他们能自愿回应，而非被动地反应。

在第 1 章中，我提到了杨增善法师开发的正念训练软件。他希望治疗师将此作为辅助治疗手段。这样做的前提假设是，如果由使用廉价软件的专业教练对治疗对象进行专注技能训练，就能使治疗师更容易、更深入、更快、更经济地开展工作。他告诉我，这个设想将在哈佛医学院进行测验。

我希望上述内容能清楚地表明专注力在理论和实践中的重要性，首先是在早期儿童养育方面，然后是在后期的治疗干预中，始终都需要这种良好的早期体验。显然，关于心智、情感和专注力的新知识，可以运用到那些关注情感和认知智能，甚至是关注这两种模式的不可分割性和彼此牵连性的教育方法中。

第 4 章

专注力教育

> 一次又一次地自愿把飘来荡去的专注力重新转回来的能力，是判断、性格和意志的根本。不具备这种能力的人称不上肢体功能健全（compos sui）。能提高这一能力的教育才算得上是卓越的（par excellence）教育。
>
> 威廉·詹姆斯

关于我们大脑和心智发展与可塑性的科学知识，对教育不可避免地具有巨大影响，正如技术性和社会性变化对我们正在教育孩子们去栖居其中的这个世界的影响。在专注力方面，我听到过三种截然不同的声音。首先是马修·克劳福德（Matthew Crawford），他对传统教育固有的理想进行了政治哲学批判；其次是著名教育心理学家和作家盖伊·克拉克斯顿（Guy Claxton）教授，他更接近于课堂；第三位是曾直接参与了学校环境内正念具体教学的凯瑟琳·韦尔（Katherine Weare）教授。

有技巧的修炼

美国作家、弗吉尼亚大学文化高级研究所研究员马修·克劳福德，是专注力方面最令人关注的评论者。克劳福德认为，当代许多专注力问题都源于对作为人类对世界参与之道的有技巧的修炼培育不够，甚至根本没有培育。他指出，威廉·詹姆斯和西蒙娜·韦伊（Simone Weil）都认为，专注力是通过练习建立起来的习惯，而努力集中专注力就是对专注力的培养。他认为，当前的和近代的教育让儿童远离深入表象世界内部的真正的一手体验，这是非常不利的，因此在学校中，亲身动手的实践性教育应发挥更加突出的作用。总之，他真正理解专注力的核心重要性："当你谈论专注力的时候，你在谈论的就是你与世界交往的能力。"由于专注力的品质不同，这种能力可能会被强化或被削弱。

克劳福德在他的书中阐述了这些观点，包括《摩托车修理店的未来工作哲学》(*Shop Class as Soulcraft*)，以及后来的《工匠哲学》(*The World Beyond Your Head*)。他在一个文化的背景下来诠释专注力这一主题，采取了政治哲学的路线，并把哲学作为一种生活方式，把政治作为个人的政治观点。他问了一个问题：什么样的文化能支持好的专注力习惯？结果发现，那肯定不是我们目前栖息其中的文化。如果按照心理学描述的那样，专注力是由刺激驱动和目标引导的，并且是一种有限资源，那么我们意识到在刺激驱动型的专注力上经常隐藏着攻击性是非常重要的，而且还要十分关注支持我们目标引导型专注力的范围、灵活性和技能。他给出了一个令人担忧的画面：那是"投入数十亿美元，由科学提供信息的操纵计划"，每天都会对刺激驱动型专注力进行狂轰滥炸。他指出，越来越多的广告随时都在攻击我们的专注力，并且势头越来越猛，它填补了我们所有的空间和空闲时间——包括电话上的等待时间、步行穿过地铁隧道的时间，甚至是付完款后在机器旁等待取卡的片刻。他说，人们解决这一问题的方法往往是退隐到由耳机、平板电脑和个人设备构建起的私人领域。可这也是被希望引起我们注意的人操纵的。"我们生活在一个注意力经济中。"那些被描述成"大型成人社交媒体平台用户体验设计师"的人这样说。然后，又继续描述该行业内的从业者是如何热衷于不断谈论怎样保持人们的参与性的，而且"有关平台的一切……其设计宗旨都是吸引你再次光临。他们挖掘我们的基本需求，即与社会联结的渴望，以及对与我们相关的信息的痴迷"。

克劳福德不仅关注操纵，还认为狂轰滥炸和退隐都表示着舍弃公共社交空间、舍弃不说不想说的话的自由，舍弃专注力自由和去遇见的自由，这些都造成了想象力的损失。为了抵消这波攻势，他呼吁一种“专注力公地”，这是一种“在享用我们的私人和公共专注力资源时对正义性的关注”。这是一种对节制或克制的请求，希望有些人不要通过操纵我们的专注力来填满我们时间和空间的每一个角落，这种操纵从不吝于把我们的头脑作为一种资源来利用。“注意力分散，”克劳福德说道，“可能会在心理上被视为肥胖症的等价物。”

他清楚了解专注力和自我意识之间的联系，从而发问：“在这样一个世界上，如何对抗这种针对我们专注力的袭击？我们如何才能得以保持一个连贯的自我？”他发现，传统的自我模式高度可疑，并指出当自由等同于对偏好的满足，以及最大限度的选择时，自由的语言就会成为市场营销的语言。那么，作为对自我分裂的规避，健康的反应就需要自我调节的策略。

他的第一本书《摩托车修理店的未来工作哲学》，副标题“对工作价值的探索”(An Inquiry into the Value of Work)[①]是对不同教育行动方针的呼吁。消极地看，这是对支持我们教育方法的模型和理念的一种基本批判；积极地看，这是对实践性学习的呼吁，也是呼吁把直接在做事中练习作为对思想和行为分离这一现象的一种补救措施。他批判的目标是“个性的美学”及“自由的修辞”，这两者都处在当前思想的基础位置上。在他后来的《工匠哲学》一书中，这些线索都得到了展开。他对当今世界上的启蒙思想遗产感到不安，认为这将我们困在一个表象的和分崩离析的世界中。他的目标是“再造真实”，为支持这一目标，他提供了另一种替代性的且更充足的图景，这幅图景关系到“我们如何接触对象和其他人。我的希望是，这另一种理解能帮助我们清晰地思考当前的专注力危机，并重建人类繁荣的可能性”。

他追溯了支持着我们很多假设的历史基础，这些假设影响着我们对美好、理

① 这本书简体中文版的副标题为“让工匠精神回归”。——译者注

想生活，以及对专注力和教育目的的看法。他发现其中很多都存在着缺陷和可疑之处，主要集中在自主权和个人主义方面。当把它们的起源追溯到启蒙运动，到洛克、笛卡尔和康德，以及对教会霸权可以理解的回应，他觉得如今这种个人主义已经走得太远了。当时的自由主义支持在外部权威面前保持独立思考，但它也开启了向个人性的内部理解和笛卡尔的怀疑论底线的隐退，即“我思故我在”。因此，真理的标准被重新定位，不再到外部世界去发现，而是转向我们的头脑内部，最终成为“我们心理程序的一项功能”。当代世界的专注力对象被从外部的客体和他人重新引导到我们内心的思想过程中，所以我们发现那些脱落下来的主题从表象世界中的传统、文化和社会四散开来。为了回应这种情况，他的哲学计划是再造我们，并让我们与现实重新联系在一起。他认为，脱离了被表象世界掩盖的事物的本质必然性，导致了一个无法容忍挫折和冲突的脆弱自我的建构。因为它是僵硬的，所以也是脆弱的——没有经过现实世界的偶然性和多义性的检验；这个当代自我的“自由和尊严靠着与偶然性的绝缘而得以保全”。尽管这个当代图景与克劳福德的思想相去甚远，但在我看来，它是佛教核心思想投射的清晰倒影；承认我们的无知及认可无常和偶然性是第一任务或真理，是从苦难中得到解脱的大门。

他还评论了目前关于创造力的观点：这是一种神秘能力，与需要通过长期练习所蕴含的必要性而形成的掌控能力是不一样的；这种能力需要通过对客体那种“野蛮外星人”式的差异性的臣服，以及对那些构造出我们专注力的他者的臣服来实现。克劳福德的话首先是针对情境性自我的呼吁，在某些方面，这是关于认知和神经科学的生成性观点的政治哲学版本。这就需要对化学家和哲学家迈克尔·波兰尼（Michael Polanyi）描述的“隐性的维度”（tacit dimension）、未被公开承认的文化规范背景，以及支持着每一个行动但通常被忽视的做法进行重新认识。对于波兰尼来说，每个行动都有一个隐性维度，有关于具身化的和内置化的知识的一套子集。知觉就是“把自己所知道的辅助性的细节信息，心照不宣地整合进对知觉到的客体的中心意识中去，因此这也是一种很有技巧的表现”。我们的关注点从一组事物到另一组事物。通过关注客体的所有方面，我们达到了波兰尼所谓的“初步寓居”（primary indwelling）：“这是对我们的身体、知觉器官和知识框架的运用，与我们凭借将客体和事件作为身外之物进行理解而发生的‘重新构成’或‘重新执行’不同。”

重新定位自我就可以恢复真正的主观能动性，与之形成对比的，是克劳福德在他的早期著作中，把当代人的日常生活描述为内在地具有去技能化的倾向。他呼吁真正的个性化和主观能动性，认为这来自有技巧的修炼，以及“了解你的行为在世界上的直接影响产生了‘这真正是你自己的行动’的体验”。这样的主观能动性产生于他所称的专注力生态，即高度结构化的专注力模式从有技巧的修炼中产生出来，这让我们在与“我们头脑之外的”事物和他人的关系中找到自己的位置。在这样一个生态中，“熟练的练习者的知觉被‘调整’到与有效行动相关的环境特征上”。因此，真正的能动性被认为“不是从主权性自我自由选择的背景下（如购物）出现的，而有些矛盾的是，更多的是在顺从于那些顽固地我行我素的事物的背景下出现的，无论这个事物是一件乐器、一座花园，还是建造一座桥梁”。克劳福德给出的一个专注力生态的示例是音乐家的集体即兴创作。

因此，与更普遍的当代人对自由而非情境性的欣赏之情相反，克劳福德提供了一个关于人类繁荣的另类观点，那就是要有“一个尽情发挥作用的强大的独立思想。这种独立是通过受过训练的专注力，在能让我们参与到世界中的那类行动中获得的”。这种训练是由被现状所制约的情形提供的：具身化社会本质和历史性时刻，即总是出现在有技巧的修炼中的专注力生态。他把这一主题和世界联系起来，把我们的专注力和行动的嵌入性和关系，看作世界提供的“可供性”（affordances）。在此过程中，他用到了心理学家詹姆斯·J. 吉布森（James J. Gibson）的术语及其“生态位”（ecological niche）的概念，即对动物的生活方式具有深远意义的环境的各个方面。吉布森认为，从中立的角度看，我们所感受到的不是纯粹的对象，而是“可供性”，是环境针对我们的特定目的而提供的因素。

这种对约束的重要性的理解也是波兰尼的观点，他曾说过：“个人性的，精确地说就是让自己服从于超越自我的要求和现实。”这里有几处悖论。首先，要得到对自我真正的了解，就必须承认约束和相互依存性，这是一种对世界和环境及偶然性的依赖。其次，要承认，为了确保自我对偶然性的抵御而建立起来的表象世界，其本身是不稳定的；正如波兰尼所指出的，“所有语言和符号表征都存在不确定性的空白地带”。埃文·维特根斯坦说过，他的逻辑哲学论（Tractatus）中未成文的部分才是最重要的：“对无法言说的事情，你必须保持沉默。”然而，绝对可靠的真理难以发现既不会导致虚无主义，也不会导致相对主义，因为这一真理理念是由一个身体性的、不言而喻的、感觉运动修炼的、语言（游戏）和文化的因陀罗网（Indra’s network）[①] 所支撑的。

因此，像埃文·汤普森所描述的那样，在克劳福德所拥护的观点中，环境是自我的组成部分，而专注力是这个形成过程的核心。当我们足以胜任某些特定修炼时，我们的知觉就会被这种修炼约束，然后通过练习这种技能，在这个世界上行动的自我便呈现出一种特定的形态。“它与自己已经掌握的世界形成了一种契合关系。”在一个有技巧地进行修炼的世界中，解脱出来的自治权如果不通过对约束的服从和承认而由赋权所替代，那它就是不平衡的。在《摩托车修理店的未来工作哲学》一书中，克劳福德对那些我们完全可以在其中发挥作用的艺术，和那些按照亚里士多德的说法，可以称之为随机的艺术，做了有趣的区分。在所谓的随机的艺术中，人们所做的事情并非全靠一己之功，它可能永远都不可能以绝对的方式被知晓和完成。医药就是一个例子，这样的项目总是包含着失败的可能性。因此，对它们需要以一种截然不同的态度去处理，他把这种意向形容为认知性的和道德性的。他说：“在此类艺术中，要正确理解它就需要你以谈话式的体贴去关注，而不是以显摆的方式独断专行地对待。机械艺术对我们的时代有特殊意义，

① 因陀罗网，是指在忉利天王的宫殿里，有一种用宝珠结成的网，亦称帝网。——译者注

因为它们培养的不是创新性，而是不那么光芒四射的专注力的美德。事物不只需要创新，更需要修复和维护。”

有趣的是，人们可以在马丁·海德格尔关于教学的著作中找到共鸣，他认为教授“比学习更难”，因为“教授要求的是‘授之以渔’。事实上，真正的老师就是要让学生学会学习……如果教师和学习者之间的关系是真实的，那么它就不可能有百事通权威或官方权威发挥的空间”。海德格尔认为，思考是人的一门手艺，一种手工艺品，“由于这个原因，人是最简单的，也是最难的工艺品”。

这种观点显然与一种沉迷于大脑而轻视心灵的文化相矛盾，也与解脱自我、个人主义、自由选择，以及依靠手册自助学习的教学法相矛盾。然而，这完全与认知和神经科学中的感觉运动观点和生成性观点相一致。1991 年，弗朗西斯科·瓦雷拉（Francisco Varela）和他的同事们首次对此做出描述，我们在前面章节中引用数次的埃文·汤普森，也在其作品中做了进一步描述。在这里，我们发现心智的扩展超越了头骨，也超越了身体，扩展到世界之中，正如克劳福德所说，“它超越了头脑”。这是安迪·克拉克（Andy Clark）、肖恩·加拉格尔·阿尔瓦·诺（Sean Gallagher Alva Noe）、凯文·奥雷根（Kevin O’Regan）和丹·扎哈维已经提出的观点（侧重点各有不同）。乔治·莱考夫（George Lakoff）和马克·约翰斯顿（Mark Johnston）的著作，也分享了这一观念的许多方面。它指向一个参与和分享的世界，从哲学上讲，与海德格尔和梅洛－庞蒂的著作一脉相承，是现象学的生活世界（Lebenswelt）。

在我们与客体的关系中，作为专注力生态学的延续，克劳福德转向了“专注力伦理学”（ethics of attention），即我们发觉他人具体特性的方式。正如海德格尔所写的，我们一出生就被“抛”入了世界。我们存在于“此在”（Dasein）——生活在此处，即早已在世间。第 3 章概述了共享专注力的概念：婴儿对照顾者的依赖，因其对自我和世界的认可。我们生活在一个共享世界里，而且往往一起行动：从生到死，社会互动对我们的整个生命发展至关重要。然而，我们的内隐式哲学却忽略了这一点，给了我们一幅属于自由主体的画面。相比之下，克劳福德和这里引用的其他许多权威人士则指出，要真正成为一个个体，只有在真正联系的背景下才有可能。

最后，克劳福德概述了“专注力的情欲性”（erotics of attention），即要求客体吸引力能提供正能量和感染力。虽说教育必然需要一种苦修能力，然而，与威廉·詹姆斯和西蒙娜·韦伊所强调的，在努力培养专注力方面所需要的苦修相反，克劳福德呼吁注意另外一个事实，即从更根本上讲，这还是具有情欲方面的吸引力的。“（因为）只有美丽的事物才能指引我们走出去，去参与我们头脑之外的世界”[①]。

> 并不是通过根据我的精神需要自由地“构建意义”，并把慷慨的想象投射到别人身上，我才逃离了自我封闭，而是通过获得新的专注力客体，也就是那些能够提供能量之源的真正的爱的主体，我才能做到这一点。与把世界改造成理想事物的需求相比，专注力的情欲本质表明，我们可以通过对世界真实面目的选择性感情来定位自己，并让自己加入其中。

通过与事物和他人的接触来再造真实，意味着教育的一种不同的目的。不同于处于启蒙思想观念影响之下，并且受制于表象世界的那种对自由主体的教育，克劳福德呼吁能有一个更倾向于“亲身实践”的教育方法，就是与那种更有活力，而非仅仅是与表象和抽象的事物进行意识交流和直接接触的方法，这与被他视为人工学习环境的学校正相反。“要通过教育获得真知，就要认识到你正教育的对象是活在这个世界上的一个人，要通过一系列的人文关怀将其导向真实。”

创意课堂

盖伊·克拉克斯顿教授对马修·克劳福德的观点心有戚戚。在漫长的心理教育职业生涯中，他最先将不同的教育方法引入 21 世纪的教育，这有利于促进那

① 《工匠哲学》原书名直译过来就是“头脑之外的世界”。——译者注

些被认为在当今这个严峻的世界上，对年轻人最有价值的心理特征的发展。在针对这些特征所做的选择及这些特征能够得到系统发展这一基本信念背后，有着很强的科学原理。他是在伦敦皇家艺术协会把马修·克劳福德介绍给我的，在这之前，我曾和克拉克斯顿在嘈杂的咖啡馆交谈过一次，那可是一个挑战我们专注力的环境。那一次，他向我解释说，他认为专注力绝对是一项技能，是一项可以培养的技能，并且是良好教育的一个重要组成部分。他表示自己不倾向于前景正念（foreground mindfulness）或明确的意识修炼，而是重视专注力习惯的形成与重塑，认为这构成了一个有助于养成好的学习习惯的工具包的一部分。他认为自己的教学职责是，以一种与时俱进的方式，逐渐地塑造有利于学习和良好生活的某种精神、社会习性，以及情感习惯。专注力是其中的一个方面，还要成为一个良好的合作者，对他人而言是一个值得信赖的参谋，是自己产品的优秀评估员和鉴定者，而且当回顾自己的工作过程及考虑如何进一步改进时，还能够有一种享受的心态。这与马修·克劳福德所描述的工匠心态存在明显的重合之处。克拉克斯顿解释说，这些性情可以随着时间而成形，但却难以通过直截了当地让人坐下来听讲座或是举行工作坊而进行教授。他说："这更多地涉及如何对学校进行设计，使之成为这些好习惯的孵化器。这不是说要向人灌输一些零散的习惯，而是要在各种不同的互相竞争的习惯之间保持一定的平衡性和流动性，比如对环境和聚焦事物的专注力，以及在两者之间切换的能力——既能欣赏热闹的 MTV 视频，也能静下心来，连续三小时全神贯注于一本好书。你可以两者兼得——它们不是对立的，而是你可以顺畅切换的不同模式，是一种操之在我的良好感觉，就像你可以选择让自己的心灵乐队在某个时候演奏某种乐器一样。而且这些东西中很多都联系在一起，例如，了解在善于交际和善于独处之间如何平衡。"

他以自己认识的一位大学教授为例，这位教授表示，知道他书房的门是开着的还是关闭的，这对来访者了解他的工作状况至关重要。如果门是开着的，则可以与他交谈；如果门是关闭的，那他就是在安静地工作，不想被打扰。

克拉克斯顿描述道："当你帮助孩子做分数加法题，或解释都铎王朝的宫廷诡计，或是帮助他们学习任何其他东西时，你也是在非常明确地指出，教育中更深层次的部分是关于扩展、加强精神和社会能力的：合作、共情、想象力、毅力和专注力这些品质，表现为孩子们可以扩展和加强的'学习肌肉'，教师可以围绕这些'学习肌肉'的培养和运用来安排他们的课程，这些能力的发展也会更加成效显著。关于教育的讨论往往会沉迷于两个维度——内容和评估，即我们正在学习什么，以及我们如何知道他们是否已经学会。这两个维度定义了一个平面，因此我们可以称之为平面教育（Flat Education），但课堂上还总是存在着以训练心智为内容的另外一个维度，你可以通过不容置疑的、让接受者被动遵从的方式灌输微积分等内容，或者你也可以通过教授批判意识、合作、想象力和独立性的方式来教授这些主题，这取决于你如何做到这一点。而且这个维度总是在那里，所以如果关注它，你就会得到更扎实的教育。"

克拉克斯顿解释说，在课堂上，从反方向接近专注力比通常与正念联系起来更有用，他问道："正念何时会迷失？因此，我们正在谈论帮助孩子们学习管理分心的能力，换句话说就是要更警惕分心这一现象；从能够坚持完成任何正在承担的任务的能力，到当他们把自己带回到手中的任务时，形成自己的唤醒时刻。这类似于正念，但焦点不在于呼吸之类的事情上，而是在手头的任务上，并且它会成为一种游戏或挑战，在分心时会更快地恢复并返回自己的任务。许多小学的孩子们每两周左右都会按 0~10 分对自己进行评级，以评估他们在抵抗分心方面的表现。如果他们达到了某个等级，比如在某一次评估中获得 7 分，那么他们在下一次评估中就会尝试向 8 分努力。"

克拉克斯顿描述了萨福克郡的一位小学教师发明的一种练习，目前已在其他地方得到推广，具体做法是，当在某些方面和某些时候学生已经出现或者即将出现分心时，老师就会对全班同学说："大家停一下，现在用手指告诉我你们分心的程度。"学生们已经学习过这套代码，他们会伸出相应数量的手指，以代表他们认定的自己分心的程度。

1 根手指 = 我不知道你在说什么，我全心专注于我的事，没有注意到任何东西；

2 根手指 = 我隐约意识到一些东西，但这并没有真正影响我；

3 根手指 = 有点分心；

4 根手指 = 严重分心；

5 个手指 = 我彻底分心了！

活动的目的是让孩子们对自己精力不集中的状态感兴趣，从而将其变成自己能够学习以获得更大控制的事物。他接着说："这与获得心一境性（one-pointedness）技巧无关，只是让他们对这个过程感兴趣。就好像在毛玻璃后面有个旋钮，这只是意味着拿走这块毛玻璃，然后看到我有机会来控制自己的毅力。这是对学习内容和方式的补充。我们总是被告知要'集中注意力'，但却没有关注如何才能做到这一点。"

克拉克斯顿还举了另外一个例子，这是一个极为容易分心的男孩写文章的故事。假如要求全班同学都写一篇文章，半小时过后，这个男孩可能只是写下了自己的名字。"他的老师找他来谈这个问题，并要求他与自己做个游戏。老师说，'我要在这张纸的上方画一条线，线的一端代表完全分心，另一端代表完全专心。我想让你每隔几分钟就在这条线上画上一个记号，以表明你当时所处的状态。'简单地说，这个方法能够让他写上十行字，而不仅仅是自己的名字，只是因为有了一个可见的提醒，使得这件苦差事变成了一个有趣的挑战，他可以看看自己到底能否坚持让线条上的记号不断向专心那一端移动。到最后，无须老师的任何催促，他自己就可以在纸上画一条线并做记号。这一切都变成了有形而具体的。"

克拉克斯顿创立的培养学习能力公司（Building Learning Power）提出了两个理论框架，每个框架都有四部分内容。第一个框架引入了一个理想的强大学习者的形象，第二个框架是为了培养这样的气质，学校和教师可以采用的路线图。第一个框架包含四个气质分类：有弹性、机智、反思和相互性，所有这一切都体现着专注力和意识的不同方面，虽然弹性最明显与专注力有关，但又被细分成留心、管理分心、毅力和全神贯注四个子标题。机智这个维度具体包括了推理、想象、利用、质疑和建立联系几种能力。反思则进一步构建起修正、提炼、规划和元学习几种能力。相互性则包括更多的社会和人际方面的模仿、共情和倾听、合作和相互依存。

第二个理论框架是教师的调色板，描述了学校和课堂文化的各个方面，这将有助于学生培养这些习惯，并建立起有利于培养这些我们希望学生具备的气质的整体文化。这分为解释、评论、策划和模仿四个部分，所有这一切都能明确支持前一个框架中那四个气质的能力维度。通过图解说明这种多视角的模式，克拉克斯顿谈到向学生讲述榜样故事的作用，他们都是在克服了许多焦虑和恐惧之后才实现人生目标的。他论证了教室的实际设计和使用的重要性，他主张在墙壁上贴上一些名人名言，主要是强化天下没有免费的午餐，以及英雄的成功在于其不屈不挠的坚持和在错误中提高等思想。他引用迈克尔・乔丹的话：“我之所以如此优秀，唯一的原因就在于我犯了太多错误。”而比利・简・金（Billie Jean King）也说过：“我认为输球并非失败，而是一种探索。”他强调，一定要抛弃认为“聪明”就意味着不用费劲，一下子就能把事情做对这种观点，这是非常重要的。他还谈到要将橡皮赶出课堂的观点，因为橡皮意味着第一次没有做对就是可耻的这样一种感觉，他认为应该把学生犯过的错误明摆出来，而非一擦了之，要把错误当成引路的朋友。

同样，也要鼓励老师讨论他们自己的努力：他们花了多少时间学习，可自己还是觉得不太有把握。他表示，从你贴在墙上的内容到你如何在课堂上构建活动，需要做一大堆事情。

最好的学习发生在厌烦和太容易与焦虑和太难之间的中间地带，米哈里・契克森米哈赖将这种状态称为“心流”。关键是要构建活动，让孩子学会如何监控自己的投入状态，以及如何改变活动以使自己回到这一地带。他建议，在数学课上，不应该直接给他们一页题让他们埋头去做，而应该让他们两人一组写出他们自己的问题或给对方出考题。然后，他们还可以选择自己正在解答的问题的难度水平。“如果我正和你一起学习，并且准备给你出题，我就会问你希望问题的难度是怎样的。你可能会说，‘嗯，我很擅长两位数和两位数相乘，所以我想让你给我出两位数乘以三位数的问题，我要看看自己能不能做得出来。’这样一来，学生自己能够调整任务的难度系数。他们是自己的学习体验的共同建设者。”

这看起来是授权学生们承担起自我监督的一些职能，因为这种监督不再是外部强加的，所以能够提高学生的参与感和自我赋权能力。监督是专注力的核心。通过评估你的分心程度，你就能建立起意识、自我评价和自反性实践，这是一种在当下能够及时形成自我意识，并能认识到接下来所发生的事情的能力。看起来，如果你能够做成一件事，它就会有一个示范效果；通过引入自我意识，你就引入了当家做主的意识，使你获得一种真正的权威感（克劳福德再次写到与有技巧的修炼有关的特性）。克拉克斯顿把所有这些都看作一个可以学习的过程，但他认为它是逐渐发生的，而且老师还必须把自己看作一名教练而不是权威者，自己不要做太多，要让学生引导事情的过程和对其所做的回顾。

有一篇有趣的文章探索了高等教育中慢关注的力量和价值，这篇文章的内容首次出现在哈佛大学教学与学习主动性会议上的一次演讲中。艺术史学家珍妮弗·罗伯茨（Jennifer Roberts）谈到，她发现让学生在遵守专注力要求的模式下获得经验是多么重要，这与目前我们所采取的快速的、使用多种技术手段的教育方法正相反。她希望为学生创造机会，让他们能加入“有必要的缓慢的、有耐心的和沉浸式的教育中”，并且认为这是现在最需要全体教员积极策划的一种修炼，因为它们不会自然而然地出现。“各种外部压力，无论是社会的还是技术的，都正推动着学生走向另一个方向，走向即时性、快速性和自发性——这都与我们需要的那种慢机会南辕北辙。我想允许他们慢一点，并通过计划安排，让他们能够慢一点。”在她的课程中，无论是研究生还是本科生，都需要就一件自选的艺术作品写一篇透彻的研究论文。第一个要求是要花整整三个小时来研看这件作品，要记下在这么长时间的仔细观察中自己的观察结果、产生的问题以及猜测。这种长时间的专注力练习要在博物馆或画廊中进行，从而让学生脱离日常环境并避免分心。罗伯茨描述了学生最初是如何抗拒的，但在经历了实验之后，他们一再告诉她，自己对这个过程所开启的潜能感到惊讶。这篇文章鼓舞作家露丝·尾关（Ruth Ozeki）去体验，并在此过程中记录自己的尝试，我将在以后的章节中对此进行描述。

学校中的正念

凯瑟琳·韦尔是埃克塞特大学和南安普顿大学的名誉教授，一直致力于开发和评估能够支持在学校中开展正念的方案。她把正念定义为“随着学生们开放的好奇心和接纳心理的逐渐形成，将专注力慢慢引向体验的能力”。此类修炼可以使那些已经掌握了它的学生们更好地结合目前的体验，从而更恰当地应对发生在当下的任何情况。她将这一举措与正常的正念状态进行了对比，当人们游弋在那种体验中时，很少会注意当下、思考过去或担忧未来，这是由于他们的快速判断被其习惯和性情影响了。正如她的描述：

> 随着时间的推移，参与修炼者通常会报告说，他们逐渐学会了更久地保持和聚焦专注力，并以一种更好奇、更有兴趣和更开放的而非挑剔的方式接受自己的体验。他们知道了在心智游移时，如何将气息和身体的感觉作为“锚”，以返回到专注的状态，并深思如何关注那些反复出现的念头。他们会了解到，思想是心理事件而非事实，可以来，也就可以走，不应变成侵占专注力的干扰因素。这种认识有助于缓解习惯性的无聊活动对人的控制，并产生更少的反应与冲动行为，产生能更理性地审视思想的更高的能力，具备更

高的接受度与善意体验。这能逐渐改变习惯性的心理和行为模式，否则它们就会造成和延续消极的心理状态，如思虑、压力、焦虑及抑郁等，让心理更加稳定、平静、愿意接受，乐于是其所是而非热衷于唱反调，进而达到更高层次的快乐和幸福。

克里斯·卡伦（Chris Cullen）和理查德·伯内特（Richard Burnett）创建的学校正念项目中支持“B 方案”，这代表：“停止，呼吸并保持！”这是针对 11~18 岁的年轻人的 10 堂课程的核心，通常在课堂上进行。该课程以 MBSR（正念减压）和 MBCT（正念认知疗法）中的核心正念原则为基础，每堂课传授一种独特的正念技巧。它包括：由老师所做的简短陈述，为使所传授的理念更生动，并且与学生的生活息息相关，老师会采用可视化的教具、影音资料展示，以及实际示范与练习等辅助手段。第一堂课是“集中专注力”，目的是训练心智的力量，这就像对一只需要训练的小狗给予关注。第二堂课会探索不同的心智状态，并教授如何把专注力“锚定”在身体上，同时培养好奇心和善意，它们发挥着镇静和滋养作用。后续的课程会扩大修炼范围，并在心理和物理的不同领域，把反应引领到响应上。这包括专注于接受善良理念的课程，即培养感恩和积极的思想。这样的修炼包括观息静坐、观察呼吸、觉察身体、行禅，以及体会到身体在压力下的感觉。建议一周在家中尝试进行简短的正念修炼，并参考学生手册完成整个课程。该课程的目标是，使人有更强的幸福感，能更好地发挥潜力，在个人生活和学术方面变得更富有创造力、更轻松，在学术方面及关注和倾听他人方面提高专心和聚焦能力。它还有一个目的——提高学生应对困难和压力的心理能力。针对 7~11 岁的小学年龄段的儿童，也已开发了类似的课程——Paws B。

虽然迄今为止还没有足够深入和系统的研究项目以评估这些和其他类似方案的功效，但已经收效的研究确实表明，它们有潜力实现这些目标。“学校正念”有一个持续进行中的项目与牛津大学正念中心有联系。这是 2013 年 12 月当议员克里斯·鲁恩（Chris Ruane）在英国议会做题为《正念教育》（*Mindfulness in Education*）的演讲时所选用的例子，他提倡努力把正念训练带进中小学的教室。目前一个由英国所有党派议员组成的正念工作小组，正在就正念倡议开展工作，他们与牛津大学、埃克塞特大学、班戈大学和萨塞克斯大学的正念训练和研究中心合作，共同探索正念在学校中、在国民健康服务和刑事司法系统内可以发挥的作用。在他们于 2015 年 10 月出版的《正念国家》（*The Mindful Nation*）报告中，"正念倡议"提出了关键性的建议：综上所述，在健康方面，正念减压应被广泛扩展到对有抑郁症病史的成年人的治疗；在工作场所，公共部门的雇主应建立正念的试点项目，然后再接受评估；在教育方面，应优先发展和研究学校正念；刑事司法系统应建立试点项目，以探索对犯人进行正念教育的适当形式。所有党派小组联合主席、正念倡议的联合创始人马德琳·邦廷（Madeleine Bunting）在一篇题为《我们为什么要强制推行正念》（*Why We Will Come to See Mindfulness as Mandatory*）的一篇报刊文章中，信心满满地认为，正念"可能是我正在学习的最重要的生活技能"，而且"如果努力练习，它会安静、缓慢地以不同方式完全改变你的生活，有时是润物细无声的小变化，有时是翻天覆地的大变化。无论是在你自己还是在别人身上，当你开始注意到改变的过程时，会感到十分惊讶"。如果这些方法得到广泛普及，呼吁学生们在课堂上"集中注意力"可能就会变得更有意义、更细致入微，而且会使人终身受益；这在目前看起来，确实是一个很好的选择。

ATTENTION

第二部分

关注创造性

ATTENTION

……作为艺术家。所有的一切都与全神贯注有关。艺术作品就是关注不同事物并领略其真意的方式。

劳瑞·安德森（Laurie Anderson）

在这一点上，我主要考虑的是专注力的背景故事、发展过程、神经学基础，以及可用于训练专注力的方式。此后，在仍然关注这些方面的同时，我想转向经过训练后的专注力的成果。我相信，只有那些能够最密切、最具创造性地关注的人才能成为艺术家。艺术家会在所有实践领域培养自己的专注力和想象力，以帮助其受众、读者、听众和观众，去用不同的眼光看待事物，循着他们的足迹去探美揽胜。

有时，专注力能让我们从周围的世界中获得灵感；有时，专注力是对内心世界、对想象力的各种奇特形式的关注，或是对一些创意和灵感的关注，对于大多数人而言，这样的创意与灵感经常随风而来又转瞬即逝。这些灵感被那些我们称为艺术家的人探求着、呵护着、关注着——在如此悉心的关注之下，某种事物会以某种从未显露过的方式被揭示或创造出来。

乔治·斯坦纳（George Steiner）完美表达了创造的辩证法。他写道："无中生有这样一个绝对飞跃的梦想存在于任何一项'艺术行为'中。"这种空与形式之间的辩证在所有艺术中都发挥得淋漓尽致：如音乐、语言和舞蹈，都是从静默和空旷中产生的。斯坦纳也深深地意识到艺术家和观众之间的交叉点，认为这根本就不亚于一个存在主义课题：

作为对一首诗词、一段音乐或一幅绘画的回应，我们在较低创造力的界限之内，重新定义了我们在世界上以存在主义的意义现身的两个决定性时刻：在空无一物之地，在没有什么东西可以继续存在之地，我们成为存在；在巨大的死亡时刻，我们成为存在。

“陌生化”一词是由文艺理论家维克多·施洛夫斯基（Victor Schlovsky）于1917年提出的，用以描述艺术让我们重新审视事物的方式。这一过程可以从单纯的重述延伸到改变人生的时刻：

> 陌生化既是艺术的功能，又是精神生活的结构特征，并且无论是否以这种方式被认知，它都是这两者之间深层共鸣的源泉……它让我们摆脱那些备受局限的观点，从我们自以为了解的事物中脱身，并以此赞美艺术中的那些让人顿悟的瞬间。

亨利·舒克曼（Henry Shukman）描述了艺术是如何成为一种杰出的方式，能够让我们摆脱认知方面的习惯性枷锁的。它的存在是为了让我们回到最初的体验，让我们脱离那些“自以为已经了解事物的想法……当我们深入接触优秀的文学和艺术作品时，这会改变我们对事物的习惯看法。世界本身似乎变得不同，变得更清晰、更贴近”。

这种途径正是我所提及的专注力。居伊·德·莫泊桑（Guy de Maupassant）曾表示：

> 你要做的就是，观察那些你想要长久表达的内容，并以足够的专注力去发现它从未被任何人看到或描述过的那些方面。在所有事情中都有未被发掘到的事物，因为对于任何正在观察的事物，我们都已经习惯了先让自己的眼睛去适应别人记忆中的观点……要描绘平原上的熊熊烈火和一棵树，我们必须待在那片火和那棵树前观察，直到我们发现它们与其他任何树木或火焰都

不相似了。这就是让你变得独具匠心的方法。

200多年前，日本诗人松尾芭蕉（Basho）告诫我们："从松树学松树，从竹子学竹子。"这样的专注力，这样的学习，是生动的、创造性的，也是至关重要的，能够对来自记忆和习惯的知觉门户进行清扫，这就是T.S.艾略特（T. S. Eliot）所称的"能够规定模式的知识"。那样的知识，那样二手的模式化，会阻碍我们认识到每一刻都可能是一个新的模式；这是当我们要做出新鲜回应时会遇到的挑战。在领略诗化专注力的过程中，简·赫斯菲尔德会成为一名最优秀的向导，作为诗人和禅者，她深知专注力与创造性之间的联系，认为必须将诗歌的写作看作一种冥想修炼及一种沟通的修炼。她说，诗化专注力的修炼需要一种同样程度的深度倾听，就像小提琴演奏者如果想演奏好，就必须同时倾听管弦乐队的演奏、自己的小提琴和自己的身体。关于艺术和冥想，她这样写道：

> 艺术是一个人可以选择加入，并以此去充分了解人类存在和体验范围的方式。还有一些其他方式，禅宗冥想修炼就是其中之一。这两者都是可能让我们深入自身感觉的认知方式。

这种针对内外体验的专注力还可与自我之外的其他事物建立联系，她说："艺术是一种方式，可将我们的专注力从与当下时刻的纠缠中解脱出来，展现出一种包含、借鉴，并让人回想起更广阔的群集和联系的姿态。"

她把艺术家的作品看作一种转换，是从一个仔细斟酌的专注力方向上实现的转换，渴望"通过改变看世界的眼睛而非世界本身，在平凡中去感受非凡……你可能感觉我们似乎什么也没做，就是拿出了一点时间和空间去关注；但只要在自我知觉的意图中打开一丝微小的缝隙，艺术的美就会流淌出来"。

她写道，一件艺术作品"不是涂抹到画布上的颜料，不是刻成一定形状的岩石或供烧制的黏土，也不是振动的大提琴弦，或落到纸上的墨迹”，而是变化了的专注力的结果，她将其形容为“我们的参与感、机智、热忱与形式、颜色、符号，以及声音的协作”。专注力才是事物的核心，能够把平凡之物变成艺术。

无论是在修炼中还是艺术中，意识都会向你提出一个问题：

> “现在这一刻值得你关注的是什么？”可能是我的个人生活，也可能是一些与大家都有关的更重大的问题。政治上的不调和问题，以及党派之争和暴力的问题；在我们居住的这个环境中，那些灾难性问题的发展演变，正是我的诗歌所关注的，不亚于对任何个人悲伤或问题的关注。意识永远是出发点。意识向我们展示问题，包括我们也许能够解决的问题及完全无法回答的问题，而且在我们攀登生活悬崖时，意识使得我们始终能够找到支点和抓手。而所谓的悬崖、生活以及你的手，也是由意识而起。
>
> 如果密切关注，那么任何时刻都是无限且始终变化的。如果你从这些感到无所作为的意识中浮现出来，认识到自己并非那么重要，那你就对自己心中有数了。

无论是由内在的思想和想象中所产生的，还是来自外在的知觉，当我们肯放下自我或不再把自己作为体验的中心时，这种针对体验的专注力就会开启我们观察事物的新方式，正如另一位精神和风景评论员的描述：

> 去观察现实的本来面貌。要做到这一点，就需要抛开对它的期望和诠释，而只是去感受它本身。当我停止把现实打造成一场以自我为中心的戏剧表演时，正念就会让世界给我带来惊喜。宇宙变得欣然开放……野外的地理环境所唤起的正念，实际上是一种“什么都不想”的状态，是围绕寻求存在直接性的理性分析而采取的一种迂回进攻。

第 5 章

对语言的专注

我认为作家是非常关注世界的人。

苏珊·桑塔格（Susan Sontag）

作家们有一项矛盾的任务。语言，至少是普通的语言，让我们远离了生活中千变万化的演变过程。然而，对于作家而言，语言就是媒介。语言（特别是英语），是想象与叙事的基础，可支持永恒、单独的自我的错觉。它被放置在语法的神龛之中。它如此彻底地构筑起我们的心智和思想，以至于我们几乎体会不到它的塑造之力。只有密切关注我们如何使用语言及我们的大脑如何工作，才可以揭示这一点，并提供替代性策略。马塞尔·普鲁斯特（Marcel Proust）深深地理解了作者的这篇作品对习惯的破坏，这也许并不奇怪：

> 艺术家的这部作品，这种为在物质之下、在经验之下、在言语之下辨别与他们不同的东西所做的斗争，是一个与我们的日常生活完全相反的过程；在日常生活中，我们回避了对自我的审视，生活的每时每刻都由虚荣、激情、智力和习惯来完成，在它们扼杀了我们的真实印象后，就把它们自己完全隐藏在被我们错误地称为生活的一堆言语概念和实际目标之下……
>
> 我们的虚荣心、激情、模仿精神、抽象智慧，以及我们的习惯，早就在起作用了，艺术的任务就是把他们的作品撤销……

马丁·海德格尔也明白这一点，并在多部作品中写道，语言是存在之家；语言区分出人类可以有意义地逗留的领域。然而，他寻求我们语言用法的一种转变，一种与“存在”的开放性有关的转变。他提出了“讲话”（speech）和他所谓的“言说”（Saying）之间的区别：与讲话相比，言说也许更接近于倾听，需要的是接受能力而不是掌控能力，表现出的是一种采纳的姿态，这也许是描述许多作家所说的协作的另一种方式。他说：“人们表现得，自己好像是语言的塑造者和精通者，而实际上语言仍然是人类的主人。”马修·克劳福德在早期的论述中，从不同的角度反映了海德格尔在面对语言和经验时对谦逊态度的呼唤，他对如今我们处理的是主观描述，而不是眼前的直接体验的焦虑，反映在前面讨论过的马修·克劳福德的作品中，尽管是从不同的角度出发的。事实上，海德格尔自己以一个细木工匠学徒做示例来说明这个问题：“要让他自己来回答，最重要的是要针对木料的不同材质及木料潜在的纹理图案做出回应……如果不能把握这种相关性，那所谓的木匠技艺就什么都谈不上了，不过是一场空忙碌。”

与我们认为自己是语言主人的通常想法相反，海德格尔所关心的是让语言本身说话，并撰写了《语言的本质》（*The Nature of Language*）一文，意在使我们面对“以语言经历体验”的可能性，其中经历体验意味着这类事情降临到我们身上，向我们袭来，触动了我们，打击并改变了我们。谈到“经历”体验时，我们具体是指这种体验不是我们自己造成的；此处“经历”就意味着在它打击我们时，我们容忍它、忍受它、承受它，并屈服于它。

这就重复了这样一种观念：这种有意识的语言体验是变革性的。他相信，作为人类，我们是属于言说的：“语言的本质是以言说来表现的。”“作为表达的言说，使语言成为人类讲话的方式。”在我们陷落的或日常的言语方式中，我们远远不是居住在语言中，而在言说这个存在之居中，我们使用语言仅仅是用于指定。以词语为表现手段的艺术家试图以多种不同的方式转换语言，以表达通过强化专注力而显现出来的这一丰富的维度，它表现在世界内外，以及用来表达它的语言之中。

语言和土地

野地的广阔或者特性能够帮助专注力打开一张画布，这张画布比我们关注的领域更加广阔，能把自我放在一张透视图中。因此，在我看来，毫不奇怪的是，许多作家专注力投入最多的还是描写自然世界的作品。正如土生土长的美国作家琳达·霍根（Linda Hogan）所说："大自然有一种说话的方式，那就是土地在说话。不过，我们往往不够耐心，不够安静，没有注意到这个故事。"

如果我们能有点耐心，静静地谛听，情况就不一样了。亨利·米勒（Henry Miller）描述道："当人们密切专注于某一事物时，即使那只是片草叶，它也完全会变成一个神秘、惊人、难以名状的壮丽世界。"这样的专注力未必总是以新颖性作为对象的，但它的确需要我们投入时间。新颖性是在观察中产生的，而不在对象身上。正如我们前面引用过的，温德尔·贝里指出，只要专注力够纯粹，那么即使在完全熟悉的事物上也能发现新颖性，他表示，"充满想象地去了解，就是要密切地、具体地、精确地、乐滋滋地、虔诚地、充满爱意地去了解"。多年来，塞尚（Cézanne）长年累月地描画《圣维克多山》（*Mont St Victoire*），但每次的画作都不会重复。

专注力修炼，就是鼓励我们看到何物存在，发现它的本来面目，超越到我们以自我为中心的关注范围之外，把自我体验开放到一种意想不到的丰富性。弗吉尼亚·伍尔夫（Virginia Woolf）将这些描述为"存在的瞬间"（moments of being），而娜恩·谢泼德（Nan Shepherd）则将其描述为"共同的照耀"（irradiation of the common）。

罗杰·迪金（Roger Deakin）对荒野之地、野外水域和野生森林有过精彩描写，而另一位自然作家罗伯特·麦克法伦（Robert MacFarlane）称其为"附近未知之地的探险家"。正是通过悉心的专注，才可以从司空见惯的事物中发现新鲜生动之处，这是麦克法伦自己发现的。他去探寻那些位于不列颠群岛尽头的蛮荒之地，对此，他描述道：“离我居住的小镇南部仅一英里[①]远的地方，就是一片荒野。”在后来写的书中，麦克法伦引用了爱尔兰诗人帕特里克·卡文纳（Patrick Kavanagh）的句子，他写道：“就算是要搞透一个领域或一块土地，也需要用一生去体验。在诗意体验的世界里，重要的是深度，而非广度。”

麦克法伦在最近的一系列作品中，把专注力和景观、专注力与语言结合起来，这些作品包括《荒野之境》（*The Wild Places*）、《古道》（*The Old Ways*），以及最近的《地标》（*Landmarks*）。另一位作家娜恩·谢泼德曾写过：“句子是由耐心和专注力而生的。”于他而言，这二者是密不可分的，因此他认为语言的缺陷会导致专注力的缺陷，进而导致体验的贫乏。为了防止这一点，他的《地标》一书中有好几页是关于景观与天气特点及野外体验的区域性术语的词汇表，这些词现在已经濒临绝迹了。他所有的作品都是对具体的、嵌入式的丰富体验的赞美诗，都是对复魅的呼唤，以及对遗失的抵抗。他认为“语言是再惊奇的可能性的基础”，是一种对技术性想象力的实践性回应。

我们不仅能在麦克法伦这里反复看到，还能在很多作家和思想家那里看到，他们都对人的谦卑和开放性多有呼吁，都希望人们能够放下那种木已成舟、必然如此的观念。他描述了那种“目光偏离中心和内心没有中心点”的状况，在这种状况之下，“实践成为获取某种特定类型知识的手段——其中的一个组成部分是要察觉到自己的无知”。他写道“对一个地方持久熟稔的真正标志是‘随时准备接受它的不确定性’”，即能够欣然接受自己难以达到对事物完全了解的这种状况。在对事物、土地及观察者或者写作者之间关系的理解中包含着关怀，这既是在海德格尔的意义上，也是在更普遍的意义上。其中也包含着机智：“在专注力中含有机智，正如同在相遇时流露柔情，在接触中守住正当一样。”我们先是去触动，然后是在相互联系中被触动，这就给我们的知觉世界赋予了生命。

① 1 英里≈1.6093 千米。——译者注

麦克法伦具体表达了倾听要从以自我为焦点转向那些自我参与之处，这和他非常钦佩的另外一位作家娜恩·谢泼德所描述的观点相仿，后者写过“关注焦点无处不在。作为观察者，我没有什么条条框框需要墨守”。在另外一次提到谢泼德的作品时，麦克法伦将专注力形容为深深的投入。通过把自我中心观念转向参与观念，几乎会自然而然地出现对相互联系性的欣赏。这样的合作式参与在上述所有作家的作品中都能引发回响——从松尾芭蕉关于“从松树中学习松树”的劝告，再到哲学家梅洛－庞蒂所提出的，要与世界“肌肤”相亲这种既有具体体现又有真实感受的说明。

专注力和想象力：虚构的世界

当我与入围 2014 年布克文学奖的《不存在的女孩》（*A Tale for the Time Being*）作者、小说家露丝·尾关交谈时，我们谈到了与虚构的写作世界相关的如此多的重新出现的主题，包括陌生化、习惯性逃避、体验的刷新，以及作者与读者的参与性协作。露丝曾用奥尔特加·伊·加塞特的说法来向我举证，我在本书的开头也引用了这句话：“只要你告诉我你专注于什么，我就能知道你是个什么样的人。”她对书中的角色所倾注的专注是如此之深，以至于我们这些读者都被带入了这些书中的角色体验中。当我们在马萨诸塞州的一个佛教研究中心会面时，我问露丝，这位受过戒的禅师兼作家，作为一个作家和冥想者，专注力对她的重要性如何。

“作为作家，我在感官上对专注力有长久的感受，我可以长时间地集中专注力，这是一件好事，因为作为一个小说家，我非常需要专注力。在正常条件下，我似乎能够工作很长时间。这有点取决于我正处于写作的哪个阶段，写第一稿更困难一些，因为这是你生成材料[①]的阶段，按照我的写作方式，就是不知道自己一下笔会写到哪里去。因此，有一种一脚踏进空无的感觉，这不是一个专注力问

① 这是专注力的对象。——译者注

题，更多的是一个压力问题，身体或精神上的压力都会导致人难以长时间地保持专注力。当我修订、重写或编辑文稿时，我可以一连工作几个小时不停歇，直到不得不阻止自己再这么干下去。因此，设置钟声和时限变得非常重要。这种情况之所以出现，是因为除了我所专注的事物，我不关注任何事，因此当我专注于写作时，就会忘记关注自己的身体和身边的这个世界。我忘记了这一切，于是我通常会设置闹钟或铃声来把我从沉迷中叫醒。”

当我问她，禅修是否向她灌输或帮助她养成了这种能力，她回答道：“当然很有帮助。这让我更加意识到设定意图和调整，以及制订某种计划的重要性。禅就是一种井井有条的安排，钟声会在某个特定时刻响起。当钟声响起时，无论你在做什么都要放下它，然后进入日程中的下一件事。在僧院的环境中，能够快速有效地从一个活动过渡到另一个活动，这是一项有用技能。我认为，大多数人，当然也包括我，遇到的问题之一就是在生活中总是需要由一个活动过渡到另一个活动，但这很困难，而且我们还抗拒转变，我们总是执着于当下所做的任何事情，所以在一天的经历中，这种僧院修行对我们能干净利索地做到在不同的活动中转换的确是有益的。”

她告诉我，她经常教授听她创意写作课的学生们做正念练习，她说：“当我教学生冥想时，我们试图做到的事情之一就是，教他们在任何指定时刻都能维持专注力的品质与持续时间。我尝试去做的另一件事情则是，教他们能够迷途知返，即如果你正在努力地把专注力聚焦于自己的呼吸但却走神时，你能注意到这一点，然后再把迷失的专注力收回来。我的老师诺曼・费希尔（Norman Fisher）禅师说过，冥想就是一个返回的过程，我认为这也发生在瞬间，每时每刻都在发生。当我们坐定时，我们的专注力会不断迷失又不断返回，来来回回难以消停。当你试图开始定期禅修时，例如定期冥想修行，这样的情况也会发生。你如果一天没练，后边就很难收心。因此，这里给你的建议是，放下自己想把这件事情做完美的执念，只是把心收回来，然后重新开始就好。数息是这方面的一个完美训练，如果数着数着你记不清了，你就知道要把专注力收回来了。我的很多学生都有完美主义倾向，所以他们完全可以借鉴这个理念——一旦搞砸了，实在数不清了，那就轻松放下，不问是非，然后从头再来；这确实是一项有用的技能。现在有很多关于‘坚毅力’的研究，这个理念就是，对某件事情能否坚持到底才是决定最终成败的原因，而不是由于天赋或其他东西。我认为这是一项重要的技能，持续性专注力学习就是学会放下对某种完美的执念，原谅自己的走神、原谅自己的一时疏忽，而且如果你能够很快做到这一点，如果能够放下对完美专注力的执念，你就更有可能维持自己的专注力。这样一来，你就可以将其应用到写作过程中，也可以将其投入到生活的任何方面。因此，我对学生的看法是，他们可能会成为作家，也可能难以圆梦，但如果我可以教会他们一些基本的正念技能，那么在我看来这对他们而言总归是有益处的。”

这样的正念练习也可以被更直接地应用于小说的写作中，能帮助作者进入书中人物角色的专注力世界。露丝解释道：“在写作方面，我们将其作为视角或观点来谈论，而且这是我和我的学生一直共同为之努力的另外一样东西。我们做这些正念练习，我们将静坐在那里扫描全身，而且只做基本的正念练习，我们将处理五官所知觉到的意识，或是把思想也包含进去，相当于处理第六感意识（佛教心理学假定存在六感，精神感为第六感）。然后就是我要求他们去做的事情，我要求他们记住当身心处于警觉状态，并在当下时刻体现出来的那种感觉，然后抓住这种感觉，发挥自己的想象力，把自己带入所塑造的人物角色中去。坐在那里，想象你正处于角色的身体中，扫描这具身体，在想象中睁开眼睛，并四下观望，看到你的人物所看到的，看到他们所关注的，看到他们所注意到的，他们以自己所有的感官正在感觉的，然后记下这一人物角色在自己的感觉领域中所拥有的一切。接下来，就让自己随波逐流，去往其中的任一方向。那就是你在那里所做的事情——你正从人物角色的角度去运用自己的专注力。这完全是个假想练习；你正闭着眼睛坐在那里，但你的人物会带你进一步深入其栖居的任何世界中。

“我认为，对冥想的非评判性立场是非常重要的。契诃夫（Chekhov）谈过一件非常重要的事情就是，不要评判你的人物。我不记得原话是怎么说的，他的意思是，你作为作家的职责，就是写出关于那个人物的真实情况，作为作家，你无须评价某个人物。我想很多作家都说过类似的话。就像我今天读的这本书，书中人物突然开始陷入对爱情酒店的幻想，那我只要注意她正在写的东西，而不要对此产生我作为作者的自我意识或者对其进行加工，抑或是任何类似的事情。只是任由它出现，任由它不断汩汩涌现。其后，始终还是会有清醒的重新思考。你可以投入进去，采取一些编辑控制手段。这是一种协商。在第一稿中，事情往往会写得太多，所以我会返回再进行调整，把调门降一降，但你必须尊重人物的根本性格。你必须专注于它，必须让人物按照其性格逻辑去说话做事。”

然后，我们将话题转向她最近发表的随笔——《脸》（*The Face*）。她向我讲述了这本书的写作过程：“在写作《脸》时，我先坐下来做了三个小时的观察练习，我在镜子前坐了三个小时，然后做了记录，对坐在那里观察我的脸庞时产生的所有想法和发现，都制作了时间编码。我刚刚读了《哈佛》（*Harvard*）杂志中珍妮弗·罗伯茨的一篇文章，文章内容与耐心的力量及沉浸式专注力的力量有关，我因接受了委托而必须写这篇随笔。我忽然萌发了一个想法，何不写一篇与我的脸有关的随笔——‘我允诺了什么？我同意做什么了？’但读完珍妮弗·罗伯茨的文章后，我觉得这可能是关于这篇随笔的一个很好的构建方式，所以我坐下来就开始去做。这是一个有趣的实验，但起初做起来很难。我的眼睛就是不愿意停留在自己的脸上，它们想要四处移动，然后我陷入了一场与自己进行的凝视较量中，不再观察任何有趣的东西，这样我就不得不强迫自己，再遍览自己脸上的各个部位，并真正引导我的目光去注视不同的部位。在完成这个时间编码后，我将其放置了相当长的一段时间——可能有六个月左右。在我能从中读出新意时再去重新查看，一边看着它，一边自由联想。我在时间编码中所看到的任何东西，都会启发我去写有关其他方面的文章，或者走向一个稍微不同的路径，我会把这些都记下来，这样就产生了这条主线。以前我从未写过类似的文章，而且可能永远都不会再这样写了，但这是一个非常有趣的练习。我想，当我写作《不存在的女孩》的时候，我一直在试图写一本传记类的东西——当小说写作不顺利时，我就会变道，我认为这将是一本关于我请求圣职和照顾我罹患老年痴呆症的母亲的回忆录，这本书的思路就是这样的。然而，最终发生的事情是，书中让露丝这个人物介入的空间被开辟出来了，我意识到这有几分完美，因为在这里，我是一个想写回忆录但写得不尽完美的小说家，没能写成这部回忆录，我不禁要想，一个小说家、一个小说作者，怎么会连一部回忆录都写不出呢？好吧，我转而写成小说，所以《不存在的女孩》中的回忆部分，就是我没写成的回忆录的内容。做完这些，《脸》这篇随笔的写作对我来说就很有意思了，因为我一直在写个人叙事的体裁并惯用内省的视角看待事物，所以可以把它和这种陌生的观察练习结合在一起，我真的认为这也是《大念处经》中墓地冥想的一种变体，从某种意义上说，如果我们最大的恐惧是死亡和腐朽，那么面对恐惧的最好办法不是逃避，而是去直面它。我现在 60 岁了，在我 59 岁时，我看着镜子中的自己，这就是一种直面腐朽的修行。我很清楚这点，这是一项非常有趣的练习。这在很多方面都很困难，而且还有点情绪化，但不是非常情绪化，我想我在某些方面真的是有所保留。我不让自己感觉太多。只有当我稍后再回过头来看时，才能够感受到潜藏在文本表面之下的情感。

“后来发生的事情是，我在盯着自己坐了三个小时后，走到外面去，在街角咖啡店买了一杯拿铁咖啡，然后去了纽约的汤姆金斯广场公园（Thompkins Square Park）。那是一个美丽的春日，我待在户外，阳光明媚，树长得枝叶繁茂、花团锦簇，人们徜徉其间、畅享阳光，而我只记得坐在长椅上，看着所有这些人的脸。他们都有一张脸，而我突然意识到，每个人与他们的脸的关系，都类似于我与我的脸的这种冲突性的关系，因为这是脸的本质。我真的有一种同情心泛滥的感觉，因为我们总是能看到脸，但我们看不透这层皮肤，难以看穿这层皮肤去想象——那个人早上在镜子里看到的是什么？他看见的是谁？他看到他父亲的影子了吗？他看到他母亲的影子了吗？他对自己的脸满意吗？他讨厌他脸上的哪些地方？他不介意脸上的哪些地方？有哪些地方他非但不介意而且还会很喜欢？什么让他无法直视？当他看到自己鼻子上那颗大痦子时，会不会移开视线，甚至不看它……突然，因为好奇和探究，所有这些脸都成为一个不可思议的领域。”

我告诉露丝，在我读了她的这篇随笔后，我在乘坐地铁时都会练习这种陌生化，而且在我这样做了以后，我眼中的这些乘客变得更加人性化了，而且他们还以不同方式变得更加鲜活起来。我认为，这可能与她让人物栖息在小说中的方式类似，不管它们是真实的还是虚构的，这个过程都是相似的。她同意事情的确如此：“关于在虚构与真实之间如何进行区别，我一直有一个问题，尤其是在谈到写作这个问题时。你写的任何东西都是虚构的。写下它的这个行为本身就是在虚构它。因此，这实际上是作者和读者之间的契约问题。如果我说这是非虚构作品并把它给你，你带着对我的意图的理解来阅读，而且也了解这并非小说，那么这也并不一定意味着它在任何一种方式下都是绝对真实的。我看待写作的方式是，它总是一种参与式的、关系式的艺术形式。我觉得小说就是一种协作。我尽我之所能做好我的这部分工作，然后把它推向世界，这个客体就在那里，它给人的感觉好像是不会改变的、是真实的，但在同时，捧起书阅读的每个人都会与文本相互作用，对其进行重新构想，然后和作者一起构建一个完全不同的世界。我不知道那个世界是什么，但我和你共读的那本小说将完全不同于其他人和我一起创作的那本小说。我将来也不会知道。当我们谈论这本书的时候，我们都认为谈论的是同一本书，但实际上并不是。”

我提出，虚构写作总是需要读者所付出的专注力，具有一种视觉艺术不会提出要求的质量。露丝表示同意：“这就是我退出电影制作的原因之一。因为我喜欢文字能够唤起的这种与读者的协作，而且这更令我感到舒适。电影总让我感觉和小说是两回事——它有点过于强势。过去在编辑电影时，我非常敏锐地意识到音乐和图像的力量，例如，它操纵情绪的力量就强大无比。做电影很有趣，而且做起来几乎可以说是太容易了，因为电影没有太多的发挥空间。而在写作中，你会给读者更多的东西。在与你共同创造阅读世界这件事情上，读者承担着更多的责任。读者能发挥更多的主观能动性——读者想读就读，想放下就可以放下。当然，你也可以关掉视频、关掉电视或其他什么，但你通常不会坐下来一次就读完一本小说——阅读小说通常需要更长的时间。我从事过文字、电影和音频工作，据我所知，视觉的电影图像实际并不擅长表现某种复杂性。它非常擅长表现感性的复杂性、情绪和语气，还能很好地处理感情的细微差别以及感官反应。没有图像的声音或文字可以处理更复杂的事情，但它仍然是一种时效性媒介。书面文字的长处在于，它可以处理这种海量的哲学复杂性，而且你可以一心二用。这正是我一直想要做到的。我正试着处理好这些题目的复杂性，把世界联系在一起，然后再将其层次化，我一直不断地为意义分层，以便能对其进行玩味，但同时我也试图讲述好一个随着时间快速、高效进展的线性故事，因为我也不想让读者感到无聊。所以，这是两个问题，即你是否可以历时性地展开故事，同时创建出一个复杂的共时性事件？”

我提出，如果没有真正打磨完善的专注力技能，那这完全不可能。露丝表示同意：“确实如此，要做到这点需要很长时间。这意味着你要不断回到起点，你正牵着线索穿过由意义、符号、文字、声音叠加成的多个层次，你只是不断地回去，牵着这些层次通过，并且牵着这些线索通过——返回去，返回去，就像在冥想中一样。我记得，我是在大学里读布莱克的时候对这一点越来越感兴趣，关于语态和反语、反语的结构，以及在写作和意象分层方面的自反性，我考虑了很多。因此，回头看看，我对这方面的兴趣其实已经持续很长一段时间了。我一直按照读者的期望发挥，因为这对我来说是一场对话。在写作的时候，我并没有真的想着读者，因为我根本不知道读者将会是谁，但我有一种与世界共舞、与世界给我的反应同声相应、同气相求的感觉，而且我认为在某种程度上，我总是设想我的读者是非常亲善友好的知心朋友，还很喜欢以一种让人愉快的方式调笑。这种好玩的元素始终存在，‘让我们彼此愉悦，一起互动’。这不是在说教。在某种意义上说，这表示‘我们正在一起做这件事，让我们玩得开心点’。这又回到了佛教。记住我刚才说过的——对世界的态度、对他人的态度，来自亲切感；它来自众生平等的观念。你不要假设读者和你比较起来显得很另类，要假设他们是你非常亲密的朋友。我带着这本书走南闯北已经有三年了，我在许多不同的国家见过成千上万的读者。即使经过了翻译，其中有些东西还是幸存了下来。我确实认为，无论这是什么，都是自修行而来的，都是我通过修行培养及从教练处获得的一种态度。我心目中的那个人，我愿意接受其意见和态度的那个人是诺曼·费希尔。”

虽然《不存在的女孩》反映了 13 世纪的日本作家道元大师（Dogen）的笔法和观点，对于那些从来没有听说过道元或从不关心佛教的人来说，这依然能够引发他们的共鸣。我认为这来自露丝走入她笔下人物及其专注力的方式，这能够带着我们这些读者立即进入他们的世界。露丝表示，这确实来自她试图想象自己融入书中人物灵与肉的实践。她引用了《在德黑兰读〈洛丽塔〉》（*Reading Lolita in Tehran*）一书的作者阿扎尔·纳菲西（Azar Nafisi）的话，正是从这个精准角度来捍卫小说的写作；小说本质上是民主的，因为它们可以针对不同的观点发出声音，他们还培养出了“共情肌肉”。她甚至提出，用小说来教学是防御法西斯主义的手段。

诗化专注力

诗歌，采取最简洁、最紧凑、最正式的语言和形式，也许最能展现与语言相关的专注力。它可能经常以简短的形式涵盖所言内容，以及在语言之外、在字里行间的留白处所隐含的寓意——可说与不可说、空与色的辩证法。如艾米莉·狄金森（Emily Dickinson）所写：“我在可能之中幽居——/ 一座比散文更清澈的宅院——/ 更多的窗扉——/ 更高雅的——门第。”

诗歌的那些表现手段——隐喻、明喻、想象，引导我们超越文字，体会双重或多重含义、引发悖论和扩展，从而提高我们的专注力，强化我们阅读时的体验。我第一次联系简·赫斯菲尔德要求会面时，她说：“专注力是我的法宝。”最终，我们在旧金山北部塔玛佩斯（Mount Tamalpais）山阴她那座安静的花园洋房里见了面，我请她进一步阐述这个问题。她告诉我："我所能说的就是，专注力是我对自己在这个世界上所做的一切都有一种合而为一的爱。写作除了是用一套可用的特定工具来表达关注，由语言提供意义、联想、参照，以及其他能够通过语言而被唤起的东西，还有用于描写形象的语言所具有的音乐韵律——因为对于诗歌来说，形象是很重要的，写作还能是什么呢？这些都是能更好地传达意识的工具，是任何其他方式都无法达到的。如果你热爱专注，如果沉浸于专注的状态中让你感到快乐——我就是这样的——那么就去找寻新形象、新形式，还有扩展的专注力模式，这是快乐指数以及知识量、同情心、存在感和互联性的提高。如果没有初始的专注，那么我不知道你还会有什么方法能够接触到这些事情。我很难理解当今世界上有这么多人选择让自己的专注力屈就于那些低劣肤浅的事物，可当我自己疲惫厌倦时，也难以免俗。对此，我深有体会。在有些时候，对精疲力竭的你来说，唯一能做的就是让自己喝点'心灵鸡汤'了，我想这是为我们这么多人正过着的这种忙碌生活所付出的代价之一。不过，这不是一种快乐，而只是一种休息。看看自己在生活中的某一天需要的究竟是什么吧，我所想要的是省悟，我所追求的是更深地进入意识中的那种心理模式，是如果不去寻隐探幽，对其加以彰显，我们就难以企及的那种深度。艺术就是这样的，冥想也是这样的。对我来说，八年全心禅修所得到的经验就是，如果冥想仅仅就是在蒲团上打坐什么的，那它就没什么价值了。集中注意力的目的不是去寻找终点，而是在其中发现指示，以便你能够沿着它的指引去寻找你一直向往的东西。如果当你没在坐垫上打坐时就没有冥想，那它还能对谁有好处？不是你，也不是这个世界。然而，当你把这种意识带到日常生活中去，在这只普普通通的蓝色杯子里，就能找到对意识的所有可能性的提醒（她指了指桌子上的蓝色杯子），这就是冥想能教给我们的。它告诉我们，专注力能够投入的薄弱之处。它告诉我们，可渗透并没那么可怕。这使我想起了她写的一些东西，'诗句不仅仅是一种表达。它们创作、发现并发出声音，并通过揣摩其回响[①]来发现那些通过其他手段无法发现的事物。'"

我问她，冥想和写诗，哪个来得更早些。"写诗始于童年。在刚开始上写作课时，我就开始喜欢上写诗了。我整个童年一直都在写，床垫就是我的听众。我偷偷地写。这不是为了炫耀，不是因为我希望被看到，而是因为这是一个很安全且很私密地探索世界的方法，这样不用担风险，而且就算有风险也不会受惩罚。我对写诗的爱好就一直这样延续着。1974 年，我是怎样走到佛门之前，准备一探其中究竟的呢？说起来有些奇妙，我正是通过文学作品才走到这一步的。八岁时，我买给自己的第一本书是一美元一本的有关日本俳句的书。现在的我对俳句算是有一知半解，我对当年的自己感到很惊奇，一个八岁的小女孩在她那么心爱的书中究竟能看出些什么呢？那时我住在纽约市，是受到自然诗意的牵引而往，并且自己已经被'磁化'了。因此，在我的诗歌生涯一开始，就是由主要出自佛教背景的作品引领入门的。我喜爱的一切都与佛教修炼非常吻合，华兹华斯实际上是资深的佛教徒［她指的是罗伯特·布莱思（Robert Blyth）所著的一本关于禅宗和英国文学的书］。我喜欢这一切，甚至在我学习拉丁语时，我最爱的还有伊壁鸠鲁学派的诗人们，他们在所言所感方面非常接近于佛学。'你会有这样的时刻，这是你的人生大戏开演的时刻。'所以我总是热爱某些事物，它们指向的是那些我后来发现可以被描述为佛教教义的东西。"

作为一种冥想艺术，这种诗意的表达，这种强烈的倾听，是简的诗歌作品中最核心的部分。我问了她有关通过"知识断裂"产生诗歌，以及关于不确定性的陈述。她曾写道："不可能性、不可说性和悖论夹杂在一起，正是我们的艺术得以丰富和扩大的部分原因。"艺术的丰富和扩大不是来自现成的答案或确定性，而是来自那些人们难以掌握的东西。就在几个世纪前，约翰·济慈（John Keats）提出了他所谓的"消极感受力"——"也就是说，一个人能够在不确定性、神秘难解

① 此处作者用动词 sound，同时展示这个词的两个含义。——译者注

之事及疑虑的影响之下，还能不急不躁地努力寻求事实和理性。”她曾说过，文学作品，尤其是诗歌，其作用就是让人找到一种能与不确定性相安无事地生活下去的方式。

她笑着对我说：“我在很久以前就感觉到了，而且我很愿意非常肯定地说，确定性本身才是祸根，是人类面临的最危险的情况之一。如果你对自己过于肯定，你就关上了通往其他概念的大门，并且有可能因为自以为是而做出一些很糟糕的事情，而只有始终保持质疑的态度才能打开修正之门。质疑的态度是我们自大和傲慢的解药，而这两者正是我们人类最容易犯的毛病——所有那些希腊悲剧都在告诉我们，确定性、傲慢、执着于某种狭隘而严格的解读，都会招致惩罚。我在修行之初就已得知，并且一直伴随我的一个说法是，佛教修行是立在一只三脚凳上的，分别是非凡的努力、非凡的信念和非凡的质疑。”

我们谈到了保持不确定性的困难——自反性和体系性的自反性（self-reflexivity of institutions）几乎不可避免的损失，即使是那些基于无常和空无思想理念之上的自反性也是如此，还有甚至最激进的怀疑也讽刺性地变成确定性的危险。简觉得我们都很容易受到这一点的影响，她说：“这就是为什么我们必须保持对自己的不确定。如果把这一观点运用到诗歌的创作方面，那么诗歌创作的妙处之一就是，诗句到底会写成什么样，你要等到下一刻才能知晓——首先你会发现诗歌作品的草稿本身就充满了未知和探索时刻，还有等待时刻，在因为不知道下一行、下一个词该写什么而造成的沉默中，还会溜进某些事物，你可能会思忖，接下来的韵律应该是什么样的？到底会如何收尾？我还从未写过任何我能预先知道会如何结尾的诗歌作品。一旦我感觉自己知道该如何结尾了，就很难把它变成一首诗。这成了散文叙事体，我知道有一首诗蕴藏其中，但我从来没有写过一首事先知道结局走向的诗。我曾在三个月的时间内，让一首作品处于相当不确定性的状态以保持其开放性，从而使其成为一首诗，而不仅仅是一个理念。对我来说，在诗歌写作中会发生的一件事就是，在初稿完成后，接下来要带着一系列问题回读——还有什么未尽之意？这首诗有何不同之处？这是我的真实感受吗？我有没有遗漏了什么东西？我是不是把太多东西放进去了？它是不是富有生命力？因此，对我来说，修订的整个过程就是对已经落到纸面的东西提出不确定性的质疑，并且有赖于这种不确定性，修订才可以帮助我们对这第一稿返回到初稿心态中——想让其变得更好。有人会有那种最初的想法、最佳的想法，但我并非如此。对我来说，有时可能会如此。有时我可能会问遍所有这些问题，但却只字未改，或者仅仅是改动了一个逗号，但大多时候，第一想法仅仅是初始的想法，只有让不确定性回归，才能让作品初稿这块黏土继续保持可塑性。意识和专注力是将存在的柔韧性带回来的唯一途径。”

当我提出是通过不确定性，才开启了一扇通往更具参与性的理解的大门时，简回答说：“艺术始终是参与式的。没有读者的关注，书页上的字迹就不过是尘埃而已。艺术总是发生在我们身上，并且是由我们的反应而生成的。这就是艺术的规律，否则它就成了电子自旋一样的现象。不确定性可以简单地描述为就是要睁开你的眼睛。我曾说过的一句最常被引用的话，只用寥寥数语就概括了所有的佛教要义——万事皆变；万物互联；要认真注意。

“我确实这样认为，虽然这么说简直是挂一而漏万——我这里就没说慈悲。但我认为，如果你集中专注力，就会注意到万物皆相互关联，慈悲就会是一种必然反应。因此，不确定性是一扇开启的窗。对我而言，这是我的生活中最奇怪也是最奇妙的悖论——我谈论的是我的生活，我说的是我自己，但我最珍惜的体验却是在‘我’消失后而进入的一种无我之境。我最想要的是什么？我最想消失在万事万物中，但却没有死亡。

“那就是大我——你知道，那个了不起的大我。自我并没有迷失，它只是没有被紧紧握在拳头里。当我们谈到握住某种东西时，是张开手把它捧住而不是握紧或者抓紧。要通过双方的合作、平衡和共识才能达成这一状态。也许我们就是想这样把握我们的生命，不是用紧握的双拳，而是用张开的双手。当然，还有其他不同的专注力，它们也很有益，但我们讨论的这种专注力始终是那种柔软灵活的专注力……”

她接着告诉我，她最近对一种陌生形式的创造性艺术的体验，那时她正待在一个艺术家聚居地做实验：“由于我是一个新手，因此我使用‘硬性专注力’（hard attention），因为我害怕击中我的手，也恐怕错过或是犯错误，我可以感觉到这么做没什么好处，而且我也知道，目不转睛地保持警觉以确认一切正常，是新手很容易犯的一种专注力错误。我因此付出了大量的努力，但对工作室助理来说，做这种事则很容易，因为他信任他的手，而我却担心自己的手不听使唤。我能预测到，要是多练几次，我也能过了这道坎，这是情理之中的事。我感到很重要的一件事情是，当我们只会握紧，感到心虚时，知道自己投入的专注力不对劲但又无能为力时，我们要对自己有同情理解之心。这个过程不能靠着意志力硬来。这是意图和专注力的有趣协作。意图是非常重要的。这是你不用费力就可以邀来的方法。意图和专注力一样，都不能握得过紧。要为变化留出点余地。‘邀来’是一个很好的词。我不能靠意志力来改变我的诗歌，但我能通过从外界邀来的妙思改变它们。灵感是不讲规则的——至少我自己的灵感不是这样，但有时候它们会应邀而来。”

那些邀来之思似乎能回溯到不确定性、开放性及参与性上，照我看，对这种邀来之思、这种专注力的回报，可能是对欣赏理解之情的一种强化，是看问题角度的一种变化，能够以新的眼光洞见那些不同凡响之处（例如，蓝杯子），这是一种对事物真谛的顿悟，是日常生活中的“升华时刻”。简给我讲了几年前她与诗人罗伯特·布莱（Robert Bly）会面的事情，布莱曾问她在列举神圣的事物时，是否真的是用一个“普通的白碗”来指代。简告诉布莱：“实际上，这正是我想说的，因为如果它是连续的和相互联系的，你就不能把普通的白碗分离出来，与接受上帝和天使相比，还是这只碗让我舒服多了。”简对我说：“他确实听进了我的话，后来他写了一些东西，表明自己了解并尊重这种说法。”

通过围绕普通事物打开一个空间，它们的这种转变，就朝着斯坦纳所描述的扩大迈进了一步。简指出："我们从事艺术，就像我们去图书馆、去教堂一样；能让人们安静下来的地方，就是那些更大的事物能够进入我们内心的地方。"这些更大的事物能够使非存在和死亡的生成和展现成为可能，这能"使读者产生惊奇，从而远离一般的恍惚状态，通过密切关注专注力本身的地盘，来扩大可承受的现实"。她用自己多年前翻译的和泉式部（Izume Shikibu）的一首诗来阐明这个过程。她说，在日本诗歌的意象中，经常用月亮来象征苏醒，只有允许和体验各种各样的事件与感受才能实现觉醒：

尽管这里
狂风大作，
月光
也从这幢破败屋舍的
屋顶木板之间倾泻而下。

只有通过天花板上无防备的"破败"空隙，月光才能照进来。简评论说："对我来说这是一首改变生命的诗。因为这首诗，我掌握了词汇、语法知识，我理解到此中有一些真正伟大的内容，但我还不能很清楚地理解它所表达的意思，只有在真正理解之后，我才能翻译它。最后，在我真正理解之后，这首诗的寓意就变得显而易见，而且这首诗改变了我与一切事物的关系。那是在 1985 年，它显然改变了我与困难和苦难的关系——我认识到，如果想过人类的生活，就必须做到心甘情愿——你不能只说请给我月光，因为如果你拒绝了月光，你就拒绝了一切。如果你拒绝了痛苦，你就拒绝了月光。你不能油盐不进。因此，这首诗实际上改变了我在做人、生活，以及如何经历这个世界方面的关系。很高兴你能引用它，这样它就可以帮助到其他人。一旦我能翻译它，那么其他人也就可以食髓知味了。"

她写道："诗歌是从认知和确信的破裂处产生的——它并非从理解处开端，而是从情愿处开端，是不设防地与到来的任何事物遇见。”清晰、节制而不杂乱，俳句这种形式最能证据确凿地表达出这一点。俳句是开放性专注力的小宝石。松尾芭蕉作为最著名的俳句诗人之一，也以他的俳文而闻名，他将游记与诗歌结合起来。赫斯菲尔德写道，她“本人更关注游客专注力的品质，而非目的地在哪里”。就像赫斯菲尔德说的，由于专注力能够达到这样一种精度，因此一首好的俳句既指向世界，又指向自我，不过它所指向的这个自我是超越性的，解脱了的是被它的世界性意蕴所放大过的自我。另一位深受佛教禅宗影响的加州诗人加里·斯奈德，也解释过这一超越自我表现而进入存在的旅程，他写道：“每首俳句都是一首忘我的诗。俳句可以存在的唯一方式是这种瞬间达到的清晰的无我状态，自我根本就没有办法把它搅乱。”正如赫斯菲尔德所言：“他们从任何单一或绝对的故事中把自己的心智解脱出来，把我们从非要笨拙地将世界分割为主观和客观、自我与他人、病态与繁荣、自由与努力的执念中解脱出来。”她表示，艺术本身永远都是不够自足充分的。“任何艺术品存在的基础都是人类的生命、灵魂、理智和感情，及其唤醒的上述几者之间的转变。”这是艺术家和读者或接受者之间的转变。

对诗人和听者而言，要把降临到我们生活中的任何事情都接收到，要能实现转化，就需要保持专注力和开放性。只有这样，诗歌作品才能捕捉到这一刻的微妙之处，捕捉到这一刻的闪光点，让这普通一刻灵动起来，并用最晶莹剔透的形式表现出来。我认为，诗歌中的语言是最富揭示性的，也是最能描述行为的。正如保罗·策兰（Paul Celan）写下的这句话：“在一首诗歌中，真实的事情发生了。”海德格尔写道：“思想和诗歌本身是最原始、最本质的，因此，这也是语言通过人的嘴巴所表达出的最终话语。”在他后来的作品中，海德格尔经常求助于诗歌来表达言说（这也许与简·赫斯菲尔德所称的“不可说”相去不远），这与用来讲话的普通语言相反，是一种诗性的理解，也就是一种创作。

他写道：“反映主观的言说就是诗歌艺术……诗歌就是对存在者无蔽的言说。”而且，他认为，“艺术的本质就是诗歌”，甚至“所有艺术就其本质而论都是诗歌，因为它们都是让存在的真相得以显现”。他以诗意的形式写作，并表示：“有思考的诗歌就是真 / 是存在的拓扑。”

他还认为，狭义的诗歌只是一种“真理的投影，即在更广泛意义上进行诗歌创作”的模式，并提出“语言作品，狭义上说就是诗歌，在艺术领域有着特殊地位”。因为是语言通过命名首次将存在带入开放状态，只有这样，存在才有了对应的字词和表象。其他所有创造都取决于这一点，并且只能发生在“言说和命名的开放状态”之中。这种反映主观的言说所带给世界的不仅有可说出来的，还有不可说出的。

正如前面所讨论过的，作家们有一个看似矛盾的任务。他们的媒介（即语言）能立刻让他们远离生命的相互依存过程，支持分离自我的幻象，至少在英语中，这是铭刻在语法中的，不假思索地建构我们的思想。如上所示，替代策略的最好来源之一是在东亚诗歌中发现的。大卫 · 辛顿表示：“七世纪前后，中国诗人开始把诗歌剥离到只剩下关键的组成部分。那时他们正推动着语言的锋面，试图让语言指向其自身之外的某种事物。此前我曾用‘能够发声的静默’（voicing silence）描述过这种现象。”在他那本令人入迷的诗歌书《饿山》（*Hunger Mountain*）中，辛顿展示了汉语是如何更好地表达这种沉默的，而且他所做的最成功的尝试之一，就是用西方术语来表达自己的体验。作为对简 · 赫斯菲尔德和加里 · 斯奈德所表达的许多主题的回应，辛顿从道教的角度描述了执着于精神的中国诗人们如何用诗文作为一种修行形式来超越对自我无情要求的勤勉，每一种想法、感觉和记忆都从空无中显现出来，以各种不同的变化形式游荡，然后再次消失在虚中。我看到我从根本上与我们通常所认定的心理过程分离了，我根本上也就是空无而已，看着思想来来去去，听到树叶窸窸窣窣地从光秃秃的树枝飘零而下。

在与大卫 · 辛顿进行的一次很有思想深度的交谈中，他告诉我，他觉得他所翻译过的中国诗人都很简明地表达了海德格尔磕磕绊绊地想要表达出的那种意思，用不着概念和对静默的深刻理解，也用不着对他们的知觉起到关键作用的空无。

我问他，专注力对他有多重要，他回答道："我首先想到的是将这个词改成'专注性'（attentiveness）。它与空无有关。我想，冥想就是对专注性的专注。你首先注意到的是，你的思想在行进中，你正专注地观察着它们，而且你意识到你并非自己的思想。专注性所展现出的首要之事是，你并非一部善于解析的理性机器，如果你继续密切注意，你的思想就会变得越来越安静，然后你就开始注意到思想来无影去无踪。在中国人的思想中，宇宙是由无和有这两个基本原则构成的，佛教有关空的用词是'无'的同义词，所以'无'就是佛教思想中的空。万事万物由此而来，又回归此中，所以'有'就是这万事万物，就是这实证的宇宙，所以当你坐禅时，你会看到思想从无中萌生。专注性向你展现的下一件事是，像所有的经验性现实一样，像所有其他事情一样，意识绝对是相同组织（tissue）的一部分；主观和客观过程并没有本质区别。我们通常假设我们与世界在某种程度上是分离的。我们为什么会这么想，这就说来话长了…… 但最后你注意到的是，如果你打坐的时间足够长，如果你冥想的时间足够长，你就会看到你的思想可能会慢慢沉寂，然后就没有思想了，再然后就只剩下无，只有空。所有的中国艺术都由此生发，因为你将由此认识到，如果睁开眼睛，此时你的意识中空无一物，你感觉自己的心灵就像一面镜子，它恰恰映照了任何你所看见的东西。此外，内部和外部也毫无区别。因此，这是最强烈的专注性，也是最深的精神之所，因为那时你就是远望自身的宇宙，两者之间并没有差别——那里不再有你，只有这个宇宙在关注着自身，这才是禅或禅宗佛教的真正基础。在艺术中，如果是观赏风景画，你就应该这么看，要用你空的心灵去映照它们，而当你注视这样一幅画，你将看到它充满空白、空间和风景，无和有都在画中。我认为在古代中国，这就是专注性的核心，一直到现在仍然发挥着作用，这就是实证性观察；这是意识发挥作用的方式，是事物的运行之道。"

他将这种通向专注性的深层次方法与用于减压和其他目的的正念进行了对比，认为前者显示出有利的一面，而隐藏在正念修炼背后的自我服务意图有点"坐失良机"。另一方面，"古老的道家和佛教禅宗信徒，以及艺术家和诗人们对快乐并不感兴趣，而是对某种类型的‘深居’（deep dwelling）感兴趣，而他们的专注性就是通往这个深居之地的大门。居停（dwelling）是这个由无和有构成的宇宙过程的一部分，因为凭借专注性，你能够真正在此居停下来，变成了这个过程的一部分”。他认为，这种深刻的专注性，这种开放性，正是诗人所具备的：“能够注意到思想诞生于虚无又回到虚无的这种层次，我认为就是专注，我们可以说，诗人达到了这个层次。从某种意义上说，所有思想都是他物，觉得我们就是我们的思想，这无非是一种错觉罢了，因为它们是自主生发的，它几乎就是我们内心深处的宇宙思维。因此，如果你开始关注这点，就有点像诗人的做派了，只是对于诗人而言，它可能会更有趣一点，有可能会变成一首诗。”

他认为，道教和佛教对空和相互依存性的理解使得这种专注性能越过自我而显现出来，但不会以接近西方基督教信仰的方式而与世界失去联系。“专注性是人脱离身份同一性，也就是人们所说的自我的方式。这是一种开放，如果你知道自己正在注视的是什么，就能感觉到自己是其他所有事物的一部分。在西方世界，神秘主义者，或者是那些可能经历过这种开放过程的人，都有一个整体的概念性结构，他们把它解释为上帝的爱或上帝的惠赐或是与上帝的结合。这是一种体验。我想这是我曾经的描述方式，古代中国人也应该会这样来描述它，这是一种对所发生之事的实证性描述，而基督教的神秘主义者会把整个故事都放在这个核心体验上，尽管他们并不真正知道沉默和空是什么，因为他们会立即通过这个整体概念性的复合体来进行解释。”

辛顿在其最新著作《存在》（*Existence*）中，阐述了所有这些能传达中国人观念结构的思想。在这本书中，他通过对一幅卷轴画及画卷题诗的描述，清晰地揭示了中国思想和美学的基础。

这种参与和体验的方式以激进的方式挑战了西方传统。有趣的是，它确实也影响了数位最优秀的西方诗人。加里·斯奈德、简·赫斯菲尔德、玛丽·奥利弗、辛顿以及其他许多人，都被这种看待世界的不同风格所影响。它充满了对处于互相交织中的空与色、无与有、自我与他者的深刻专注和理解，维持着作为居停和在场的诗意表达。这样的基础或许能以最深刻、最不二的方式对奥克塔维奥·帕斯（Octavio Paz）的叙述做出回应：

> 当下的所有诗人，无论其诗歌长或短，如果他们是真正的诗人，就会听到其他声音。这些声音来源包括，他们自己的、别人的、所有人的、不存在的其他人的、不存在的人的。除了做自己的那些瞬间（很罕见的，但很频繁），诗人和其他人没有什么区别，他们也跟其他人一样。

尽管从东方情感的哲学性、艺术性和实践性背景中，更容易创作出这种兼顾理性和特殊性的作品，但一些西方作家和艺术家也清楚地表达了这样的理解。威廉·卡洛斯·威廉姆斯（William Carlos Williams）著名的《红色手推车》（*Red Wheelbarrow*），还有其他许多关于赤裸的专注力的示范性作品都脱颖而出，它们往往都是美国艺术家的作品。鲜为人知但备受尊敬的美国诗人威廉·布朗克（William Bronk）在许多短诗中，针对这种形式带来了西方式的反应；他在作品中，主要论述的是事实或思想，而不是对象，其中，像在日本和中国诗歌中一样，其根基是专注力。莱内·马利亚·里尔克说过，诗人的工作是赞美，布朗克也在诗作《赞美音乐》里说过“我赞美”，甚至从根本上认为，诗人的职责就是关注，即使是当难以言语而且具体内容不可传达时，即使是当“意识可以倾听、尝试，却不能言说”时，我们还是能够关注。在专注力方面，尽管他对世界、自我和意义都抱有怀疑，而且还常与意义进行痛苦的斗争，“地球之美，超越一切变化”，他的专注力得到了顿悟的回报，这是对田野中央一棵树的顿悟：“这棵树！这棵树！”

在一篇散文中，他谈到了诗歌创作中：

> 诗歌是关于现实的，这就像镜头与光的关系一样……当它清晰透明的时候，当它的存在感最弱的时候，才是最好的。此时，它自身吸引的专注力是

最少的……诗歌的镜头从很多来源采集信息，也吸取了许多方面的东西……但它什么都不做，什么都没有改变，它就是聚焦于现实，聚焦于存在于此的东西，而且它会阐释和澄清……为了评判它，人们可以说，作为实验，诗歌是一种关于何物存在的陈述，如此专注、如此严细，以至于它分享了它的主题的性质：存在的事物，就是诗歌；它不是被创造的；它是被专注的。

同时，还有里尔克来自《杜伊诺哀歌》中的第九首的共鸣：

或许我们在此，是了言说：房子，
桥，井，门，水罐，果树，窗子，——
顶多说：圆柱，钟楼……可是言说，懂吗
哦，如此言说，大概连事物也无此意，
仿佛内向地存在。

布朗克继续说道：

难道这不也是人们密切关注的、要求得到最直接陈述的事情的本质吗？我的信念和实践就是，这种呐喊，这些声明，也是诗歌，按说不可能这样，但又的确如此。

诗人的工作是辛苦的、重复乏味的和不可知的，但他说，它留给诗人一份应尽的职责，那份职责就是关注。后来，布朗克修改了这篇文章的名字——将《诗歌的透镜》改为《关注者》。

另一位美国诗人杰克·吉尔伯特（Jack Gilbert），被中国诗人和他们看见水桶中月亮的倒影而产生的纯净的哀愁所打动，对中国文化既有直接的响应，也通过其他很多或短或长的诗歌做出了回应。在和心曲《迷失在黑暗森林》（*Lost in dark woods*）中，却总是弥漫着一种难以言喻的喜悦，除了痛苦，“令人惊讶的还有歌唱”，就像布朗克以关注之情伴随着这个世界，这是一种震惊以及绝望和喜悦之间的勾兑。有一首题为《答案》（*The Answer*）的典型诗作就是从一个问题开始的：

“清晰、简单，就是一次到达 / 或清空吗？”没有答案，只记得走过一个希腊村庄时，有人正在演奏肖邦的作品。在欢乐与绝望的尽头，依然有着“最重要的舞蹈”，他把这句话作为一部诗集的名字。包含着向内和向外的专注力，又有感觉和强烈的形式，这些诗人实现了斯菲尔德所指出的扩大和转变。

利害攸关。保罗·策兰在他 1958 年获得“不来梅自由汉萨城市文学奖”的演讲中，似乎一直在寻求表达这同样类型的专注性。他那时认为，诗歌作为语言的一种表现，而且本质上是一种对话，可以将它视为一封瓶中信，它带着一种知道自己应去往何方的信念而被投放出去，“朝着一些始终开放、始终全神贯注的事物，也许是朝着可找寻的你，朝着可找寻的现实飘去”。使用这个在英文中可以翻译成“attend”（关注）的单词，并且使用这个词的所有义项，他表明自己相信这样的思考之道：

> 关注不仅是我自己的努力，也是其他抒情诗人的想法……它们是那些被人工打造的星星所主宰的人付出的努力，以及那些在这迄今为止还梦想不到的感觉中很可能无处藏身，因此危险地置身于空旷之地，伴随自己的存在进入语言之中，既受困于现实又寻找现实的人所付出的努力。

他后来在不来梅做过一次被称为“经络”（The Meridian）的演讲，其时他谈到了一次神秘的遭遇：“一首诗把专注性奉献给它所遇到的一切，以其敏锐的细节感、轮廓、结构、色彩，以及‘震颤’和‘暗示’……”随后，他又引用了出现在沃克·本杰明（Walker Benjamin）关于卡夫卡的文章中的马勒伯朗士的言论：“专注性是灵魂的自然祈祷。”这样的专注性形成了一种方式，打开了经络，使得与他者的相遇成为可能，他甚至基于此还提出了“完全的他者”（wholly other）的概念。也许那些来自东方传统的诗人会发现他者与自我并未分离，同与异、虚与实——皆非一，也非二——它们是不二性的。

前面我们遇到的许多主题，不同形式的专注力，对自我的约束，不知道的重要性，以及中心性的体现，都反映在我与艾丽丝·奥斯瓦尔德（Alice Oswald）和彼得·奥斯瓦尔德（Peter Oswald）夫妇之间展开的一次引人入胜的对话中，我们在对话中共同探讨了写作艺术的专注力和创造性的错综复杂之处。艾丽丝是英国著名诗人之一，是艾略特奖的获得者，也是第一位特德·休斯（Ted Hughes）奖获得者。她在本次对话结束后发表了最新诗集《苏醒》（*Falling Awake*），针对这部诗集的一篇评论描述她“有着强烈的专注力素质”。她的丈夫彼得是一位杰出的剧作家，也是多部诗剧和译著的作者，还是伦敦莎士比亚环球剧院的前剧作家。我与他们在离达特河不远的一个地方交谈，主题是艾丽丝最喜爱的长诗，很明显，他们都对两种专注力形式做出了区分。首先是他们所称的焦点，这似乎与大多数人所认为的专注力一致，即这是我们对任务的一种自觉定位。对他们来说显然更重要的是，被他们单独称为专注力的，是我上文表达的所谓的创造性或更广泛的专注力，这会以某种方式绕过由意志力驱使的自我。正如彼得的解释：“对我来说，焦点是中心化和形象化的，确实摆在你眼前；而专注力是与周围有关的，还要倾听周围，这就需要清空中心。焦点强化了中心，而在周围发生的事物，也许是一些非人类的事情；专注力是包罗万象的东西。对焦点来说，你有名有姓；但对于专注力来说，你必须清空自己，然后看个究竟。在写作中，思绪起伏不定，你有各种各样的意图和短期目标——写出一行文字、一个场景或任何需要关注的东西，但对我来说，这几乎就像耗尽心智。焦点几乎让我们的头脑劳累到发晕的地步，甚至被彻底打垮，然后就会切换到不需要意志力支持的专注力。也许这就是为什么斋戒和萨满教的修行会创造出一种神志恍惚的状态，这不仅仅是无意识的，还有一种矛盾的目的性。在这种状态下，新的内容从你一直没有看到的周边涌现出来——或者，作为一个剧作家，这也可以说是你想尝试倾听的声音。你的意图本来可能会把这些声音挤走，但在那种轻微神志不清的状态下，你可能会再次听到它们，也许剧本、场景或台词会因此改变方向。我还想到了士兵的立正动作。这里有相似之处，那时你虽然正直直地望着前方，但却没有聚焦在任何东西上。”

艾丽丝对此表示同意，并把谈话转到了节奏的核心重要性上，这就将语言的和音乐的专注力联系上了，并开始了他们两个人关于写作过程的引人入胜的对话。“我认为这真是令人难以置信的精彩表述，我同意彼得的说法。对我来说，有趣的一点是，你某种程度上存在但又不存在的这种悖论，我认为这是与任何艺术作品的争斗。你必须把自己排除在外，但又要保持专注。我对这种说法的技术性很感兴趣，特别是音乐的节奏如何才能达到这种状态。尤其是对那些要经过很多年培训才能形成的口头传统，我想我一直对此怀有兴趣。就拿六步格诗来说，一行诗有那么长，这真能对心灵产生一种震颤效果。它把你的物理存在变成一个不确定的状态，实际上创造的不是专注力，而是紧张，因为它有这样一种流动的方式，会随时改变自己的模式。不像五步格诗，它是从一个非常强的拍子开始的。希腊人发明的这种超凡的诗行会对身体产生一种物理性的效果。它会使你稍微失去平衡，所以你会保持警觉和身体上的紧张感，但在同一时间，这种机制还是保持下去了——诗歌继续一行接着一行读下去，节奏基本保持着一致。因此，这种机械性的效果会让你显得没有什么个性特色，但失衡效应会让你保持存在感和警觉。所以我对一件事情特别感兴趣，那就是诗歌，特别是一些口述传统如何维持这种悖论，并维持在无与有之间摇摆不定的某种事物，我认为这绝对就是彼得的用意所在。你已经掌握了写作所需要的这种焦点和专注力、恍惚和存在，以及智慧和迟钝之间的运动。对我来说，我相信其他艺术会有不同的方法来做到这一点，这完全与节奏的模式有关。这关乎创造性地重复。你正在重复，但是以这种变化的方式，你必须对此保持优势。”

彼得补充说：“我认为，当呼气和吸气之间有停顿时，换行和呼气结束之间就会有一种相似性，此时会有某种新鲜的事物进入。同样在一首五步格诗或者六步格诗的末尾，那里就像有一个停顿，然后才是下一个开始。在这个小的间隙，有一点类似于扩大的专注力的东西，这有点像艾丽丝谈论的震颤，是一种类似舞蹈动作的飘摇。”

艾丽丝接着提出，她认为这就是诗篇能够超越散文所提供的东西："这是很强烈的实际存在。它是这样一种语言之舞。我对'愚蠢'这个词感兴趣，因为你需要一定程度的愚蠢才能让其他东西进来。如果你对自己所做的事情过于聪明，那就是对世界上其他事物的一种抵制。正如彼得所说，你真正想要的是新的输入。你想让自己冷静下来，这样心中就会涌现出你没有想到的事物。"

彼得把这与翻译联系起来，他说："专注力和焦点之间存在着这种区别。你关注的不仅有以另一种语言写成的文本，还有你自己正在写作并聚焦其上的版本，但在这两者之间的某些地方，有一种思维有点模糊的集中点——进入其中的，不仅有诗句的重复，还有一些新的但明显与原文相关的事物，这就是那个间隙。它需要智慧，但不是无界限的智慧，以便在某种程度上，智慧会恰好放手。"

对艾丽丝而言，这让她想起了她在写《纪念物》(*Memorial*)时的经历："当我第一次通读的时候，我真的是很努力地盯着看那些希腊字母。我用上了我所有的不同版本的字典，字字句句都进行推敲和比较，还写下了很多笔记。可后来我把这个笔记本遗落在了康沃尔的一家酒店，本子里记录了我所做的一切工作。我真的是彻底崩溃了——这可是我接近一年的努力成果啊！因此，我不得不从头再来。当时，我暗想，'我真的不能再把这个过程重复一遍了，所以我要摆脱字典，摆脱一切！'我体会到，从身体上体会到，像日食一样的感觉。就好像当我在用所有的纸和笔时，我自己的身体实际上是在文本前面移动着并投下了影子。正如你所知，荷马的作品格外充满光明。当我抛弃了笔记本和纸的时候，我意识到这就像移离太阳，所以其他与我无关的东西就都能够涌上页面，这是一次非常有趣的经历。"

《纪念物》的副标题是"对伊利亚特的一次挖掘"，其依据是荷马的《伊利亚特》(*Iliad*)，这是艾丽丝最新出版的作品。在另一次采访中，与诗歌具有述行性(performative)这个观点相呼应，艾丽丝曾这样评价荷马："他只是传递生命。没有中介。他描述了一片叶子，而你并没得到叶子的摹本，你得到的是一片特有的叶子。”她在其他地方也说过，在一首诗于脑海中形成之前，她不会动笔，这既是说她喜欢让身体参与到写作中，也是说，“这是一个试图通过听，从而把已有事物记下来的问题。这不是创造出什么，而是试着去听见什么”。

我问他们，是否存在修炼专注力的方法，就是那种能为他们提供资源的修炼？艾丽丝的答案很明确：“始终存在。对我来说，我的整个生命都是要保持或形成这种专注力水平。我把所做的一切，都当成工作的准备或召唤。我想，因为长期以来我都是一名园丁，所以我开发出了一种为写作做准备的技巧。这不是说你正在构思一首诗，而只是在不断地充实自己，直到水到渠成，这很难确切地下定义。我甚至不知道我在做什么，但我知道我会在什么时候做。做重复性任务时尤其是这样。那时我周末在一个苗圃工作，他们有一架盆栽机，我发现只是观看它移花盆这件事就能很令人愉快，因为有些事情会浮现在你的脑海中。我真的不知道它是什么，但我发现，除了下厨，你可以把几乎所有事情都变成准备工作的一部分。”

彼得描述了他过去是如何举行复杂仪式的：“在积累下的能量的那些特定点，比如一棵树，我会绕着它走，或者站在原地一两个小时。在伦敦时，有人看到屋顶上的我，会向我大声喊话，问我是不是有什么事情，显然是害怕我可能正在考虑要不要跳下去。现在，我会进行更聚焦的冥想——就像在吸收某种能量，但它肯定与焦点无关。散步——沿着我们住的小巷往下走，这里繁花朵朵，可以停下来仔细看一朵花，或者也可以只是漫步在两边种着蓬子菜之类花木的地埂上。对我而言，专注力是第二体验，如果没有真正看到过，你就难以命名甚至也画不出来。你不是在看着它，只是外围有这些白色的波浪。一些完全不同的事情正在发生，而且这种能量对于我来说是非常振奋人心的，是一种填补。”

通过重申某些主题在如此多的不同领域中相对于专注力的再现方式，彼得呼应了机械师、作家马修·克劳福德提出的屈服理念：“我认为专注力是一种服从，一种臣服，当然还有行动。我没有受过很好的训练，而是和我的同伴一起投入训练中，我依赖于周围的人。迈克尔·契诃夫（Michael Chekhov）描述了当他离开俄罗斯去德国时，他是如何不得不学会一部分德语并在抵达时现学现卖的，他有这种分裂的体验，在那里他会看着自己在剧院的外围表演。在我身上也发生过类似的事情，是容许或者生成——我不知道究竟是哪一个，这是处于外围的一个明亮球体，对它的专注力创造出我体内的能量，这使我能超越我的正常状态并专注地表演。因此，是专注力导向了焦点。也就是说，这里需要的并不是一厢情愿的相信，我猜测，是对外围存在有理有据的信任和心思坚定的信赖。”

艾丽丝描述了这是怎样发生的：“如果我需要背诵一些比较长的东西，我就会在自己周围生成一个三角形的想象存在物。因此，我会在身前放一样东西，身后放两样东西。此时此刻，我前面放的是一只蚱蜢，后面是两尊女神像，它的形状就像一个楔子。我感觉有安全感，因为我在关注着它们。如果我在看着真实的观众，就会分散注意力，所以如果我已经有了这个‘船头’或‘船身’，我就会觉得受到保护了。”于是，讨论回归身体，回归到具身化的重要性，艾丽丝描述了为集中专注力所做的准备工作：“当我真正坐下来写作，而不是为写作而做准备时，这对我来说就是非常具体真实的。这样，我就会确保自己的坐姿稳定，但也会稍微偏离平衡状态一点点。我发现，如果我过于垂头弯背或跷二郎腿，体内的能量就会在某种程度上受到某种阻碍。我必须端正身姿，以便处于善于接受的状态。”

她描述了与一位日本书法家的会面，他坚持强调正确姿势的重要性，这种态度在西方式情感中是不寻常的。“身体对心智的指导作用令人难以置信。你认为自己的思维被卡住了，然后你只是改变了一下姿势，或者放松一下肩膀，就能继续往下思考了。”

对彼得来说，最棒的专注形式之一就是散步——只是走路，然后留意在你的头脑中会涌现出什么念头：“尤其是如果你一直保持专注，这显然就是在以一种完全不同的方式运用你的身体和精神。然后你就应该出去走走。我还发现，我依照我的故事诗做了很多表演，它们都相当长，我还在外面的旷野上学习了那些诗行。

如果我站在一片旷野、树林或其他什么地方，用很长时间来背诵这些以五步抑扬格写成的诗行，我就会发现周围的事物完全改变了。我认为这是思想的边界在向外围调整，或者是再次清空思想，因为大脑中已经没有空间去容纳思想和背诵的内容了。这并不像是让我对自己有更清晰的感觉，而是让我更清楚地感受到周围的环境，我认为这就是专注力。”

因此，让我们回到定义和大脑中发生的变化，回到默认专注力和聚焦性专注力的神经科学和游移的心智，回到叙事焦点和当下的全局性专注力，回到伊恩·麦吉尔克里斯特和大脑两半球方法。也许在神经科学的描述和理论中所缺失的，但我们一直在谈论的，是创造性思维的运作之道。艾丽丝和彼得所启示的是描述背后的感觉和丰富体验。第二天，我收到彼得的电子邮件，提到了专注力的另一个方面，就是它超过单一焦点的能力，以及它的共同方面。

亲爱的盖伊：

关于专注力这个话题，昨天和你聊得很开心。在与你交谈后，我想到一件事情——阿瑟·米勒（Arthur Miller）在对《萨勒姆的女巫》（*The Crucible*）所做的一篇评论中，谈到了一个拒绝谎言的人物。“请注意，请一定要注意这个男人。”如果他说“专注于这个男人”，就会让人觉得他是在作为一个个体向读者表达自己，但说“请注意”，则往往更像是面向一个群体或人们发言。这让我意识到，专注力具有一种非个人性的品质，如果你集中专注力，或进入专注状态，你就会进入一个消除了个人界限的领域；这带来的效应之一就是，你自己、在场者都被关注到了，所以有一种感觉就是，你在投入关注的同时，自身也从数不清的存在中受到了关注，这是一种非常有治愈作用的方式。米勒呼吁全世界关注这个人，因为这个人一直在关注真相。那么，我想这个主题引起的想法会是无穷无尽的……暂且到此为止吧！

彼得

永无止境。

第 6 章

视觉专注力

当想到艺术时，我就想到了美。美是生命的奥秘。只是它不在眼中，而是在心中。它是我们对生活的积极回应。

艾格尼丝·马丁（Agnes Martin）

与奥斯瓦尔德夫妇的讨论，揭示了在他们心中所谓的专注力和焦点之间的明确区分。对他们而言，专注力是一种创造性状态。这有点类似于保罗·克利（Paul Klee）所写的，艺术家们所修炼的两类专注力。他认为，正常类型的专注力是聚焦在被一条线所包围的正形[①]上，或者有点困难的是，聚焦在线条从背景切出来的负形之上。然而，依照克利的观点，好的艺术家将能够以一种不可分割的专注力对图片中的所有元素保持关注，同时意识到明显的正的方面和更不寻常的负的方面；这种散布的、扫描性的、无差别的专注力能够在单一视图中保持对作品的整体存在的把握。读克利的这篇文章让我回想起，当我开始写前面那本有关空的书时，我的艺术家朋友们在回答我关于空对他们而言代表着什么这个问题时都表示，这是空间或机会，而非仅仅是一种缺失，这是绝大多数人在进行非艺术性交流时的答案。事实上，关于克利所说的第二个专注力形式，艺术心理学家安东·埃伦兹威格（Anton Ehrenzweig）写过对出现在画家和其他创造性工作者作品

① 平面设计中的正负形的概念由原来的图底关系转变而来。一个图形通常包括有图案的部分及衬托图案的部分。属于图案的一部分被称为“图”，也被称为“正形”；衬托图案的部分被称为“底”，也被称为“负形”。——译者注

中的“全空”进行的无意识的扫描。他认为这是无意识的，并指出受到格式塔原则统治的意识知觉无法放下对图形的牵挂，即我们有意识地看到的，总是鸭 / 兔，或是老妇人 / 花瓶图案中所显示的正形或负形图案。现在，在我看来，这可能是由于伊恩·麦吉尔克里斯特关于专注力的两个脑半球模式之间的细致区分而产生的，更多涉及右半球而非左半球的优势，当然这也反映了认为右半球与创造性工作更有关系这种广为传播的不科学的观点。埃伦兹威格认为，这种“专注力的全空”也存在于听觉中，这与克利把完整、宽广的专注力形式描述为“多维的”和“复调的”（polyphonic）是一脉相承的。

伟大的艺术家需要将这两种形式的专注力整合起来，把这种多维的扫描性意识与他们作品中的意识焦点和意图结合起来。画家总是通过对光线的运用来吸引观众的专注力，指明他们希望观众关注的那些方面，直到今天，对詹姆斯·特瑞尔（James Turrell）而言，光线仍然既是对象又是媒介。站在瓦莱塔联合大教堂中的卡拉瓦乔（Caravaggio）的画作《正被斩首的圣约翰》（*Beheading of St John*）之前，我的专注力不可避免地被引至色彩明亮的区域。首先是主体，刚刚得手的凶手弯曲的背部，拿着碗的女人，以及正在倒下的圣约翰的肩膀和脸。然后，随着亮光，专注力被引向第二主体，引向无情的狱卒——监狱窗户上方的两张脸，然后再引向侧面，再引向身体上方的第二个男人。房间的另一边是卡拉瓦乔的《圣·杰罗姆在写作》（*St Jerome Writing*）。在这幅画中，戏剧性的光线将我们的专注力吸引到握着钢笔的手和手臂上，以及桌子上的头骨上，然后才是次要对象——那张苍老、有学者风度且虔诚的脸。在这两个案例中，叙述所要求的亮点都保持在绘画整体的形式平衡中。

元专注力

如果我们总是能认真地欣赏艺术作品，那我们受邀、受教用以欣赏艺术作品的方法就会潜移默化到我们感受世界的方式中去。正如我曾写过的，当我从窗口望向外面的山坡时，它的景色在我看来就像是用大号画笔刷出来的，就像是塞尚的画作《圣维克多山》。我在各种天气之下，一次次观察窗外的景色，就像塞尚描画各种天气和光线之下的那座山一样。在几年后，在几千英里之外，画家凝结在艺术创作中的专注力已经改变了我今早在美国西海岸观看窗前山坡的方式。也许塞尚是一个很好的例子，说明如果我们训练专注力就会有所回报。他对此非常热衷。如果在早期发育后，我们神经系统结构的深刻变化是从被新奇事物所吸引的专注力开始的，或是通过意志练习开始的，那么经过日复一日的积累，就能把他带出来，让其坐观绘画的主题出现在眼前，他可能就会成为后边这个现象的一个突出例子。也许，事实上，他就是因为在暴风雨天气也要出去观察景色而染上肺炎并因此亡故的。对那座山峰进行创造性的描绘让他陷入痴迷之境。印象派画家改变了我们看待景观和事物的方式。每一代艺术家都运用新的表达方式来探索我们与世界的视觉和认知关系。在印象派画家之后，艺术主题本身放松了与“真实世界”的联系。从立体派到抽象派，通过超现实主义，艺术家和观众的视角和情感，变得比任何表象的对象都更重要。随着观众自己知觉的意识越来越居于中心地位，叙事和表现让位于唤起、情感与反思。

“这是画家和观众之间关于专注力的对话，”露丝·尾关曾这样描述道，“这就像小说一样，是读者与作者之间的协作。”抽象表现主义艺术家艾德·莱因哈特（Ad Reinhardt）写道：“如果你对抽象画做出反应，那么它也会对你做出反应。它会把你带给它的东西还给你。”对一些人来说，他们所能带来的东西会引出充足的回报，而对其他人来说，这样的需求也许太过分了。艺术家为了让观众能分享他们的愿景，会不断地探索变化。近日，雕塑艺术家安东尼·葛姆雷（Antony Gormley）宣布他已经回归身体，因为他觉得，那些现代性先驱者们的愿景遭遇了失败［他以皮特·蒙德里安（Piet Mondrian）①、卡西米尔·马列维奇（Kazimir

① 皮特·蒙德里安（1872—1944），荷兰画家。——译者注

Malevich）[1]、弗拉基米尔·塔特林（Vladimir Tatlin）[2]、瓦西里·康定斯基（Wassily Kandinsky）[3]、康斯坦丁·布朗库西（Constantin Brancusi）[4]为例]，他们的愿景是要创建出一种不分种族或信仰，能够触动任何人的正式的纯粹的语言。他提出，这样的失败之所以会发生，是因为“这不够普遍，与体验的联系也不够充分”。因此，他选择回归身体，回归我们共同的体验；但它不是向传统表现方式的回归。他写下了“从作为表象的身体到作为空间的身体的转变……（是）从表象到自反性的转换”。他今天的愿望是把身体带回来，不是以一种表象方式，而是以一种自反的方式，这是把观众的专注力带回到他们自己在时间和空间上的体现。他说，现在的艺术“不再是关于权力和特权，而是关于参与的”。他表示，他的作品“植根于一个人类体验的具体例子。作为取代物，它带着一些可供性（affordance）[5]，充满希望地提供给世界”。

艺术对象或过程是可供性的一个载体。现在，艺术家越来越多地邀请观众去分享他们的感受和处境，他们提供一种体验，而不是一个故事或一个对象。许多当代艺术呼吁观众去体验。我们被邀请去分享当创作者的专注力与世界交汇时的那种感觉。画家肖恩·斯库利（Sean Scully）说过，艺术家不能改变世界，但可以改变观众与世界的关系。

奥拉维尔·埃利亚松（Olafur Eliasson）在一次展览中，以字幕的形式这样说过：“别着急，去感受，当你从沉浸在绿色中到沐浴在粉色的光线下，身体和心灵是多么地不同；去观察，当光线照在被你的双脚踩起的水花上时形成的彩虹。”这样的作品要求一种沉思性的元专注力，即针对参与的体验的专注力。像借助专注

① 卡西米尔·马列维奇（1878—1935），俄国画家。——译者注

② 弗拉基米尔·塔特林（1885—1953），俄国雕塑家。——译者注

③ 瓦西里·康定斯基（1866—1944），俄国画家、美术理论家。——译者注

④ 康斯坦丁·布朗库西（1876—1957），罗马尼亚雕刻家。——译者注

⑤ 也被称为“用途提示性”。——译者注

力本身一样，借助光，意识通常聚焦于被照亮的东西，而不是光照的过程或专注力本身。

也许没有人能比詹姆斯·特瑞尔更令人信服地改变我们与世界的关系，他以打破我们传统看法的方式，揭示并显现了我们的知觉机制。特瑞尔通过用光线本身来雕刻，而不仅是用光来揭示，借以寻求这种专注力。“世界并不是预先设定的一系列事实；我们用观察来建构世界。”他这样表示，并邀请我们来分享他的建构——当然，由于这些建构随后就会变成我们的，因此自然将与他的不同。像许多其他艺术家一样，专注力是居于中心地位的，他的作品既涉及建构，又涉及解构，以及上述所有的陌生化，以便引起新奇的体验。他最早的一位赞助人，朱塞佩·潘萨·德·布鲁姆伯爵（Count Guiseppe Panza de Biume），在提及早期的作品《门多塔堵塞》（*The Mendota Stoppages*）时表示：“特瑞尔能在艺术上做出改变……这是呈现在我们面前的，但由于习惯使之变得困难，我们并未认出来。”正如评论家安德鲁·格雷厄姆·迪克森（Andrew Graham Dixon）曾说道：

> 当鼓励人们参与到周围世界时，要更多地去关注光、空气和大气的影响。他的作品可能热情美丽、具有强烈的神秘感，但作品只是一个开始。这幅作品是如何被意识吸收的，它是如何塑造和改变观察习惯的——这一点非常重要。

这种意识的改变来自对知觉本身的直接体验，抛开了叙述和形象，是一种十分接近于冥想的缓慢且十分悉心的专注力；是先于区别的取向：

> 特瑞尔的艺术那带有迷惑作用的简单形式，可以引导最微妙的体验。通过我们的知觉，在空间和时间上隔离并形成了由光线造成的现象，他的艺术瓦解了知觉性主体和被知觉的客体之间的距离——类似于融合内外的佛教冥想修行，能提升对更具灵性之宇宙本性的接纳。

在这个意义上，特瑞尔把我们带入一种原始的开放性，是先于内与外或空与色之间的区分的可见性概念，这让我想起《婆醯迦经》中佛陀对觉醒之人的劝诫："在看时，就只是看……"事实上，它已被描述为"失去方向感的空无的完整性"，和一些观众"不再知觉，仅仅是看"的某种事物，抛开了思维已经习惯的那种取向。

关闭或剥夺的行为使开放性成为光本身的呈现，这有点自相矛盾。展览策划人权美媛（Miwon Kwon）用"反幻觉主义"（anti-illusionistic）一词来形容特瑞尔的作品，说他精心搭建的构造必须变得无形，"以使它们所包含的看似虚无的存在变成可见的存在"。创作手段的隐蔽性"允许光不作为隐喻或图解，而是作为触觉材料的存在而呈现出来"。把我们从平常的泊定处解脱开的方向迷失（disorientation）和被剥夺感（privation），很明显地存在于那些公然标榜为超感知觉全域测试（Ganzfeld）的作品中，观众在其中被包围在空的空间和无边无际的光里，这是一种类似于在暴风雪中或在云中飞翔的体验——在那里，所有的空间方向感都失去了。这一体验再次被描述为"在看但不是在知觉"，因为没有任何东西需要大脑去理解，并用以定位或体现意义。它可以被比作专注力的第一阶段，正如里克·汉森所指出的，"报警"是大脑区域的一个功能，接近那些当我们体验海洋时感受会被激活的区域，或者甚至是济慈关于负能力和未知的陈述。这种感觉也会在观赏马克·罗斯科（Mark Rothko）、巴尼特·纽曼（Barnett Newman）和艾德·莱因哈特等大师的一些大色域的绘画时体会到。作曲家约翰·路德·亚当斯曾写过这种超感知觉的全视野体验：

> 沉浸在纯粹的色彩中，观众失去了所有的距离和方向感。我渴望在音乐方面有类似的体验。我想找到一个时间永恒的地方，我们在那里倾听，没有记忆也没有期待，迷失在无限的音符空间中。

事实上，亚历克斯·罗斯（Alex Ross）描述韦伯恩的作品是令人心醉神迷的，犹如徒步旅行，走入白茫茫的暴风雪中，"像一个完全未分化的屏幕"，还提出他的音乐给了耳朵类似的体验。

特瑞尔的这种建构有时会分毫不差地从神经学方面把我们带回视觉的基础。他专注于揭示他所谓的“眼睛背后”的幻象并邀请我们与他一起分享。在他的“感知小舱”（Perceptual Cells）系列作品中，观众可以待在一个金属舱中，独自平躺在一个一个充满声音和亮色的空格里。隐藏在这亮色与声音结合背后的意图是，改变参与者的脑电波频率。此系列中的一个作品是《宾杜碎片》（*Bindu Shards*）。宾杜指的是对非显现状态下宇宙的一个梵文的神圣象征，它被视为开始创造的起点，统一性会在很多方面显现出来。它也是一个与精微身体能量有关的密宗术语。

特瑞尔的其他作品，他的“望天空间”（sky-watching spaces）系列作品，把外部的自然世界也囊括进来。这些都是切割出的空间，其中照明和设计构造结合起来，以强化对千变万化的空间给予关注时的体验。在这些天空中，我们体验了通常观看条件的翻转，天空不再是背景，而是作为交流中的活跃部分而回望着我们。“我们的视觉目标，惯常是在身前，现在成了我们的观看行为所处的地方。而我们置身其中。”特瑞尔曾表示：

> 我对人们进入空间后所产生的意识的品质非常感兴趣——当你意识到它就像照相机一样也有一只眼睛，而且空间也以某种方式观察着，还有一种由潜意识形成的观察方式。在我的作品中，人们实际上有一种方法来探究这个问题并对其进行观察，但你需要进入其中才能做到。这就像走入一个用这种特殊方式进行观察的巨大照相机镜头。当我们制作照相机时，往往会忘记它也有自己的观察方式。

像奥拉维尔·埃利亚松说的那样，我们也是观众，也必须慢下来。特瑞尔的一些作品产生于黑暗中，我们的眼睛需要几分钟时间来适应黑暗，这些作品才能真正展现出来。为了最雄心勃勃的计划，他花费了 30 年或是更长的时间，真正去雕刻亚利桑那州的一座死火山，他将这部作品取名为《罗丹火山口》（*Roden Crater*）。在那里，特瑞尔打通了条条通道，把平台和采光井暴露出来，人们可以在其中知觉白天或黑夜。不论是哪种方式，特瑞尔作品的核心体验都是“允许光不作为隐喻或图解，而是作为触觉材料存在”。

我和特瑞尔在康沃尔交谈过，那时正赶上他的两件以一座美丽的花园为背景的作品发布，这两件作品分别是《黑水精灵》(*Aqua Oscura*)和《黄道上的椭圆体》(*Ecliptic Elliptic*)。这座花园坐落在一个隐蔽的山谷里，这个山谷曾经是朝圣者之路的一部分，如今，当代雕塑与非凡的绿植和景观建筑在这里相互辉映。他一开场就表达了自己对户外工作的热爱，对英国游园传统和《富丽秀》(*Follies*)① 的欣赏，以及他对这两件作品的满意之情。《黑水精灵》是在一个长期沉浸在黑暗中的古老地下水箱里，必须最后再看，随着人们的眼睛逐渐适应光线的减弱，才能看到头顶树冠的倒影投射在水面上的后壁之上；而《黄道上的椭圆体》在1999年时，最初是被临时安装于一个椭圆形的太空舱内，是用来观察日食的。

他承认自己的工作确实需要专注力：“我不知道这是一种意图，还是说它只是所需要的一个带有必然性的意外收获。我只是喜欢看到事物随着时间的推移而不断发展，就像你进来的这个水箱(《黑水精灵》)，你在这里几乎看不到任何东西。”

我告诉他，当处于水箱的黑暗之中时，我曾想起他的多部作品带给我们的体验，都是把我们拖离了正常的舒适区，使我们进入一种忐忑不安的空间中。在这里，我们别无他法，唯有期望和等待下去，这样你就会变得异常关注这个专注力过程。他回答说：“其实这将我们带入一个真正的舒适区，比我们在现代世界中所习惯的舒适区更好。它能让你真的安定下来，获得放松，这点我很满意。我认为，这与年龄的增长和能够坦然面对变老这个事实有关。”

我提出这样一个观点：在一个日益世俗的世界里，他的作品所引起的高度专注力可以成为一种精神体验。他回答说：“我认为，在现代世界，我们已经把事情推到了远离舒适区的地步，我们认为这是正常的事情，或者是它们应有的方式，

① 音乐剧名，于1971年在百老汇首演。原名《楼上的姑娘》(*The Girls Upstairs*)。——译者注。

这是非常武断的，但我认为当人们进入某个特定的环境中时，他们就会感到轻松。在这样的环境中，人们不必担心接下来会发生什么事情，一切让自己感到有把握的事情都会如约而至——如果你真的做到了某一点，它就会发挥应有的作用。如果你没有做到，它们就不会再回来，所以你也会忘了它。”

他把这比作食物，说：“有快餐，也有你精心准备好久的食物，它需要更长的时间，还需要等待一段时间。人们需要做到这些，并且还要有一些技能，然后才会获得回报。有时，回报是一件相当微妙的小事。只不过，我们忘记了有些小事有多么珍贵。”

关于他的作品是如何引发专注力的，我有我的看法，对此他强烈认为：“专注力是你给出来的东西，而不是知觉客体对你的本质要求。如果你不给予专注，这个过程就结束了，你就会成为局外人。随着时间的推移，我们需要一种好奇心，也可能是随着年龄的增长，我们就发展出了好奇心。这对年轻人没有问题，他们直接能进入；而那些上了年岁的人则有点进退两难，因为他们既要谋生，又要去体验世界——这是令人感到悲哀的事情。我曾为此担忧过，因为你可能会替那些‘成为局外人’的人感到不好意思——或者你可能会说他们错过了什么东西……这些都是我对专注力的一些想法。现在有一些事情会引起专注力，这些事情就是做出某些东西让你去注意，就是这么一回事。在这方面，我创作的不同作品具有不同的特点。其中一些作品是很不显眼的——你可能就只是扫一眼就走过去了，但有可能会有人让你留意。这也是可以的。在考虑那些事情时我会怀疑自己。但在艺术中你会看到很多这样的事情：一方面，其中很多事情与人们的处世之道相关，还可能与让你震惊的事情有关；另一方面则仅与关注某个现象有关。很多人会错过一些东西——比如彩虹，这是一个自然奇观，但有很多人只顾开车兜风，却不会去欣赏它，但它就在那里。因此，这些安静的东西可能就是我所说的壮观景象，它的存在是很明显的，但如果你不去看，就还是看不见它。”

我们没有看到它，我认为是因为我们总是倾向于以习惯性的方式去看待事物。

特瑞尔对此表示同意，说："我们都有知觉的模式，我们可以称之为'有偏见的知觉'，但这些模式与我们的生活方式确实是一致的，我们的知觉方式与我们能知觉到些什么东西的确有很大关系，我认为艺术就是要改变这个现象。这是它的批判意识之一。我很欣赏这一点，而且我很想知道不同的艺术家是如何做到这一点的。"

他继续说："我始终希望我的作品能具有自我反射性——当你看到或审视这部作品时，你会想到自己应该怎样来看，想到知觉是如何发生的。关注某种现象就是你给予这种现象的回报，也就是说，你给予它，所以我们看到的很多东西其实都是我们自己创造的。所以，并不是所有事物都停在那里等着我们去知觉：有些东西是由我们创造出来的，而且就和这里的背景（指着天空）一样，我们的视觉是被改变过的东西。很明显，我不改变天空的颜色，但是很多人都没意识到是我们赋予了天空颜色，人们不明白我们是怎么做到的。因此，有时我会改变天空的颜色——几乎任何你喜欢的颜色，人们都会对此感到震惊，因为他们没有意识到是他们自己在视觉的背景下赋予了天空各种颜色。这样一来，他们就会认为是我让他们有了这样的体验。然而，其实这是他们正在做的。"

在理想情况下，观众在离开时会在知觉上有所改变。他表示："很有希望。这是一点温和的心印（koan），一点温柔的鼓励。不是所有作品都适合每个人，这一点我已经了解了，也已经完全适应了，这没什么。"

那天夜晚，50 多人济济一堂，在《黄道椭圆体》天空空间自发地静坐了 45 分钟，看着暮色渐浓转入夜间，每个人都迷失在从他们的知觉中慢慢呈现出来的灯光秀中，这场秀围绕着穹顶之上的一个蛋形洞上演，这个穹顶漏进一片天空。随着这个缺口逐渐变暗，直到变得不透明，它变成了一个实心的盖子而不再是一个透明的孔。特瑞尔是一个魔术师，他揭露了真相：他创造出表面上的幻觉，又向我们揭示出其中的矛盾——我们正常的视觉正是创造性的幻想。通过解构和打乱正常的认知，通过邀请我们抽出时间参与这个魔法过程，并向我们展示了我们正常理解的幻象，他向我们揭示了真正的魔法——如果我们肯报以专注的话。我相信在那天晚上经历过这一切的人中，没有哪个人会忘记那段经历。

几周后，在西班牙南部，我睡在一个东向的房间，每天早晨阳光都会透过窗户照到对面的墙上，就像特瑞尔风格的艺术品那样——墙上出现一个分开的矩形光块，有杏黄色的和金绿色的，完全不同于越过地平线上的山峰和头顶的蓝色天空，由窗户本身进入的白色光线。按照在康沃尔郡和阅读佛教经典获得的经验，我享受了感觉器官、感官对象和感觉意识恰巧重合而形成的多层次外观表现。这是创造性的，也是变化多端的，比单一层次的快照式反映要丰富得多，快照式的体验会坍缩成只需单一名词就能命名的印象。

对于特瑞尔作品的许多评价之词同样适用于加里·费边·米勒（Garry Fabian Miller），这位艺术家的作品也多以光线为主题，虽然在规模和方式方面二人非常不同，后者更关注图像的形成而不是纯粹的体验。我与他的谈话重复了在许多其他对话、阅读和观察中遇到过的主题——光线、开放性、对日常小事的感受性和顿悟。米勒是一位摄影师，他的作品来自自己倾注了专注力的生活，引来并融入了观众的专注力。他早期的作品涉及时序图像：一系列被光照亮的光合作用过程；每天从他在布里斯托河口住处的窗户上拍摄的陆地和水之间地平线变化的照片。后来，这种时间序列的映射在没有摄像机的暗室中形成了单一的抽象图像。他的这种做法主要围绕位于达特穆尔高原（Dartmoor）的他家周围相对较窄的区域进行，在这里可以经历不同的天气、季节和光线，因而这个看似抽象的图像“先是经过个人反思过滤，然后再被创作和解读为暗室中的光线活动”。他创作照片的方式是，让一束光通过有色玻璃容器中的液体（水和油），产生光和色的图案，这些图案可以用纸板模板进一步摆布，这些模板有圆形的、正方形的或长方形的，有时还会被刺破。伦敦维多利亚和艾伯特博物馆的摄影展览策划人马丁·巴恩斯（Martin Barnes）曾描述过“通过这一工作过程，艺术家如何充当一个管道——一个身体尺度、一个感觉器官，以及一具针对环境特殊性的心理过滤器”。

当我问加里，专注力在他的工作中的重要程度如何时，他回答道（有趣的是，就像我交谈过的其他几个人一样），他没有过多地考虑过这个问题，但他承认，他对大多数事情都持这样一个态度，因为他不习惯表达或写出关于自己作品的想法。他表示，我提到的这些因为写作本书而交谈过的人，比他更会进行系统性的解释。他说："我想我对所谓的'专注力'很感兴趣，但这只是因为你问到我了，否则我不会有什么具体印象。"然而，我认为，这只是表达和实际做法之间的差距而已，在我看来，他的工作体现了实际表现的而非口头表达的专注力的极大深度，就如彼得·奥斯瓦尔德也说过的那样，这是他的生活，他走过的路，这是为了得到深度而自居于有限的环境之中，这是一种深刻的专注力形式。他告诉我，罗伯特·麦克法伦在回顾自己的《家在达特穆尔高原》(*Home Dartmoor*)一书时，曾形容说他与这片独特风景的一草一木有着慢性的关系。"'慢性的'听起来不像个好词，但这就是他的感觉；在这里，在这个特殊的狭小空间里，这种保持长久关系的需求是如此强烈，因此他才用那个词来描述。我觉得这有点麻烦，因为我会说，这是对某个特定地方完全积极的承诺。如果我停留在这些界限之内，那么无论我在寻求什么，它都会暴露出来，而且相比我去过的所有地方，这里更可能发生这种事情。多年来，我一直相信这一点，所以在投入如此多的时间后，我认为所有该发生的都已经发生过了，而因为过去的一切，所有可能发生的事情也更可能会发生。因此，离开这里会是一种错误，但留下的是一种信仰。同样，相信相同的事物每天在自己的眼中都会不同也是一种信仰；每天观察同样的事物，随着时光流转，你会感觉与其越来越近。我对'曝光'一词很感兴趣。我认为我正曝露于各种可能性之下，而且我认为曝光是积累性的，在我看来，曝光就是对光线和时间的吸收，所有这些在摄影实践中都是很重要的。没有太多，也没有太少的光线——所有的光线都在你的日子里，在你的生命中和它对你的曝光中波动着。我醉心于摄影，因为我认为这是一项重要的人类发明，感光材料的工作方式是通过其表面接触一定数量的光线，并与之发生反应，使事物影像得以保存。若无这些光线，事物影像便无法被保存下来。我想在我的脑子里，正发生着类似于摄影曝光这样的事情。大约是 1994 年，我在日本做了一个展览，其中涉及很多次谈话、研讨会和讲座，我不得不思考很多事情。当时我认为，当你出生的时候，你的大脑里是完全没有光线的，那是一个黑暗的空间，而你的生活就是你通过眼睛接触到光线的过程，然后是图像的质量，这都是沉积或吸收在你的大脑中的。因此，对你所看到的所做的曝光、你选择看到什么、你选择如何生活，就决定了你会成为什么样的人。在我年少时，以及在后来的生活中，我开始明白，如果我离开了我的这个封闭的空间，一切就都会分崩离析。而如果我继续待在这个空间里，所有的东西都还会维系在一起。这是一个相当艰难的决定，但我知道，如果我还待在这个空间里，那么所有有意义的事情都会凝聚在一起，而且在这个框架内，很有可能会发生一些重要的事情，而如果我走出去，这些事情就会散架。这就是我所接受的动态格局。我倾向于认为，这是一些与我所拍摄的照片密不可分的事情；它们是相互关联的。所以人们不仅要重视方法，还要重视图片，它们之间有着紧密的联系，这在艺术家的实践中是很少见的。当然，对于那些习惯了影像表达的人来说，这同样是一件罕见的事情，它会成为一块构件，而你会成为某个视图的参照点。”他的话让我再次回顾本书开篇所载的墓志铭，那是奥尔特加·伊·加塞特的一段话：“告诉我你关注的是什么，我就知道你是什么样的人。”

加里的体验和专注力在照片中得到具体体现，随后又对观众产生了一种特殊影响。他解释道：“有时候，当我去看展览时，我能体验到他们从作品中得到的回应。我相信，所有我正在看的东西，虽然在图片中难以明显看见——这是隐含于照片中的能量——都来自整天地观察，还有一些我无法表达出来但已经被内化吸收的东西，这些事情中有望包含着一些未能说出口的事情。在日本，观众们会对作品做出反应，在和我谈话时，他们会摩擦自己胸部这个位置（指点），他们会谈论正在发生的某一件实实在在的事情。你知道这些人都是普通人，他们有信心对你说这些话，而这里的人却缺乏信心去尝试表达他们位于照片前时的感受，所以他们可能什么都不说。如果你能领会待在一个地方所形成的那种小视野，你就会领悟它的影响力，也能明白我为什么可以年复一年地把照片卖到世界各地。所以说，这意味着我的‘达特穆尔中心观’是一种全球性的多元文化体验，所有的一切都来自这个地方。这可能是最让我高兴的事。”

我问加里，关于让这种强化的体验、精力和专注力，在一个越来越世俗的时代充当某种精神体验的可能性，并谈到了奥拉维尔·埃利亚松和詹姆斯·特瑞尔就是这样的艺术家。他把自己作品的不同点归结为规模较小，不需要安装，也不需要搭建建筑，但也提出了本书另一个反复出现的主题——“日常崇高”（everyday sublime），即在日常或家庭生活中获得的那种非凡发现。“关于这些艺术家们的说法是，应当用‘精神的’等词汇来描述他们。因此，你会意识到，他们满足了某种与宗教教派无关的观点和人们内心的需求，你意识到这很重要，而且它们所体现的价值并不是艺术世界所体现的价值，因此他们正在挑战着艺术世界，但当艺术表现得恰到好处时，它们就会成为艺术史上的中坚力量，并且会有一个非常明确的市场。我不觉得这有什么不好，但当艺术作品占据了受人崇拜的偶像般的地位，成为人们必须前往的圣地时，它就会变得很危险。我过着平凡的生活，我想让艺术存在于平凡的生活中，而那些你在今天下午所体验到的这种转化经历，只会成为你生活结构的一部分。你可以过普普通通的生活，不需要去游历那些包含有特殊体验的神圣建筑。如果你能去那里，自然很好；但如果不能，它就必须以其他方式体现出来。我会把它描述为家庭的，只是日常生活的时时刻刻，这是一种与纯净和神圣相反的东西。”

他承认，他很珍视这种他所谓的“约翰·克莱尔（John Clare）传统”的浪漫信仰：其中有很多人，他引用了牧羊人和灯塔看守人，这些人理解这类事情，却只是过着平凡的生活。他们经历了某种“特殊体验”，这种体验既不可见，又哑然无声。他对陶工的工作感兴趣，并将此奉为传统上和实践中的生活理想，他将理查德·白特曼（Richard Batterham）引证为一个致力于工作的典范，认为这种有用的感觉体现了他的创作、功能、目的、物理过程和生活方式的紧密结合。然而，他也认为，一种更关注于眼前的生活，是通过不同的地点和工作来展现自己的，也并不显得等而下之，只是显得有些不同，并承认了他那种献身性的生活很不寻常。“像我这样的人有一种浪漫的想法，因为大家认为我们与众不同。我对这种说法并不会感到很舒服，但它的存在是件好事，否则我感觉人们就不会愿意考虑把这当成一种生活方式，而且如果我选择这样的生活，我就会发现一些舍此方法我就永远不会发现的东西。”

我觉得对这种“舍此方法我就永远不会发现的东西”的探索，是深层艺术专注力所关注的另一个反复出现的主题——寻找顿悟。加里对此表示赞同：“很明显。顿悟是关键。”早先他曾经写过：“我正在寻找并试图发现一些东西。如果我围绕着这些路径来组织我的生活，就有可能找到它。”因此，他的生活体现了对某种事物的探索；回到同样的地方，思维开放到允许一些意想不到的事情发生，让自己有可能在那里发生一些非同寻常的事情。他指的是弗吉尼亚·伍尔夫在她的日记中所写到过的，关于观察夜空中月亮的经历，那是“一种伟大而惊人的感觉，想要的就是它”[在回忆录中，伍尔夫描绘了这些“单独的存在的瞬间”(separate moments of being)，它们被嵌入很多“非存在的”(non-being) 瞬间中]。他解释道：“我对日常生活中平凡的家庭生活很感兴趣，顿悟经常以一种让人兴奋的方式显现在这样的生活中，这就是生活应有的模样。”他描述了一次他与孩子们在一起时的经历：“我们正在主城区沿着一条通向大海的小巷向前走着，明媚的阳光照耀着大海，一堵白色的光墙顺着小巷照射出去；我记得面对此景，我那几个小孩子们说道，‘哎呀，老天，感觉突然什么都明白了！’他们知道我已经完全沉迷于其中，他们知道这就是所有的一切，也是我一直尝试在做的事，而且没想到这种感觉会在此刻出现，所以他们会来向我打趣。就是这样棒！只要你能把它放在心里，就可以得到满足。这就是你一直寻寻觅觅的东西，但是你必须投入时间。对我而言，这是一定环境里的时间，是我选择相信能够给我带来这种感觉的环境，但作为艺术家，在我看来，这是在暗室里的时间。对于另一位艺术家来说，这也许会是在画室里的时间。我不知道人们是否还能理解这一点——艺术家在画着、站着、实际接触材料，然后也许会放弃这一天的工作成果的想法。”

他对某些英国具象画家（figurative painter）赞誉有加，如弗兰克·奥尔巴赫（Frank Auerbach）、迈克尔·安德鲁斯（Michael Andrews）、尤恩·厄格罗（Euan Uglow），对难以置信的虚无主义也赞不绝口。他说："他们把每天的画作毁掉，第二天再重新开始，就这样度过50多年。他们体现了一种艺术家的特质，这种特质承诺的强度上是罕见的，并且相信通过和一个人一起对这个图形看上多年后，他们就会到达一个他们原本无法到达的地方。这很神奇，对吗？这就是一种出于信念的行为。我相信，如果你投入时间和专注力，那么无论是否有回报，这都是一种出于信念的行为，但我认为我现在的体验就是这样的。"

虽然他很欣赏詹姆斯·特瑞尔的作品，但本着对家庭生活和平凡的重视，他还是致力于以他自己的一种理念来创作。对此，他解释说："创作不存在任何复杂性的艺术作品。在我最近的爱丁堡展开幕式上，你能意识到一种位于空间中的非常直接的生理刺激——观众还不清楚发生了什么，不知道这些光来自哪里，它们不是来自已经建构好的复杂结构，而是来自图片的内部……有一种真正的兴奋感——随着更多人进来，房间在光的物质层上营造了一种兴奋的感觉，营造出它影响人们以及与之交谈之人，整个事物都有某种能量，让它能表达自己——这是强烈暴露在其下的一个真实实例。当我在外面看风景或当我在暗室时偶尔会有那种情况，但总体上是相当稳定的，它是一种规律性和一致性，在各种天气中都存在着。这就是积累，可能只是一些好的瞬间，但总的来说，这只是日复一日的积累。"

他谈到了他的这种做法行将结束，因为对这种燃料破坏法（dye destruction process）来说，必不可少的相纸供应将在未来一两年内告罄，并提出，在这种压力之下，照片明暗对比将变得更加强烈。"随着年龄的增长，我喜欢的照片的风格将变得更生动，对比更强烈，这样它们就能以一种更直接的方式释放能量。我认为有些人不喜欢这样，因为这样一来作品就会变得更加戏剧化，气氛也会变得高度紧张；他们喜欢一种更安静、更超脱的图像。我之所以这么做，也许是因为我觉得现在的人们需要类似的图像。也许我想要得到的是快速的效果。让它们呈现这样一种状态，是我正在做出的选择，尽管这不适合他们而只是适合我，因为我感觉剩下的时间已经不多了，我想我更有兴趣尝试做到这一点——不管这是什么事情，我都希望它是非常直接的，非常积极的，并能用一种非常强有力的方式抓住你，让你专注于那里。我想这和时不我待有关，我希望能更快地达到这种境界，而不是像以前觉得自己还有大把时间时那样从容。我觉得体验应该在最佳、最高点上结束。它不应该只是悄然消逝。我的态度是，当它结束时，它应该是一种令人难以置信的兴奋感，感觉达到了那种境界，而不只是静静地接收到一些东西，然后再悄然消逝。艾格尼丝·马丁提供了另一种观点——'安静的最后一息'。然而，我想让它成为你昏睡之前的一个令人欣喜的瞬间。我认为艾格尼丝·马丁的观点是，人们对目前的状况感到更舒服，感觉更能接受，这是个更安静宜人的最后处所。我非常同情那些选择在北方灵魂音乐和锐舞[①]及类似世界中生活的人。我已经选择了拒绝成为那些世界的一部分，但我认为居住在那些地方的人们正在寻找一些我觉得非常接近的东西。"

作为开始，加里已经用经典的西霸（Cibachrome）打印机完成了 60 多幅大型数字作品，将来他还会有一系列的陈列工作要完成。他每年只拍摄 12~15 张照片，仅是陈列这些作品就足以维持他的生活。他期待着为自己的作品建立一座展览馆，慢慢地观看自己这些作品，而不是投入新作品的创作。这与吸引我们注意力的新奇感正好相反，更接近于温德尔·贝里精心描述过的那种有意吸引注意力的做法，事实证明，贝里对加里来说非常重要。"他实践了我们所谈论的事情，农耕生活和来源于此的作品。"

尽管加里认为这是一个浪漫的观点，他对牧羊人、灯塔看守人和家庭陶工的

① 锐舞是起源于英国的一种文化现象。锐舞的英文"rave"，原为一群人聚众热闹之意。后来它代表在 DJ 打碟号召之下，打扮入时的年轻人沉醉于 DJ 播放的新派舞音乐之中，通宵达旦，热烈起舞。——译者注

描绘可能看起来属于更早的年代，但正如我写过的，关于自然书写、对地方的依恋，甚至是牧羊人生活的书籍，却列在当前的畅销书排行榜上，这也许表明了对专注力的承诺的重要性，这种承诺是深刻的而不是宽泛的，即使它通常只是被间接接受。

空的美学

佛教作家斯蒂芬·巴彻勒也是一名摄影师和影像制作者，虽然他的摄影作品全然与众不同，他对我与加里谈话中涉及的很多话题有共鸣。在一部关于佛教对艺术影响的书中，有一篇文章题为《看见光明》(*Seeing the Light*)，巴彻勒在其中提到的两个主题，在我围绕着空和专注力的旅程中不断出现，那就是专注力本身和拼贴艺术。利用偶然拾得的天然艺术品制作拼贴画的实践使他意识到，照片也是一种拾得的天然艺术品；图像的原始数据被给出，然后那些“在视觉领域中的瞬间”就像用于拼贴的碎片，可以在取景器中进行组织，从而创造出一幅图像。优质图像所需的专注力和感受性是培养意识和转化知觉的途径。他引用了罗兰·巴特（Roland Barthes）在《明室》(*Camera Lucida*)中的观点，把照片及佛教的空和本真（suchnes）思想之间建立起联系，认为照片是捕捉瞬间偶然性和短暂性的不可重复的独特事件。“为标定现实，佛教讲‘空’，即虚；但最好的仍是‘真如’(tathata)，是这样、是那样、是如此的事实。”然而，抛开具体的佛教观念，在直接传达他的实践时，他表示，像冥想一样，摄影也是一个挑战他的假设的工具，这种假设就是，世界似乎只是人们第一眼看到它时所呈现出的模样。

在与巴彻勒最近的一次谈话中，他表示：“我本人只发现冥想中的专注力培养可以顺畅地引入摄影、拼贴或文学创作方面的专注力运用中。我不认为它们是完全不同的东西；区别只在于它们所指向的目标不同。相比注意你的呼吸、你的身体或是你周围的声音，在制作拼贴画或拍照时运用的专注力，是出于完全不同的意图。这似乎是一种渲染某物的方式，冥想在某种程度上被相对抽象为作品的制作。”

他通过评论佛陀不断使用比喻的方式来说明这一点，佛祖用比喻比较了冥想与工匠的工作。在《法句经》中，佛祖把造箭的工匠和引水的农夫比作训练自己心智的智者。在关于冥想的主要教义《大念处经》中，他把那些进行长短出入息修习时，能觉知到或长或短气息出入情况的人，比作知道何时该进行或多或少转动的镟木工人。在另一篇文章中，还有一个关于金匠的比喻。

“他一定是密切关注着工匠的作品，这是佛教理论中的一个没有被提出的元素，因为它变成了心理学，定义了什么是正念，也变得与工作本身的表现脱节了，而佛陀似乎是在对工匠作品的观察中提取了有助于我们理解冥想的恰当比喻。我认为这很重要。按照我们从《圣经》学者那里学到的说法，一段文本更早而非更晚的可能性就在于，其采用的比喻和寓言比论证更多。随着传统的发展而发生的状况是，你会失去那些具体的例子，问题变得更适合推论、分析和进行抽象。正如我们在《阿毗达摩》中所看到的那样，事物是按照它们是什么来描述的，而不再按照它实际执行的任务来描述。像镟木工人这样的例子就清楚地表明，关注的行为不单是在你意识中正在发生的一些纯粹主观的个人性行为，而且是关于你与世界的关系。它与你如何与周围环境对接，以达到一个特定的目标有关。在那里，我认为它回到了我刚才所说的拼贴和艺术——它转回到了工作，变成了行动性的。”

巴彻勒认为，摄影就是一种专注力实践，照相机是一种以新的方式看待世界的力量，因为镜头不受我们头脑所强加的编辑影响，也不会按照我们的需要、目标和偏见来排序。他在一系列关于反射影像的照片中说明了这一点，展示了照相机是如何一视同仁地对待商店橱窗里的反射影像的。然而，我们日常思维的趋势是优先考虑自己关注的对象（橱窗中的物品），并编辑反射影像，这只是模糊了我们想要看的东西。

他还认为，我们把所看到的东西设置成艺术品的方式，是把世界上的物体转变成比我们所看到的总和还要大的东西。在他的照片和用于拼贴的材料中，他选择了那些通常不被重视或被低估、被忽视的东西和材料，使人们更加关注那些普通和世俗的事物，再以超越它们的平凡性的方式来看待它们。

当谈到这一点时，巴彻勒对我说："我注意到，在拼贴作品中，对偶然发现的天然艺术品进行加工的兴趣，就是开始关注这个世界上那些我们习惯于弃而不用，或者根本没有注意到的东西，而且这是一个深思熟虑的选择。当然，这非常类似于正式的冥想练习，在这种练习中，你会注意到你通常不会注意到的那些东西——你的身体、你的感觉、你的情绪状态。而且，当你升到更高一级的时候，还会注意到这些东西是无常的，是苦谛（dukkha）和无我（anatta）。在佛经中有一段，我记得是有人问舍利弗（Sariputra），'您会把如理作意交付给什么呢？'他说，你向五蕴付出了体觉专注力，五蕴就是无常、不满足、无我和空，这里重要的是'就是'（as）这个词。这不仅仅是用眼睛去看这些事物，还是有意识地去关注你的经历中某些部分的特征，对此不管出于什么原因，你原本是要么否认、要么屏蔽、要么忽略的。同样地在做拼贴或摄影的时候，你必须要训练自己去注意那些原本看不到的东西。因此，对我来说，禅修在佛教框架中的培养和在这方面的应用之间有一个非常明显的连续性，这不仅仅是在他们都要求专心这一有些模糊的意义上，还是一个非常清醒的选择，即去关注一些我们通常没有意识到的事情。我认为这是艺术的一个非常重要的部分。对我来说，好的艺术不是要创造出美丽的东西，而是要创造一种能让我们有能力，或迫使或是冲击着我们，以新的眼光去看待世界的东西。从这个意义上讲，专注力在某种程度上是发挥启发作用的，是给人启蒙的。当然，这与佛教的修炼是非常接近的，只是它是在一个更为包容和具体的生产领域中运作的。这是实践和应用。"

在一次访谈中，巴彻勒写道，要静下心来解构我们习惯性的知觉模式，让永不消停的叙事停下来，直到某种东西开放成"一个不仅更加清晰、生动，而且更加美丽的东西”。他从关系的角度描述了创作拼贴画的过程：与环境和身体的物理性关系，手与身体的配合，纹理和触感与创作过程，以及可能性与秩序的关系。要在其组织结构严格的网格模式之下，以及不允许两个完全相同的部分邻接这一规则之下，去寻找材料和顺序，就形成了众多的可能性。他把这与佛教中的中观思想的同一性和差异性思想联系起来。据此，这些范畴无法把握生命本身的偶然性、流动性、涌现性和展开性。他的作品随后以一种有助于揭示世界对这样经典的语言范畴来说是无法简化的这种方式，来戏弄同一性和差异性之间的紧张关系，这就是“空性或空”。在最近的一篇文章中，他提到了“空的美学”，这种美学“源于对同一性和差异性，以及自我和其他之间的区别的不可侵犯性的悬置的信念，同时突出了一旦这种二元思维被放松时，所显露的生命光芒四射的偶然性”。

这种“空的美学”把他的艺术实践与佛法修炼联系起来，把伦理与审美统一起来。它们之间的联系是专注力修炼，当他的拼贴画中那些原先是被丢弃、被拒绝的元素被转化为艺术作品时，专注力实践可以以一种更新鲜、更丰富和更具转化性的方式来揭示世界。

多感官的联结

在与埃德蒙·德瓦尔（Edmund de Waal）的谈话中，我重申了对专注力和身体接触、手和身体、质地和触感的关切。埃德蒙是一名陶艺家、艺术家，但也许更广为人知的是，他是一位作家，著有《琥珀眼睛的兔子》（*The Hare with Amber Eyes*）。这是一本畅销的回忆录，记载了一系列美丽的物品［日本的根付（netsuke）①］以及围绕着它们收集起来的名人生平和故事。如今，埃德蒙已经将陶器从工艺的范畴带入精工的甚至概念性的艺术世界，他那些静静地摆着瓷缸瓷碗

① 根付是日本江户时代的一种微雕工艺品。传统和服没有口袋，便以根付穿线固定小袋子，挂在腰带上，类似于今天的手机坠饰；其造型多变，能侧面折射出世人的生活面貌。——译者注

的橱柜和架子，被安放在从富丽堂皇的家庭到画廊的各种环境中。我在位于伦敦南部的“埃德蒙工作室”里见到了他，感觉就像走进了他的工作。这是一个巨大的、无遮掩的、棱角分明但又光线充足的空间，通体白色，只是偶尔有一丝灰色，空气中飘荡着巴赫康塔塔（cantata）[①]的声音。我们首先谈到配合他的一本关于白色和瓷器的书，即将在伦敦皇家学院举办的一次展览。我认为有必要认识到这里的区别——它远不止是关于白瓷。我发现埃德蒙所写所讲的关于留白的观点与我所想所写所发现的关于空的观点是有共鸣的。他曾认为留白是“一个观察世界的舞台”，因为“它迫使其他颜色暴露自身”。这正如我对空的感觉一样，我认为白色能引发人们的专注，因为“当我们看到白色时，会更加努力地去观察”。他同意他的作品与“空”这一观念的接近性，说他把自己定义为“一个不创造形式而创造空或空间，创造一个空间序列以及一个空的系列的人”。我较早时候读到他曾这样说过：

> 我完全记得自己小时候对创造空间的想法抱有浓厚的兴趣。这与从外面看它是什么样子根本无关，而是这种创造一个内部空间的想法，在我看来非比寻常。一直到44年后的今天，我仍然能体会到这种感觉——这是一种非常奇怪的来自身体和肉体上的东西。在这个世界上创作一段音乐，创造一个空间，定义出一些事物，这是非常奇特的事情。这就像是抓住了一个不真实的世界中的一点点。感觉这只是暂时的，只是短时间的把控。

当我问他在工作中的关注点时，他回答说：“我感觉非常关键，而且我自己也越来越关注的一件事是，有必要让事物慢下来和暂停一下，所以我在工作中尝试去做的一件事就是，为需要引起专注的事物构建出能让人暂停下来的空间和结构。因此，当我用大量陶罐来布置一个玻璃橱窗的时候，在里面也留下了大量的空间，我很希望能够运用这些暂停和间隙、空和空间，以及这些容器，一起来创造一段

① 意译为清唱套曲，是一种包括独唱、重唱、合唱及表演剧情的声乐套曲。——译者注

持续的时间，一种时间的空间，来让你放慢速度。专心致志是绝对重要的，这是一项在当代人的文化生活中并未大量存在的技能。”

埃德蒙描述了自己是如何通过当一名陶艺学徒，以及“通过与杰弗里·怀廷（Geoffrey Whiting）直接的接触，学会了这种专注力技巧。怀廷不仅是一名陶艺家，还是一名来自贵格会家庭的正在修行的佛教徒，因此他作为学徒受到了一些有趣的纪律约束。他努力尽可能地在沉默中工作，而且对完成任务所花费的时间要有清晰的感受——这不仅仅是指获得一项技能（‘最早的一万个陶罐’）所花费的心理时间，还包括你对正在做的事情所投入的专注力，对当时年幼的我来说，这可是一次难忘的体验。我很早就选择去当一名陶工，这个意愿就是在这次经历中产生的。在我看来，这是一种非常好的生活方式，似乎是顺理成章的。在我见到他的时候，我大概 12 岁，已经非常喜欢陶艺了。当听他谈到这件事如何会用尽人的一生光阴时，感觉很自然。我听到他这么说，对他所说的事心有戚戚焉，也感觉是一件非常自然的事情。在我看来，专注力大有必要的想法——或者说专注力是你学习的基础的想法，是完全合理的”。

我问埃德蒙，早期在陶工轮上亲身进行的那种专注力实践，对他在其他领域的工作、写作和艺术创作是否产生了影响。他回答说，有影响，而且还有着深刻的内在联系。其实，在我们说话的时候，他就向我展示出了这一点——一边说话一边拉出一批各不相同的小瓷器坯子。他说：“对我来说，写作和制作之间存在着深刻的联系。而且我觉得显而易见的是，文字和物体一样需要我们给予同样多的关注；从某种意义上说，这些字词也是对象，需要小心地加以处理。我在成长过程中最为热情地阅读过的是诗人、艺术家和作家大卫·琼斯（David Jones）的作品，他写了很多关于词的‘客观实在性’的东西，对我的注意力有着深远的影响；每个词在某种程度上都是一个化身，是一个完全分离和离散的东西，需要被非常小心地对待。琼斯不仅是一位诗人和画家，还做碑文，用词句来创建艺术。在我看来，这是一个非常美好的想法，文字能够引起所有这些不同类型的关注，它们在某种程度上是实体性的。”

埃德蒙为大卫·琼斯的展览制作了一个装置，这是一个装有 16 个白色器皿的壁挂式玻璃橱窗，名为《如果我们够专注》（*If we attend*），这个题目本身就是从琼斯的长诗《咒逐》中引用的。但埃德蒙说，在拉坯、写作或制作时，专注力的方式是有区别的。“它们并不会彼此映射和拷贝，而是互相之间有所不同。首先，从身体的感觉上看，拉坯能让人放松，因此我想在和你交谈时拉几个陶坯——这样虽然我正在关注着我正在做的事情，但同时也从这种关注中解放出来了，因为它如此具体地表现为我的经验——就是一系列的动作。对我来说，拉坯的好处当然在于这是一项坐着不动的工作。这并不完全就是禅宗的打坐（zazen，即坐着沉思），但这是我正在这个世界上安放着自己，是在关注着这个世界的某一点。而当我写作时，是在运用着另一种不同的专注力。对我来说，在制作时的专注力是最完全的，我对字词会有很强的视觉 / 听觉体验。当我写作的时候，我是在非常刻意地创作一个页面、一个段落、一个短语，有一种特殊的意识，一种特殊的专注性在持续着。但我讨厌在写作的时候坐着不动——当我写作的时候，也的确很难做到坐着不动，这会让我产生紧张感。在理想情况下，我愿意站着写作，就像一个中世纪的和尚那样，不过手中用的是文字处理器！在这种情况下，我还是会有一种与前者不一样的紧张。作为一种体验，它们几乎是和谐一致的，但又不完全如此。”

埃德蒙和我说过，也在其他场合谈到了他为何喜欢在制造过程中交谈——因为这样他就能摆脱刻意心态对制造过程的影响。他说，他的专注力就在触摸之中：“思考是通过手，也是通过头脑。”他与马修·克劳福德和斯蒂芬·巴切勒的想法很有共鸣，对目前人们对触觉缺乏专注力这个问题表示关切，担忧那种似乎根深蒂固的对抽象的清晰性热爱，再加上数字技术的不可阻挡的崛起，使我们更容易落入一个缺少真实触觉的有点类似于洁净无菌的生活状态。

他跟我说，他从做陶工、创作自己的作品，再到用展览装置填满美术馆，这就像是从文字到句子的移动。“从单词移动到句子的快乐能把你带入诗意中。它能让你找到言说事物的方式，使之更有节奏、更朦胧，而不是像厨房里的杯子、橱柜里的一堆碗那样平铺直叙，一览无余。所有这些我都很喜欢，你可以制造诗意，你绝对可以用这些物件来创造出诗意。对于很多人来说，这完全是使人感到神秘困惑的事情——他们看到一个箱子里有很多罐子，然后就会走开，‘这个箱子里有很多罐子’——我对这一点也不关心。这是一种语言，所有的新语言都需要一段时间，才会引起人们的关注并从人们的关注中产生。专注力就会出现。”

我早些时候读到，埃德蒙自认为是“一个用陶罐的诗人”。音乐和诗歌对他的陶艺作品影响深远。他的一场展览受到了保罗·策兰诗歌的启发。就在我们谈话的时候，他的工作室里还飘荡着一首晚期巴赫康塔塔优美的旋律。他解释说：“我仿佛看见了一些伟大的德国教堂的立体形象，听到这首乐曲的旋律如何飘荡在那座教堂里，因此我的手很想去演奏巴赫康塔塔。我内心充满了用某种物体来反映音乐的想法。”与此同时，他转向当我们说话时他一直在拉制的一个陶器坯子，继续说：“这将是一个躺在黑色的长箱子里的黑色陶罐，上面会镶一小块金片。这与当你听复活节合唱团演唱时感受到暗含的金器和阴影的感觉很相近。所以说，声音、手和心始终联结在一起。”

他向我描述了早上的生活，孩子们在漫长的暑假后新学期的第一天早上醒来，听着收音机里的巴赫康塔塔，在早餐时把声音再开大些，想着我们预定的对话，“这是我必须做到的最完美的唤醒片段。”

在我看来，这是空和空间的另一面，即事物的充实性和相互依存性的一个理想的例子。埃德蒙同意这一点，但认为这很难清楚地表达出来。他说：“传统的模式不够敏感，无法让人意识到吸气 / 呼气、相互依赖性和空，以及充满和排空，返回、返回、返回。这种感觉绝对是这一切的全部。”当谈到表达的困难时，他的说法让我想起了我和詹姆斯·特瑞尔的谈话：“这就是你能做的一切。你可以做你所做的，并把它放在世界上。你不能强迫别人关注。所以无论你的艺术作品是多么的基于体验，无论你为了使戏剧化在某种程度上成为人们必须关注某件事情的知识—— 一部很长的电影、一个非常遥远的地方、一栋建筑、一个环境等，而对体验进行了怎样的拉伸，实际上人们还是可以走开，浸进去，又出来，还可以闭上眼睛不看。”

当我们谈话的时候，我注意到在他陶轮后面的矮墙上有一行铭文，写的是“万物”，这是道教和禅宗文献中的一个常用短语，用来简要地表达事物的多样性，因为这种如是（suchness）和充实是空的另一面。埃德蒙解释说，这是自己因受到作曲家约翰·凯奇（John Cage）的启发而即将举办的一个展览的标题。“对我来说，不管是他的实践，还是他对经验的开放，都有许多值得学习借鉴的地方——其中我绝对喜欢的是他在所做的事情中去驾驭那些未经编辑和已经编辑过的东西的能力。因此，我想对一切事物都关注是不可能的，但如果你能找到一个结构，如果你能找到合适的容器、合适的结构，还有合适的形式要件，你就有了一种关注的方式，就有了一种机制，一种能让随机性成为你所意识到的一部分的连贯的方式——正如约翰·凯奇的《4 分 33 秒》（*4′ 33″*）[①]。”但显然，这只是出现在他后来的很多作品中。这个观念就是，如何让随机的偶然性和世界的开放性，转变成你正在制作中的东西而不是被淹没掉，不是从一开始就飘浮到一种初级的不成熟状态。你该如何引航？这是一件很迷人的事；作为一个实践性的艺术家或作家，无论你做什么，无论你如何保持不断成长，如何保持意识，如何保持对事物的开放性，而又不完全失去一项技能、一门学科的有根性（groundedness）？这是一个始终存在的问题。”

于是，我们的谈话又回到了对时间的思考上。“很多都可以归结为时间的问题，不是吗？这总是有争议的。你如何谈论你所做的事情，听起来又不像是在提供一

① 这被称作《等待戈多》的音乐版，这大概是 20 世纪音乐史上最负盛名、最具争议的音乐作品——因为它一个音符都没有。——译者注

种学习模式或你自己的实践模式，听起来不像是说教的或伪善的？你如何谈论有些事情的确要花上 40 年时间才能学会这样一个事实，而又不显得太老气横秋，好像你是在束缚各种创造力？但还是有一个总体真理，有些事情你需要花很多时间去做，而且你在这上面花的时间越多，得到的体验就越特别。”

时间、慢下来和专注力。埃德蒙描述了在他的一些展览中，他是如何把所有的辅助目录资料和标题都拿走的，这样做是“希望人们能更加专注”。他发现这么做既有趣，又能成功地延长观众的驻足参观时间，并且据画廊服务员说，他们注意到人们会花上更长的时间，转着圈观看。“我希望这不是因为他们感到困惑难解，而是因为这样真能给他们带来一些细微的不同之处，因为他们得到了去关注的机会，而不是盯住一个对象，试着去消化理解它们，然后就迅速地离开。让世界慢下来的方法相当复杂，不是吗？”

由于这种对时间和设法让人慢下来的关注，是和我交谈过的所有艺术家共有的，所以我觉得应该和一位年轻一代艺术家的代表谈谈这个话题，他的作品既包括艺术客体，也包括表演，两者都受到历史观念的深刻影响，被打上不同时代的重叠的烙印。我曾与巴勃罗・布朗斯坦（Pablo Bronstein）交谈过。他出生在布宜诺斯艾利斯，在伦敦生活过，并在那里接受过训练。我对他的艺术实践特别感兴趣，它涉及复杂的绘画、装置和表演，并集中在建筑及其影响身份、行为和习俗的能力。当我问及他的作品的关注点在哪里时，他立即从自己的创作和观众的接受程度两个方面看到了这一点：“这要看你所谓的专注力指的是当观众观看我的作品时，我对作品所产生的认识，还是我在制作作品时所付出的注意力跨度。当我在创作某件作品时，我确实会想很多，观众会花多长时间来观赏，以及一段时间之后其他人会如何来体验这一作品，不管这是一幅包含很多不同元素的画，还是只包括不多的能够吸引注意力的元素，以及吸引目光掠过的时刻。例如，当我和芭蕾舞演员一起表演时，我能认识到其中有些内容看起来很无聊，也有些内容会令人激动，但是如果你放进了太多令人感到刺激的东西，作品当然也会变得无聊。

例如，如果你有一件非常传统的很枯燥的作品，没有太多的内涵，或者没有太多非常诱人的内容，那么观众的期望就会发生根本性的变化，他们会变得更加宽容。他们寻找某些东西，并给它一定的空间。以我的画为例，那些有着无穷细节的画作，具有和非常简单的画一样的可读性，那就是你能非常快地掌握它们的要点。有人看了作品后，会看到一个更均匀的表面，而那些吸引人们流连忘返的图画作品中吸引观众的内容，和让他们不感到紧张的内容之间会有一个很好的平衡。”

他谈到了作品的时间安排问题，也谈到“给观众太多或感觉其中包含笑点太多这个问题”。他把这比作一小时讲两百个笑话的单口喜剧演员，和那些铺垫充分但一小时内只讲三个笑话的演员之间的区别。他说：“我认为，你只要稍微多一些积累，就能达到更深的程度。艺术作品创作和表演过程在审美构建上并没有什么不同——当然，对它们长期以来的阅读方式而言，它们当然是截然不同的。我认为，对于一个受过训练的人来说，在几秒钟之内读懂一张图片是不难的，即使那是一张非常复杂的图片。而一场表演则需要花费一定的时间，而且你并没有给观众一个选择，让他们从一开始看到的情况就能推测出最终将会是什么样子。”

我发现，虽然他在当代艺术界处于中心地位，并且很受尊重，但在其他方面，他又与艺术界的某些方面很脱节。他对巴洛克时期特别感兴趣，认为巴洛克时期是从人的视角来寻求关注的，而古典形式则与此相反，是在力求自我的满足。他创作的雕塑或绘画成果既归诸过去，也归诸现在。他说，它们不会宣称真实，这都是来自他的想象，并且也许是指向一种不同的和期望中的存在方式，或者更清楚地展示一些当时不被承认的潜藏性影响。

他对语境认识很深，并且认为绘画和表演“从体验和观看角度来说，是非常不同的东西”。我想说的是，在当代艺术环境下，无论是在画廊、博物馆还是收藏家的家，甚至是杂志上，去观看我的一幅画，都能体验到一点对抗性，因为我创作的这类作品有更多的历史内容，或者要左邻右舍的绝大多数作品包含更多手工作业的成分。它们基本上都是非常费心劳力的画作，非常非常讲求细节。它们描画的常常是一些非常具体的东西；这可能是关于一种特殊类型的 18 世纪的建筑设计，所以对当代观众来说它会有一个语境上的挑战。这些表演更容易融入当代艺术表演的元素，因为当今世界是一个非常自由流动的世界，不那么死板，也不那么以时尚为导向。在当代的视觉图像、油画、雕塑、素描的世界里，这些东西都被时尚有力地支配着，任何感觉与此稍有不同的东西都像是彻底的决裂。而在表演艺术领域，各种参数和背景则宽容得多。

当我问他是否觉得语境对我们的专注力有所影响时，他回答说："我认为确实如此。我认为当代艺术创作中还有一些东西正被丢弃。这是指一种强有力的错觉——能够让你看到某个东西，在那个空间，在画布的那个区域，能看到更远的空间，或是看到更深的深度，抑或是看到另一个世界。这种错觉已经被一种更直接的对象和体验取代了。有些人做了非常复杂的概念性作品，但我发现它们宛如象形文字一般难解。你可以从左到右或从右到左，或是按照上下方向去阅读，但这就像是正在累积一系列视觉符号。文艺复兴以来，西方艺术的传统就是创造一个舞台布景，让你置身其中，我认为现在这已经彻底改变了。"

他说丹·弗莱文（Dan Flavin）是个例外，他绝对是"创造出了舞台布景，创造出了令人难以置信的空间感和错觉，但他觉得'目前很多艺术都是严格地基于文学，而不是基于视觉景象'。当你参观一个艺术装置时，你会发现很多这样的情况，你会得到一条整体性的信息，但它是通过遇到各种元素而实现的，然后就会导致另一种意义，这让我感觉非常文学化"。

在谈到时间和专注力的另一个方面时，他讲到自己对艺术作品的欣赏，这些艺术作品是良苦用心的成果。"当人类在一个物件上花费很长时间，为之付出了辛勤劳动，以非常个人化的方式，用自己的双手制造出一些东西，倾注了自己的思考和时间，我们就会与其他人一样，往往会更好地、更长久地关注它。久而久之，你就会明白，这就是事实。例如，在博物馆里，有很多比我们所拥有之物更稀有、更迷人、极为漂亮的物件，比如，古埃及时代的鞋子和木勺。所以，如果物件的生产量越大、生产速度越快，生产出来以后就越得不到我们的重视。我认为这里有一个专注力问题，那就是这些物件有一个共同之处——它们都有一个经过大量人工处理的外观，而我能从中获得灵感。它们通常都有一些小景致或者藤蔓，或是其他的什么装饰。看到这些地方，我会不知不觉地思考，这是否有什么意义呢？”

巴勃罗还谈到了空间，描述了他和他的搭档为何在几年前搬到了东肯特的海边。他说：“我们这么做，是为了开阔视野。我们发现我们在伦敦会有一种幽闭恐惧症，人们可能已经习惯了这种恐惧症，但我注意到我的空间意识已经开始消失了。给你举个例子吧，除了从伦敦的汉普斯特德公园（Hampstead）山顶或泰晤士河上远眺，在伦敦，你目光所及的最远的景致或许仅在大约一个半街区之内，而在某些区域，你能看到的可能只有对面的街头。当我们搬到海边的时候，我想我们被感动了，因为能从远处眺望，能拥有这样一条天际线，这对我们的回报太大了。我用了几周时间才适应了这条天际线的存在，因为我的视线有点难以捕捉到它。我发现当我做一些非常细节化的作品时，常常需要一个非常单调的用于配合旋律的对应物，看着它的感觉与遥望某物类似，感觉盯着它看时，时间要比看着离我半英尺[①]远的作曲本过得更慢一些。”

尽管是以截然不同的方式，但所有这些艺术家都在关注能增强我们体验并让习以为常的事物陌生化的某种形式。尽管他们用来描述这种形式的语言不太相同，但它涉及“专注力”这个词的所有含义，这是一种关注和照料，同时存在于艺术家的创作行为和观众的接受行为中。通过关注世界，了解他们的知觉过程、了解他们自己的习惯，以及他们周围文化的那些经常不加思考和未经思考的习惯，了解他们对时间的体验，艺术家们帮助我们将专注力集中在新的和创造性的时尚之上。在与加里·费边·米勒和埃德蒙·德瓦尔交谈几个月后，我听到他们在 2016

① 1 英尺 ≈30.48 厘米。——译者注

年伦敦摄影展上的一次公开演讲中的交谈。在离他在达特穆尔的家很远的一个地方，他在结束与我谈话时强调了走路对他的工作所具有的重要意义，并把这称为“我主要的生活习惯”。他把这说成“走进一个思考空间，有时会发生一些事情，有时不会发生——这就是行走的可能性，而将看到的东西就在那里。如果我不去做，它就不会发生。所以周而复始的情况是，你每天都有可能找到你要找的东西，所以这是一种锚定状态。如果你不把它付诸实践，它就不会发生。这是一种新教的工作伦理，但对发现也有一种神秘的信念”。

在讨论结束时，埃德蒙总结道，艰难的反复练习和顿悟的希望相结合就是“属于新教的、神秘的、艰苦的工作，是视觉的整合，还是对完整人生意义的保持”。

第 7 章

听觉专注力

对我来说，一切都是从倾听开始的。

在眼睛分开的地方，耳朵会连起来。听觉空间是一个比我们通常所体验的时间和空间密度更大、流动性更强的介质。在一个听觉的空间中，一切都是相联的，听的人总是处在中心。

约翰·路德·亚当斯

音乐被形容为最纯粹的艺术形式，它本身就是最具象征性的，乔治·斯坦纳把这一事实描述为“音乐的根本不可译性”。他形容它是为了摆脱语言的局限性，语言因其被线性、因果性和时间顺序严格束缚，必然“会放弃世界的多样性和自我矛盾性……被逻辑的贪婪性束缚着，这样的逻辑包含着因果法则，把时间和知觉粗暴地分割成过去、现在和未来，但身份的同一性不会改变”。

从这种语言上的限制中解脱出来，音乐和舞蹈是“人类精神的原始运动和形态，它宣布的是一种比语言更接近未知创造的存在秩序”。阿道司·赫胥黎曾在他的新奇岛上借着一只八哥的嘴告诉我们“注意、注意”，它似乎会同意这一点。他在多年前写道：

从纯粹地感觉到美的直觉，从快乐和痛苦到爱情，以及神秘的狂喜和死亡——所有这些基本的东西，对人类精神来说都是最为重要的东西，只能意会而难以言传。其余的总是一片寂静。

在沉默之后，就数音乐能最为接近地表达那些难以言传之意（而且，重要的是，沉默是所有优秀音乐不可缺少的一部分）。

从另一个角度来看，作曲家约翰·路德·亚当斯肯定同意音乐是首要的，并且与专注力密切相关：

> 量子物理学最近证实了萨满教和神秘主义者、诗人和音乐家早已知道的东西；宇宙与其说是物质，不如说是音乐。我们与伟大的神秘性的最基本的关系很可能也是倾听。通过对当下时刻的完满性给予持续、集中的专注，我们就能倾听到存在的呼吸，还有上帝的声音。

菲利普·格拉斯谈到了艺术另一个与音乐最相关的特点，这是我和其他人交谈时提到过的。这也是我们密切关注世界的方式所具有的一个重要特征——它的相互依存性："重要的一点就是，一件艺术品是不会独立存在的。它拥有一个传统的身份和一个传统的现实，它是通过其他事件与人的相互依存而产生的。"

在演出中，或者至少在公开演出中，音乐清晰显示出这种相互依存的关系。音乐甚至超过了写作者和读者之间的合作，音乐不仅依赖于它的观众、听众，还依赖于表演者和指挥者。就如同阿尔弗雷德·布伦德尔（Alfred Brendel）从表演者的视角所做的一个很好的描述："在音乐厅里，每个一动不动的听众都是表演的一部分。"演奏者高度集中的专注力给礼堂里的氛围充电，放大的电压又返回到他自己身上；观众用这种"帮助升高电压"的方式做出了自己的贡献。

避免习惯性的反应

亚当斯和格拉斯都深受约翰·凯奇的启发，凯奇在艺术实践的每一个领域都有着巨大的影响力。作曲家、作家和艺术家凯奇在这本书里被多次提及。他的工作和生活展现了他对专注力、空和偶然性的持续关注，他的任务是避免习惯性的反应，自由地睁开眼睛和耳朵，而不去管什么期待、喜欢和不喜欢。让他最出名的也许还是他的惊世骇俗的作品《4 分 33 秒》，一位钢琴家登台，坐在钢琴前，打开盖子，然后保持沉默和静止，在确定的表演时间内，就是不停地打开和合上钢琴盖，以区分乐谱的三个“动作”。它过去是，而且当每次“演奏”时还都是，表明没有绝对的沉默这回事，沉默只是声音的背景，是无差别地邀请观众来关注（随着时间的推移，这种演示本身可能会被误解，2007 年的一个案例也许就说明了这一点。在这个案例中，该作品的表演者因未经许可而受到凯奇的财产监护人的威胁）。凯奇是这样说《4 分 33 秒》这部作品的：

> 只有当没有把任何东西作为前提时，它才会让你向所有的可能性开放。但据我所知，绝大多数人并不理解这一点……但重要的是……它把艺术世界引向了生活的全部。

为了避免习惯性的反应，他还尝试写了音乐，音乐的进程是按照中国古代《易经》的理论，由丢硬币来决定的，准备让钢琴发出意想不到的声音，并在页面上以不同寻常的方式来排列文字。在当代的艺术世界中没有哪个角落感受不到他的影响，都在他的阴影之下。正如格拉斯所解释的那样：

> 凯奇正在说的是，没有什么事情是独立存在着的。音乐存在于听众及其正在听的对象之间。听音乐这一行为是通过你对作品的参与而完成的。认知活动就是作品的内容。这的确是后现代主义的根源，约翰不仅善于表达它，还在他的工作和生活中展示了出来。

亚当斯也是这么看的：

> 对凯奇作品的最意义深远的断言之一就是，音乐取决于听音乐的行为这一观念（在某些方面，这仍然被视为“激进的”）。当我们听音乐时，整个世界都变成了音乐的世界。在凯奇之后，西方音乐将永远不再是旧时的模样。音乐的中心不再是无所不知的作曲家，而是听众。作曲家也不能免于成为听众。这个音乐世界更广泛的含义是生态性的。凯奇教给我们的就是，音乐即自然，自然即音乐。

亚当斯写道："只有通过在场、意识，以及听众的创造性参与，音乐才真正实现完成。"他渴望让听众、音乐家和作曲家拥有更大的发现的自由，这把他引入了一个新的音乐领域——户外音乐。其实，他的音乐作品从一开始就是想让人在室外环境下欣赏的。"创作户外音乐需要不同的思维模式。你可以称之为'生态式倾听'。"他认为，与在音乐厅内演奏不同的是，我们需要专注力向内。在这种情况下，我们受到的挑战是，扩展我们的知觉以广泛地听到多种声音，要外向性地"倾听"。我们不仅要从作曲者和表演者那里接收信息，还要从周围更广阔的世界接收信息。这方面表现最激进的作品也许是一部名为《你去听的地方》（*The Place Where You Go to Listen*）的作品，它被安装在费尔班克斯大学北阿拉斯加博物馆的一个房间里。这个地方实际上是把这片土地和空气中实时发生着的情况变成了音乐：来自地震、气象和来自阿拉斯加不同地区地磁站的数据被输进电脑，变成了声音。亚当斯这样说：

> 在这个空间里能听到我们周围这个世界发出的那些闻所未闻的音乐之声。阳光和黑暗的节奏、月相、地球的地震波，以及地球磁场的波动，都在这个空间内共振着。

这也许是与简·赫斯菲尔德向我提出的，倾听植物专注状态的建议最接近的一个做法。当我和简谈到亚当斯的音响装置时，她回应说，这是"世界的合作"。他的另一首乐曲名叫《因努伊特》(*Inuksuit*)①，乐曲中有观众在室外的音乐人周围自由穿行着，"就像声波从一边传到另一边，注视着音乐和自然声音的碰撞"，这被形容为"相当接近纯粹的音乐正念"。

再一次顺着凯奇的试验，亚当斯说他获得 2015 年普利策奖的作品《成为海

① 因努伊特石碓本是广泛分布于北美洲北极圈内的人造石堆，从阿拉斯加、加拿大北部至格陵兰皆可见到，由生活在这片土地上的数个原住民族群所筑起。英文单数形式为 inuksuk，复数形式为 inuksuit。——译者注

洋》(*Become Ocean*)的题目是从约翰·凯奇那里借来的，是他为纪念卢·哈里森(Lou Harrison)而写的一首小诗，他在诗中把音乐与三角洲上的河流进行了比较，所有这些不同的影响和洋流，汇成一片美丽的音乐之波。凯奇在诗的最后一行写道："听着它，我们成为海洋。"

远离与亚当斯有着如此密切联系的阿拉斯加的荒野和空间，他在纽约市的家要稍微近一些，我到他的家中拜会他，并讨论了所有这些话题。我在开始我们的谈话时解释说，早些时候，当写关于空的文章时，我曾觉得，那些接受东方传统以外的观念的人似乎是通过专注力来接受空的。我说，我觉得大家都觉得自己知道什么是专注力，但其实我们并不太注意专注力本身，而只是注意它的内容。亚当斯回答说："对我来说，这是空和专注力结合在一起的地方。我对内容的兴趣远远不如对意识的兴趣。"

当我问他"专注力对你而言意味着什么"时，他回答说："我经常说，音乐不是我所做出来的东西，它是我了解这个世界的方式，所以当我想到去关注它时，几乎总是借助我的耳朵。这一切都是从听开始的。在某些方面，我的专注力完全是分散的，但是当我在听的时候或是当我在尝试接收音乐的时候，当我在作曲的时候，我都是非常专注的。我正在以一种非常深刻的方式关注着，我希望我能在余生中用身体来体会。对我来说，音乐是对专注力的召唤。这是一种让你放慢脚步的邀请，是向内的聚焦，但同时也是向外倾听，只是为了全身心投入当下这个时刻，投入这个地方，你可能知道，这是我生活和工作最核心的痴迷之处。"

如亚当斯先前所写的那样：

> 这些年来，我逐渐体会到在一个地方长时间待下去的不同品质的体验……我们在一个地方待的时间越长，就会对它越加注意，我们的体验层次就越深刻、越丰富。空间是我们从这里到那里之间旅行的距离。我们居住的空间是处所。通过耐心和对所居之处的深切关注，我们将空旷的空间变成了

生活之所。

在我们的谈话中，他解释说："这不仅仅是一种隐喻性的、诗性的意义，还是一种非常实在的地理的、生态的和体验性的感觉。我想知道我在哪里。我认为要知道我们自己在哪里，最有力的方法之一就是倾听，如果对我们在哪里这个问题理解得更全面、更深入、更广泛，我认为我们就能理解，或者我们可以开始更全面、更广泛、更深入地理解我们是谁，以及在这个奇迹般的世界中我们适合在哪里，这就是我们所知道的唯一家园。"

超越自我

当我在那份声明中暗示，似乎有一种更好地了解自我的运动和一种超越自我的运动时，亚当斯同意了："是的，对我来说，音乐就是一种超越自我的方式，或者超越自我，与越来越大、越来越深、越来越古老，在某种程度上是深不可测的东西重新联结起来。我在美国很多地方住过，因此我从来都搞不清楚到底哪里才应该算是我的家。人们会谈论回家，我却从来都不知道这意味着什么。但在1975年，当我22岁的时候，我第一次踏上阿拉斯加的土地，马上就感觉这是回家了——我找到了一个有强烈归属感的地方。我生活的大部分时间都住在那里，阿拉斯加允许我也鼓励我去想象以某种方式直接从大地上提取我的音乐；作为一名艺术家，我可以在文化之外以某种方式工作，更直接地接触所有人类文化的源头。当然，这是一个明显荒谬的想法，我们是我们的文化中不可避免的产物，但事实证明这是一个非常有用的自负，我仍然尽我所能在我一生的工作中遵循着。因此，在你谈到你的第一本书以及空和专注力之间的联系时，我对这一点的理解并不是通过任何表面上的精神修炼——我并不冥想。我很早以前就不太把它当回事。我游逛在各种宗教传统之间，从来没有找到过像家一样的感觉，也从来没有找到过任何我能在最深层次的感觉中相信的东西。显然，我从世界各地的文化和传统中找到了美丽的共鸣元素，也许我和我所理解的美国本土精神和生活方式与传统有着最深的共鸣，但我还是另一个人，是另一个支离破碎的文化的产物。因此，在阿拉斯加，我对空的体验不是通过宗教修炼，而是通过我在野外、原始景观中的体验。

“当你走出家门来到有时被我称为‘真实世界’的地方时——你最好注意点，小心冰川会崩裂，把你卷走，或者熊会从赤杨林中跳出来，把你扑倒，或是天降暴风雨会把你吹走。这样你就会有一种非常直接和真实、非常切身又非常古老的经验，我们感觉自己是所谓自然的一部分——是的，我们是自然不可分割的一部分，你可以去北极，在沿海平原或山区，真正的山区不在乎你是否在那里，也不在乎你是生是死。有时候，我发现自己处在被埃德蒙·伯克（Edmund Burke）称为‘崇高’（sublime）的美与恐怖之间的刀锋上。对我来说，这就和宗教体验差不多，这是我作为艺术家的毕生工作和修炼的核心。”正当亚当斯描述阿拉斯加风景对他的影响时，讽刺的是，汽笛声又把我们带回了西哈林区的街道。

我谈到我的三个专注力主题是一种技能，可以通过多种方式练习和增强，无论是散步、编辑还是音乐，亚当斯对此表示同意。针对我的第三个主题，即通过关注获得的一些崇高、超验的体验，他提出：“在一个常态情况下专注力被高度分散的世界里，专注力不仅是精神上的刚需，还是生理上的刚需……从深刻的生物学意义上讲，这是生存的必要条件，不仅仅是我们作为个体的生存，现在，在我们作为一个物种的历史上的这个危险时刻，专注力对于我们的集体生存是至关重要的。如果我们不清醒过来关注我们周围的世界，就可能不会在这里生存太久。谈到生存的话，在纽约市有多少人就是因为发短信而在街上被撞到的呢？这是象征性的，代表着我们目前的整个困境，尤其是作为在科技社会中生存的人类这个物种来说。因此，这是一个生存问题。”

我说，对于我来说，超越自我的狭隘，并且认识到就像他曾经精彩地描述过的那样，山其实一点也不关心我们，这是非常重要的事情。他回答说，这也让他感到非常安心，“这就像是站在耶和华面前一样，当然，你对他可能还有别的称呼。

我很想进入这种忘我之境。我想充分地体验我短暂的本性和脆弱的存在。对我来说，这正是你所说的宗教体验的核心。对我来说，这比莫名其妙地感觉掌控了一切——包括自己，要舒服得多。你用了‘超验’这个词，我心目中最早的英雄之一、也是我的榜样，是亨利·戴维·梭罗（Henry David Thoreau）。如果要埋怨有人把我的整个人生带向了一个错误的方向，那么我也许应该责怪他。我很早就遇到了梭罗，被他愤世嫉俗、独来独往的理想主义气质深深打动，我去了阿拉斯加，在那儿的一片树林里，在属于我自己的‘瓦尔登湖’边，度过了自己梭罗式的奇幻生活。因此，我想我在某种程度上是美国超验主义思想谱系中的一员，这是以音乐的形式从查尔斯·艾夫斯（Charles Ives）开始的。我一直在这么想，我和作曲家凯尔·甘恩（Kyle Gann）谈了很多次，他刚刚写了一整本关于艾夫斯·康科德（Ives Concord）奏鸣曲的书。我从未去过瓦尔登湖，几年前当我在哈佛大学教书时，我们曾决定一起去探访瓦尔登湖，一起在池塘边散散步，看看爱默生美丽的墓碑和梭罗可怜的小石头，尤其是把这两个家伙当话题谈一整天。凯尔认为自己是爱默生的门徒，我则是梭罗的追随者，但那天我的问题是，‘我们应该去超越什么？如果我们是超验主义者，我们超越了什么？’我们需要脚踏实地；我们需要更深入地融入其中。你刚才说的一些话让我觉得有些轻松，也许我们正在超越的就是我们自己——对此我很满意。”

我提出，也许最重要的是我们看待事物的方式，而不是我们所观察的对象，这让我们又回到了专注力的品质这个问题上。我引述了伊恩·麦吉尔克里斯特“灵魂可能是一种注意力的品质”的观点，对我来说，这将会解开它宗教的和超凡脱俗的理想主义的外衣。亚当斯认为这是一个很好的想法，并且继续谈到他最近正在考虑的一件大事：“一种悲哀和庆祝，最终是为了我们所有人和这个世界上所有消失的东西。”他认为这可能是聚焦在鸟的身上，想到那些已经灭绝的鸟、濒临灭绝的鸟和受到威胁的鸟，最后想到所有的鸟，他可能是在说安魂曲。因此，他去读安魂曲的拉丁文文本，却发现几乎难以抓住其中某些东西，他说“我能说这个”“我今天能意味深长地把这个唱出来”“我怎么才能把基督教神话变成像是我的感觉呢”。他觉得自从本杰明·布里顿（Benjamin Britten）写了《战争安魂曲》（*War Requiem*）以来，时代已经发生了很大变化。

从这开始，我们的谈话又回到了空上，因为我问到他凯尔·甘恩写给他的一句话：“把白色当成一个普遍性的比喻。”他还在《冬日音乐》（*Winter Music*）中写道：“白色不是没有颜色，而是充满了光，沉默不是没有声音，而是有寂静，这清楚地表达了我在自己的《空》这本书中试图描述出来的东西——它是充实的，是一切的可能性。”他笑着插话说：“它是完整的。它不需要我们在里面放置任何东西，特别是如果我们注意的话。是的，这很有趣——在我的人生信条中，一直有这种清空的过程。你们可以看到从《遗忘的云团》（*Clouds of Forgetting*）到《白色的寂静》（*In the White Silence*），再到《致卢·哈里森》（*For Lou Harrison*）到《成为海洋》，拓扑结构的数量，或是音乐元素的数量，或是这些作品中音乐材料的类型，都是从 4 到 3 到 2 到 1。因为我想在里面，我不想只是道听途说。我不想只是在眼前过电影。我不想只是读关于它的小说。我想走进去。我很喜欢听故事，音乐就可以很漂亮地完成这件事，但对我来说音乐可不该这么用。我想在音乐里生活。我想在音乐中老去。我想在音乐中栖居。”

在《冬日音乐》中，亚当斯描述了一种以舍弃音乐视角从而能栖居其中的方式，从而构成了一种音乐的视角。有趣的是，在该书中，他比较了它与詹姆斯·特瑞尔的一些沉浸式的超感知觉全域测试作品。他说：“现在，我会在音乐时间上增加一个更多维的方法，而不是去测量滴答、滴答、滴答——一、二、三、四——这样未用仪器计量过的时间。莫顿·费尔德曼（Morton Feldman）说，‘你想要体验时间，但不是像动物园里的动物那样，而是像位于原始栖息地里的野兽那样。’或者像塞缪尔·贝克特（Samuel Beckett）所说的‘不受干扰的时间’。我想要那种时间无止境的存在感，也要时间的多维度，就像我们体验近、远、中和后面一样，就像我们体验物理空间一样。我想体验时间同时以不同速度流动的感觉。因此，我原来所有的音乐都包含着多流、多层次、多速率的音乐时间，还有空间本身，它越来越成为我的一个基本组成元素，而不仅仅是一个比喻。我目前正在排练一部新的大型乐队作品，名叫《成为沙漠》（*Become Desert*），它给一个三部曲作品画上句号——《成为海洋》《成为河流》（*Become River*）、《成为沙漠》。我通常会以一个新的音乐符号开始，或是我想象中的音乐形式或形状的图画，或是能帮助我开始发现音乐的几句话、一个标题或诗歌意象。但对于《成为沙漠》这部音乐作品来说，其最基本的元素，也是最先出现的东西，不仅仅是乐器的使用，不仅仅是乐团内乐器的数量和种类，还是乐器在空间中的实际运用。这是五个不同的合奏套曲，安排在听众的周围、上方和后方。一旦我确定了声音的来源，音乐就开始流动。因此，对我而言，空间本身已经成为一个基本的组成元素，和景观设计师、建筑师或雕塑家的看法是一样的。”

我提出，他在自己的音乐最初开始的空间，可能是对阿拉斯加这一物理空间的回应，这个原本的外层空间现在被嵌入和具体体现到如此程度，现在它是一个可以在向外流溢的音乐中表达的内在空间。对此，亚当斯回答说：“是的，我想这就是我终于能离开阿拉斯加的原因——我从来没有想过我会离开阿拉斯加，也许还有为什么我不得不离开阿拉斯加。我记得，我是在几年前开始在户外工作的。过去 40 年来，虽然我一直是在大世界的启发下进行音乐创作的，但目的是在小世界的室内让听众聆听，我最终意识到，现在终于是时候走到外面去了，让音乐从一开始创作就是为了在户外演奏、体味和聆听。这改变了一切，让我了解自然空间、音乐空间、声学空间和表演空间，你还可以用新的方式说这也是个仪式空间，并让我更远离作为隐喻的空间和地点，而让这样的空间和地点成为真正现实的、我们生活其中并有所经验的周围空间，成为我们亲身体验的地理特征，引导我去思考放弃我在阿拉斯加工作的那些更具体的资源，正如你所提出的那样，我认为那是因为现在阿拉斯加如此深地成为我的一部分，成了我创作的一部分，以至于无论我走到哪里，无论我在做什么，它都与我形影不离。这不是特定场域（site-specifi），这可能是罗伯特·欧文（Robert Irwin）所称的‘场域决定’（site-determined）。这不再是来自阿拉斯加或是关于阿拉斯加的音乐，而是生发于、归属于并能够表达此时此地的音乐。我不得不说，现在，无论是在何地，都让我有在位于纽约市的家里的感觉。我喜欢当一个初学者。我年轻时说过，我永远都不会离开阿拉斯加，并设想我会老死在那里，也许我会在一切结束之前离开那里。不过，我也说过，如果我有一天离开阿拉斯加，那将会是走向沙漠，我设想的是到新墨西哥州或南犹他州去。我从来没有想到会是到墨西哥的索诺兰沙漠，但是那里太棒了！这里明显的空和空间感让我产生了一种真正的共鸣，让我感觉这里与苔原地带很相似。这还是有道理的——我立即感觉到我知道我在那里，这种知觉方式是我在雨林中不可能有的。不过，与此同时，这里有一种令人愉快的感受，这是作为初学者、小孩子的感受，是一种从头开始的感受，是理解了光线、降雨、云层、鸟类和植物，是感受到了昼夜交替和日月星辰运转的节奏。这里的天空是非常不同的。我喜欢这种发现和学习的感觉。这真的是我想待下来的地方。我们现在已经在这里住了八个冬天，我在墨西哥的沙漠里创作了一些我最好的作品——《圣风之歌》（*The Canticles of the Holy Wind*）、《越过海洋》（*Beyond Ocean*），还有《成为河流》，这些都是在那里写的。在那里，我也刚刚完成了我的回忆录的第一稿。”

空和充实相遇

我说，通过对埃德蒙·德瓦尔的《白瓷之路》（*The White Road*）一书的讨论，我觉得沙漠和苔原都可以被描述为很有潜在生机的和空的空间，甚至可以说是白色的空间，于是我们又回到了“白色”这个作为隐喻的概念。亚当斯说：“这是一个比喻，白色是空和充实相遇的地方。”当我提到特雷尔的《超感知觉全域测试》（*Ganzfeld*），或者《望天空间》（*Sky-watching spaces*），甚至凯奇的《4 分 33 秒》时，他说：“当然。让我们去那里吧，这可能和你的工作很适应。我们会在无须变得过于技术性的情况下变得有音乐性，但我认为这可能是相关的。特雷尔是我最喜欢的艺术家之一，他的作品对我有很强的吸引力。我有一件作品叫《内在之光》（*The Light Within*），灵感就来自他在皇后区 PS1 上的《天空空间》（*Sky space*）这件作品。让我很感动的是，当他在世界各地的几个《天空空间》开幕时，他都让演出那首曲子。我们从未见过面，但这让我觉得我与他有一种惺惺相惜的感觉，这很动人。把白色说成充实和空的交汇，《4 分 33 秒》意味着音乐的两个方面或是两个基本元素，当然是我音乐的两个深层来源——噪声和沉默，其实它们是一回事。凯奇说道，在 20 世纪 30 年代的某个时候，我们在周围听到的往往是噪声——是宽带噪声，而不是乐音——就像我们现在开门时涌来的城市轰鸣声一样，你可能听到冰激凌车驶过，你也可能听到有人在车里大声放着音乐，但我们听到的这些外部的声音大多都不成音调，我们称之为噪声，在森林里也是如此。你会听到一只鸟在唱歌，或是风或瀑布的咆哮，但我们从周围的世界所听到的大部分声音都是噪声，正如凯奇所说，当我们把它当作一种干扰时，它会让我们懊恼；但当我们选择欣赏它时，我们会发现它非常迷人。这是我们从凯奇身上学到的一课。

“当然，它的另一面是，他邀请我们去关注我们所认为的沉默，正如他在《4 分 33 秒》中所表现的那样。凯尔·甘恩在关于这部作品的那本书的标题中也是这么说的，他认为根本就没有寂静这么回事。只要你听得足够专注，就总会听到一些声音。因此，我有一部名为《白色寂静》（*In the White Silence*）的音乐作品，它是一段持续 75 分钟的音乐，但是其中没有一刻寂静。 还有另外一部时长 75 分钟的音乐作品，名为《奇怪和神圣的噪声》（*Strange and Sacred Noise*），其中包括几分钟沉着镇定的沉默。那么，这又是怎么回事呢？我的标题是不是已经切换过？我不这么认为。我认为，如果没有充分理解，那我一定是已经意识到噪声和沉默真的是同一个整体的一部分，并且它们会引领我们得出同样的结论——当我们在倾听时，当我们在注意时，整个世界就是音乐。”

这种对声音与寂静、专注力、意图和倾听的意识，似乎是当代音乐的一个特点。在一个介绍作曲家莫顿·费尔德曼的作品的广播节目中，有人说：“每个音符都是确定的，每个音乐记号和概念都是设计出来的，是为了让表演者和我们听众集中注意力。他的作品在很大程度上受到与居住在纽约的许多20世纪著名画家的友谊的影响。”费尔德曼安静的音乐吸引了听众的注意力，对此，钢琴家约翰·蒂尔伯里（John Tilbury）说：“他的音乐创造了一个空间，给表演者和听众提供了一种释放，对那些会导致我们生活枯萎的淤阻是一剂解药。”

费尔德曼本人曾说过：“对我来说，声音就是经验。我正在寻找产生于声音中的体验，它告诉我它是如何形成的，而不是寻找系统中的经验。我更直接地参与到声音中。这可以说成是‘我就在声音中’。”

他还谈到了声音消失的重要性，并在生与死的关系中产生了回响：“声音真正的生命是衰减。”作曲家凯文·沃兰斯（Kevin Volans）认为，费尔德曼参与进了音乐的制作过程，而不是参与进音乐的完成品中。

在视觉和听觉专注力的非凡合作下，莫顿·费尔德曼为休斯敦大学罗斯科教堂的开幕写了一首音乐。马克·罗斯科为跨教派教堂设计了一系列壁画，对此他儿子后来是这样描述的：

> 教堂壁画存在于万物和无物的交汇之处。它们是静默不言的，也是高声呐喊的。它们是实实在在的，但也是几乎不存在的。它们既是过去从来不是这样的，也是永远都将会是这样的。总之，它们存在于矛盾的王国内，或是相互排斥的领域之中。

克里斯托弗·罗斯科（Christopher Rothko）在写到音乐作品时指出，费尔德曼和他的父亲一样，既是建筑师又是艺术家；正如他父亲理解画作周围的空间是如何塑造它们的一样，费尔德曼也表明，正是空间，还有音符周围的寂静，塑造了音乐的形式。“寂静赋予了音符意义”，所以“费尔德曼教导我们寂静就是声音，就像罗斯科告诉我们空的实质一样”。两人都提醒我们把专注力投到别的东西的空缺上，投到噪声和叙述上，这样我们就能体会到“空缺有多么丰富，在我们内心中就有多少声音，有多少音乐”。他还写道：“费尔德曼的寂静等于罗斯科的空间。”

这让我想起我在 2011 年观看旧金山交响乐团演奏费尔德曼的罗斯科教堂作品时，读到过的一份节目说明，上面是这样形容费尔德曼的：

> 他是作曲家中表达最低调的一个，要求你努力去聆听。就像当你不得不花力气去听别人说话时，你就会倾向于专心地去听他在说什么。费尔德曼的音乐也是如此——它需要你专心致志。

他接着将礼拜堂本身描述为一个沉思的空间，费尔德曼的音乐以类似于专心正念的精神接近于这个空间。

作曲家兼教师保利娜·奥利韦罗斯（Pauline Oliveros）一直在帮助人们把专注力带入专心倾听的过程中，创造了一种名为深度倾听的练习。这始于一篇名为《声波冥想》（*Sonic Meditations*）的作品，她形容它是一部可以由没有受过任何音乐培训的人来演奏的作品，可以作为“倾听和回应的方式”。因为观察到许多音乐家在对“空间 / 时间连续体”进行整体性聆听方面，存在对他们的作品听得不够充分的现象，她创立了这些练习以作为应对。这种与包含观众在内的环境的分离，促使她去探究专注力过程。经过这样的探究，她学会了如何通过专注于音符来影响她的情绪状态；如何影响对于放松或紧张的反应；以及如何才能达到一种更高的意识状态，给她一种幸福感。这种探究催生了“用心倾听”的深层倾听实践；“要专注于那些从听觉上和心理上这两方面知觉到东西。”奥利韦罗斯将这种强烈的倾听描述为一种冥想的形式，一种专注于声音和沉默的相互作用，以及整个时空连续体的练习，这导致了意识的扩展：

> 同情（精神发展）和理解来自公正地倾听声音的整个时空连续体，而不仅仅是一个人目前所关心的。通过这种方式，发现和探索就发生了。新的思想领域可以打开，个人可以得到扩展，并找到机会以新的方式与感兴趣的社区联系起来。修炼提高了开放性。

即兴训练

当我和一对音乐家伉俪——萨姆·理查兹（Sam Richards）和洛娜·科兹克（Lona Kozik）交谈时，也同样讨论到了要重视倾听和注意的问题。演员、钢琴家、教师、约翰·凯奇的传记作者萨姆在谈到即兴创作时说："训练中的很大一部分就是心态训练。"他描述了如何教学生即兴发挥，刚开始就只是把素材限定为嗡嗡声，就一直嗡嗡下去直到它自己不愿意嗡嗡了。他说："我的一个朋友曾对我说，'你不是演奏你想演奏的，而是音乐自己想表现的。'但是如果你真的演奏了音乐自己想要表现的东西，你就会发现，无论如何，这都是你想要的。一旦拥有这样的心理状态，你就会完全沉浸在其中，因为你把太多的精力放在了这件事情上，以至于你自己这个角色都退隐了。这并不意味着它没有发生，它不是你，但我确实认为它存在。"

即兴表演老师洛娜把这与自己的经历联系到一起，她说自己一直在努力让人们从担心技术和演奏转变为考虑倾听的技巧。"这就是区别。你说'让我们把演奏这个变量从方程式中剔除掉，每个人都可以一直在 G 调上嗡嗡'很容易，所以他们就不用再去想他们的技巧，也不用再去考虑他们在技巧方面所学的所有东西，而且'就让它一直嗡嗡下去，直到音乐自身想改变'这样一个发展方向也能把意图带离。这几乎就像是这样一种内在的意图——'我想表演我所有的拿手好戏，我得让他们知道我会表演。'每个人都必须克服这一想法。因此，我们真正需要的技巧其实可以表达为'我们只需要倾听的技巧'。在即兴发挥中，你可能根本就不用演奏，但你这就是在很出色地即兴发挥着。这是把意图轻轻抛掉。"

她描述了一项练习，要求演奏者们相互密切配合，以至于你听不到任何人的个别登台亮相，"这样一来，你就真的是在投入地听着"。

萨姆解释说，他还会使用一种从日本佛教中学来的方法，请学生注意自我、他人和环境三个方面：首先是倾听自己，然后倾听群体中的特定人，最后是倾听环境。这可以有两种方式：一是把环境视为一个整体性大合奏；二是关注环境到底是什么，关注实际的物理环境、空间，以及它如何诱导你的演奏，甚至可能还有其他噪声在其中。这种三重性的专注力结构让我想起了毛拉·西尔斯（Maura Sills）对核心过程心理治疗专注力训练的描述。

萨姆和洛纳谈到了爵士乐与主要是独奏的即兴演奏，还有以集体方式为主的自由即兴演奏之间的区别。萨姆说："我认为，在任何一种音乐类型中，你只有愿意超越已有的智慧和规则，敢于冒险，接受过训练——哪怕是自由的即兴训练，并且能够意识到人们对业已掌握的东西会变得非常依赖，你才能真正做到最好。因为他们可能会感到不安全——甚至连那些世界上最杰出的演奏者也有不安全感。这确实会让人变得因循保守，除非他们愿意越过某个点，进入未知的领域中。"萨姆和洛纳共同引述了爵士音乐家桑·拉（Sun Ra）的话："不要演奏你知道的，去演奏你不知道的！"

洛娜说："这就是人们关注的地方。因为你可以排练到你不再注意的地步，有时候，这就是你在排练时想做的事情的一部分，因为你认为'我需要在睡梦中演奏这首曲子'，因为当你面对眼前的人时，不知道自己的神经系统将如何反应。在某种意义上，你必须值得信赖，但是你可以看到，那些真正伟大的演奏者（甚至古典音乐家）正是那些愿意向前走一步的人，是那些愿意在人前冒险的人。你可以看到，有时候某人明显是训练有素的，但是在他们的演奏中，总是有些东西显得隔靴搔痒，这是些很平淡的表演。我只是觉得这可能和专注力有关，因为如果你做了足够多的练习，你知道这是很可靠的，你就不必再以某种方式去注意，只有那些愿意不断努力的人——也许他们自信可以依赖他们的技术和他们为之努力的一切，但几乎就像任何练习一样，自由即兴发挥就是打开一切，但即使这也有自己的惯例和做法，你也必须熟练掌握好……（这）让我想起了失聪的打击乐手伊夫林·格兰尼（Evelyn Glennie）。关于如何用全身聆听，把一切都打开这个话题，她谈了很多。就开传统音乐会来说，全身聆听是事实，对于了解一间屋子和一种状况来说，这也是事实。你甚至还可以这样来认识天气。我们没有想到的是，这其实是很传统或很符合规范的东西。我们都在忙着思考基础性的东西，想着任务，但我们真的应该从学习倾听开始。”

萨姆谈到，要“放弃几乎所有把你定义为‘音乐家’的东西——你的技术、你对美丽和丑陋的概念，以及对冒险的定义”，这往往是形成阻碍的东西。这完全取决于背景。有一种特定的方式，可以训练即兴发挥者与冥想实现真正的重叠，或许也与精神疗法实现重叠。所有这些都是专注力修炼，是走向开放的旅程。洛娜觉得，“只要我有规律地做这种事情，就可以处理好生活中的其他事情。它具有非常好的稳定作用”。萨姆认为：“我们所谈到的‘即兴’这个词适用于所有其他形式的音乐制作、古典套曲，与其说是管弦乐队，不如说是指挥负责大部分的决策，但即便如此，你也必须专注倾听。或者在爵士乐团体或民间乐队中，必须有一种真正专注倾听的品质。我无法想象一场弦乐四重奏会用不到倾听，这就像平衡一样，很简单，如果有一名乐手演奏声音太大，就会失去平衡了。同样，当你演奏一首古典音乐时，你应该去诠释它，但是如果这首曲子完全变成了你的诠释而再无其他，它很快就会变得令人厌烦。

“关于专注力，我想传统上存在着音乐创作者、表演者和听众之间的区别。而在即兴创作中，前两者是合一的，但在音乐创作中，这也是一个专注力问题——它和即兴创作有很多相同的维度，甚至已经到了有些人把两者混淆的程度。对此我并不确信，但我相信，如果你是在即兴创作，那么这一切都是以你的音乐想要什么而不是你想要什么的方式发生的，这样的情况也体现在作曲中。你必须注意材料，因为它可能在实际上要求你以某种方式去做，而这种方式可能不是你想走的路线，但如果你能跟随这种想法走，就会做出更强的音乐。因此，这是另一种形式的关注。与其说这是现场性，不如说你还可以返回去擦除它。在我自己的作曲实践中，我经常会去思考这首曲子是要流向哪里？我很享受这样的思维操练。我们已经谈论过表演，但也有听音乐的专注力，并且对于我们这些音乐家来说，我想修炼的很大一部分就是坐下来全神贯注地听音乐。我们很少有机会这样做，我们在车里或房子周围听演奏；我们有这种并非全然的专注，但也应该有一段时间做到全神贯注。不过，演奏一些音乐，并且真正专注于此，这是一个很好的练习，令人惊讶的是，它与冥想是多么地相像——你如何看待专注力的漂移。

“我的嗡嗡声操练的特点之一是，它会持续很长时间，我要冒着让人们变得烦躁不安的危险，因为我认为处理这样的大段时间是非常重要的。不过我还是觉得，如果即兴发挥真的很好——我这里说的‘好’指的是你一直都很专注，那么时间就会差不多消失了，我想它会带你进入一个你可以称之为神圣的领域。米尔恰·伊利亚德（Mircea Eliade）谈到了永恒的神圣体验，谈到了神话时间之前的时间。在其中，你有一种忘记时间的感觉。如果你在祈祷或念佛，而且你真的很投入，你就不知道时间是过了十分钟还是半小时。这种情况很少发生，我们大多数人都没有达到那种忘我的境界，但是你可以通过音乐或是即兴发挥来达到这一点。我很确定，如果我在结束时能想到‘我真的不知道过去多长时间了’，那一定是有什么事情把我带去了一个神圣的领域。我认为这真的很重要。之所以会出现专注力维持时间短暂的问题，是因为你没有得到那种近乎神圣的更深层次的体验。”

所有这些评论者的共同之处，都是一种出乎意料的开放性。正如凯奇所说，音乐就是声音，他的音乐就是为了显示这种恰当的“声音”，而不是形式或结构。回到保罗·克利对第二类注意力的区分，那就是好艺术家的模式，是被安东·埃伦兹威格称为“无意识扫描的全空”的无差别的专注力，创造性的听觉专注力要求这种声音意识有韵律的变化，这种在聚焦和不聚焦、区分和不区分之间的振荡。去听听不受名字和联想干扰的声音吧。

第 8 章

体觉专注力

你的身体比你最好的智慧包含更多的理性。

弗朗索瓦·尼采

以前人们所关注的智能只是认知智能，现在对情绪智能的讨论很普遍，但是对身体智能或动觉智能（kinaesthetic intelligence）的关注仍然很少。动觉智能是指，能让我们知道身体和四肢在空间中的位置以及它们如何运动的意识。这种认识上的不足可能反映了自笛卡尔的身心二分说以来，人们对关于身体的事物（和物质）给予的较低评价。值得庆幸的是，有些人正在改变这种看法——或者更确切地说，改变这种认识上的不足。他们中的一些人来自治疗领域，还有一些来自创造性艺术的领域。我们在早些时候了解到，安东尼·葛姆雷的雕塑所依据的理念是，雕塑对象不是作为表象，而是反身性地提供一种参与性体验，让人们重新关注我们对空间的占用。

关注你的身体

在我前面提到的诺曼·道伊奇的书中，有一章是关于莫西·费登奎斯（Moshé Feldenkrais）的著作，他被道伊奇描述为“第一批神经可塑性学者之一”。费登奎斯设计了一种治疗方法，这种方法依赖于精神和身体不可分离这一基本论点，以下这些核心原则就是从这一论点中产生的。

1. 大脑的运动机能是由思维规划的。虽然我们有许多天生的反射，但我们的大脑组织还是经验依赖性的，可能会重新“布线”——简言之，神经具有可塑性。

2. 如果大脑没有运动机能就不能思考。运动机能、思想、知觉和内心感受的联系是密不可分的。
3. 运动意识是提高运动水平的关键。这种对体验的专注力和监控源于费登奎斯对东方冥想和武术的体验。它既在迈克尔之前，也反映了迈克尔后来的研究发现。当学习伴随着密切的专注力时，长期的神经可塑性变化最容易发生。
4. 分化导致了大脑图谱的形成。脑图是身体在大脑中的表现形式（对于那些熟悉各种东方式修炼的人来说，这是很神奇的事情，神经科学家将这些描述为“虚拟身体”，这是在许多精神修炼中使用的术语）。它反映了这样一个事实——它在心灵和大脑中有一个独立于身体的存在。在人受伤后，身体的某个部分在大脑图谱上的表现区域会变得更小甚至消失。通过尽可能小的动作间的感官差别，并密切关注它们，患者开始产生它们变大了的主观体验，并相应地重新设置他们的大脑图谱。
5. 当刺激最小时，差异化最容易实现。通过一个微小的刺激，微小的差异更容易被注意到，并且正是意识本身有助于重新组织人脑。
6. 动作的迟缓性是意识的关键，意识是学习的关键。
7. 不要勉强。正如多伊吉所说，“不劳不获”这句话是不对的，应该是“如果竭力而为，就不会有收获”。
8. 犯错误是必然的。没有唯一“正确”的方法，只有更好的方法。
9. 随机性运动所提供的变化可能会导致发展上的突破。
10. 即使身体某个部分的最小运动也会涉及全身。
11. 很多伴有疼痛的运动问题都是由反常的习惯，而非反常的结构所引起的。

凯瑟琳·麦克鲁姆（Catherine McCrum）起初是一名私人健身教练，后来成为费登奎斯方法的认证从业者，现在还在接受格式塔传统的心理治疗师培训。

她向我讲述了专注力在她的修炼中的重要性。她说在她的工作方法中，专注力是最重要、最有趣的事情，而且这也是人们在刚来接受训练时所发现的工作中最具挑战性的方面。人们大多是因为受到了某种伤害，或是想做得更好，或是想改善自己的表现或协调性而来接受训练的。他们想用一种自己真的不需要付出专注力的方式去做事，但不知何故，他们真的实现了自己的心愿——这是一种类似魔杖的东西。

吸引她投入这一方法的“是其正念方面。当你开始关注自己的身体，关注自己如何移动，以及自己身体不同部分的关系时，你就是在关注自己的内心感觉”。不过，她发现，对其他人来说，情况并非如此。他们“往往非常注意他们的思想或沉思，或是他们头脑中不同方面之间的争论，但在我的经验中，体觉专注力并不是我们生活方式的一个很重要的方面”。

她解释说：“费登奎斯致力于制造出非常细微的差别。举例来说，他有一个原则，那就是减少努力以获得更多的感觉。你可以引导背朝下躺着的人用脚蹬地，然后稍微向一边滚动。你会指导他们更少地使用肌肉力量，也不用很努力地去集中精力。这样一来，他们投入运动的力量越小，很可能会产生更多的感觉。因此，他们的感官知觉和身体感觉得到了极大的改善。当你能更清楚地感觉到你是如何移动的，你就有更多的选择来决定如何移动。”

费登奎斯在 20 世纪 50 年代至 70 年代开展工作，并且与格式塔疗法创始人弗里茨·波尔斯是同时代的人。当时弗洛伊德主义仍然具有极大影响力，然而，正如凯瑟琳所解释的那样，费登奎斯感到“人们就算交谈、交谈、交谈，也不会有任何变化，但如果你关注自己的行为方式，就可以实际感受到具体的东西，然后可以检查自己的行为习惯和模式，并形成选择和意识，这本身就会改变你在世界上的行为、感受和想法”。

她告诉我：“客户的起点往往是思考、诉诸理智、分析和谈话，因为这是他们觉得能够起到支持作用的东西，然后感觉就来了。当他们第一次感受到某种东西时会感到兴奋。一个典型的回应是‘我从未想到我甚至可以感觉到这一点，更别说还可以选择如何去做事情’。费登奎斯所说的最重要的事情之一是，‘如果你不知道你正在做什么，就不能做你想做的事。’你需要非常仔细地注意到，你需要对你的行动方式做出微妙的区分，以了解你为了做出不同的事情而如何行动。如果你以一种显而易见的方式去做，对正在发生的事情的细节就不会有同样的专注力，身体动作往往都是这样发生的。他留下了两三千种动作课程的遗产，探索了人类运动和机能的每个方面，从你如何转动眼睛到如何转动舌头，都会影响你。”

例如，她描述了当人的脖颈运动受限时就会导致知觉受限，这可能会触发人对受到攻击的远古的恐惧，就会表现为忧虑。她描述了自己的经历：“我记得我初遇费登奎斯时，他对我最有价值的一点是，他让我意识到自己是个总想向前看到下一件事情的人。当我吃早餐时，却在想着午餐的事情。这真是非常令人发怵。我总是感到沮丧、急躁，一直处于不安之中。费登奎斯是第一个帮助我获得了在场感的人。我在走路时能感受到我的脚，然后我的大脑就一片空白了。除了情绪上不舒服的感觉之外，我还需要注意自己身体上的一些事情。以前当我转向自己的身体时，只是感到焦虑，但是费登奎斯的方法把我带入自己的关节和骨头中，这种专注力真是非常有用。这也帮助我不致陷入对焦虑的解读——如果这样做，我的焦虑水平就会随之升高，因此我会来回摇摆不定——‘我感到焦虑，这一定是因为这个——我必须改变它——哦，我感到更加焦虑，然后我必须改变……’因此，我会不断尝试改变我的外部环境。你越是处于这种心态，就越不能接受自己的状态和生活，而生活当然就会变得更难了。”

她谈到了修炼在感觉上给自己带来的回报，这种状态听起来就像是“心流”，那一刻就是全神贯注的：“如果我的客户能得到这种体验，那么这种回报就是巨大的——因为学习如何做到专注听起来可能相当枯燥，所以你可以从更加专心和更加在场的感觉中得到快乐。这种快乐可能会让你感到有些害怕，因为你很可能会注意到你可能不想注意到的东西，但这也是你有史以来感到的最好的‘心流’。费登奎斯一直强调以你的行动为乐的重要性。他对这样一个话题说了很多，那就是当你更加专心时，你确实知道自己正在做什么，你知道如何去做你想要做的，那么你就是自主自觉的而不是冲动的，而自主自觉比被迫行动能带给人更多愉快的感觉。要全身心地去感受，自由地去运动和享受，这本身就是一种真正的激励。记住那些积极的感觉是件好事，尤其是在心理治疗方面更是如此，一直以来它有着相当长的消极历史——总是关注问题而非奖赏。”

费登奎斯的直觉是，光靠交谈是无法治愈心理问题的，这看似与直觉相悖，其实不无道理。凯瑟琳告诉我，正是那些带着痛苦来到她身边的人，促使她去接受心理治疗师的培训：“我确实觉得他们带来的很多东西与他们的身体和生理状况无关，但与他们的精神状态有很大关系——他们的生活中发生了什么，他们遇到了什么困难，他们的早期人生经历中发生了什么。”

因为能把身体和语言结合在一起，所以她承认早先接受的费登奎斯方法训练，这对她后来作为心理治疗师接受的训练有很大的帮助，特别是在体觉专注力方面。“我作为心理治疗师的新的工作经验是，费登奎斯方法带给我的优势让我具备了关注和我在一起的人的能力，同时又能关注到发生在自己身上的事情。我所注意到的这些内容，对于那些没有体觉专注力背景的人来说，似乎更加困难。他们倾向于以一种专注而坚定的方式深入他人与他们的故事和情感中，并在这个过程中忘掉自己。我有一种方法可以进入当下的存在状态。当我处于一个充满挑战的状态时，可以说，当我已经离开了我自己时，我可以注意到，并且我还可以回到我的身体里。当这种情况发生时，我想我比我其他参加训练的同行能更早一些注意到。费登奎斯并不把自己推销成一个康复治疗者，而更多的是把这当成一种教育方式——从实践中学习。我想，产生治愈效果的部分原因也许在于关照他人，让他们关照自己，同时你也关照好自己。他们觉得自己被倾听了，而且这种倾听，即你们两个同时都在倾听，是很少见的。你们两个，以及马丁·布伯所说的存在于你们之间的对话关系，可以提供治愈的时刻。”

对我来说，这种关注反映了第 3 章中所描述的关于儿童早期发育和冥想心理治疗的情感性专注力。凯萨琳再次谈到早期的主题，她曾与患有饮食失调症的年轻女性一起工作，配合进行治疗的情况："她们需要的专注力不是从成年人到成年人的类型；有时这是语前期（preverbal）的，所以会有这样一种感觉，'我能通过让自己全身心地投入当下，无论她们带来的是什么，都要通过投入地与她们同在来支持这个人吗？'这个姿态本身似乎比交谈的内容更能发挥支持作用。我认为，她们的艰难感受可能与童年期某个很早的发育阶段有关，所以在现阶段，像成年人一样与她们交往并不合适。对我来说，这是一个很大的启示，实际上，让自己全身心地投入当下，似乎要比不停地说以及过多地用语言探究这一过程起到更大的支持作用。我通过费登奎斯的方法学会了关注自己，关注自己的身体，以及关注自己的运动方式，这意味着我能刻意让自己达到这种身心在场的状态，这是一种能让自己的思想平静下来，也让自己的神经系统平静下来的状态。在我的关照下，接受治疗者也能进入这种状态。我可以做到更在场，利用我的感官知觉是一种更好的达到身心在场的方式。"

给自己一些时间

编导韦恩·麦格雷格（Wayne McGregor）不仅为位于考文特花园的英国皇家芭蕾舞团，巴黎、莫斯科、旧金山的芭蕾舞团，以及他自己的当代舞蹈团韦恩·麦格雷格舞蹈（原为 Random Dance）搞创作，还深入研究了身体创造的这个过程。多年来，他不仅与一个由神经科学家和学者组成的跨学科小组合作，研究诸如"分布式编舞认知"（Distributed Choreographic Cognition）、"编舞思维工具"和"编舞语言中介"这类项目，还一直在深入研究和探索创造性学习、舞蹈和运动的本质。这些工作的一些成果在伦敦韦尔科姆收藏馆最近的展览中展出。它们还催生了一种实用的教育资源，一本工作手册——《心灵与运动》（*Mind and Movement*），旨在用于学校和学习环境中，以发展创造性潜力和提高编舞技能。韦恩大部分工作的目的是帮助舞蹈者摆脱习惯束缚，以便创造出新的、原创性的舞蹈动作。

要“逮住”忙于各种活动的韦恩并不容易，我们在伦敦的第一次约见就因为他拍摄超时而被取消了，最后我们在 Skype 上交流。当我问到专注力在他的工作中的重要性时，他回答说：“我认为这很重要。通过与这些认知科学家一起工作，我们意识到它可能比我们起初所想到的更为重要。因为要从认知上解析任何习惯，就意味着如果可以，就要在你自己身上观察它们，然后给你一整套技术让你把专注力转移到其他方面，这样你就不会专注于任何特定的点了。因此，如果有人是视觉思维占据支配地位，并且总是形成视觉图像，那么让他们在声音循环中——在一个主要由声学观念控制的认知循环中——工作是相当困难的。然而，在实际转移专注力之前，你需要知道你的第一倾向是视觉的。想想所有那些佛教修行者的专注力修炼，想想正念和身体感知（sensing body），想想脉轮转移（chakra shift）和气功——所有这些实践都是关于这件事的，关于将你的注意力集中在一个特定的区域，让你体内释放出某些东西，或者创造出新的大脑突触联系，或者改变你思考大脑与身体的关系的方式。这就是和这些科学家密切合作非常吸引人的原因所在。”

当我提出用专注力去暴露习惯以规避习惯听起来有些矛盾时，他马上表示认同：“是的，当然是这样。我们常说，艺术创作是本能性的，但实际上，艺术创作经常变成了习惯性的，这不同于本能，所以我推测，我们正尝试着去做的事情是用新的信息、以不同的方式来激发本能，让你跳出思维的框框，让你真正有意识地建立起不同的联系。这就激发了一种体验、一种情感记忆，或是一种内心感觉，能让你以不同的方式去做事情，这就是它令人兴奋、让人感到有趣的地方。”

我提出，让事情处于边缘状态一定会有一些困难，可以说，这可不只是把一套习惯换成了另一套习惯那么简单。韦恩回答说：“这部分涉及技巧运用问题——你自己要能够观察到它们，要能观察到别人对它们的观察。还有，一旦你觉得自己处于那个境地，你会做什么。这几乎就像是 20 世纪 60 年代的那种‘倾斜策略’

（oblique strategies）的游戏。在游戏中，你会拿到一张卡片，上面可能会写着‘用新的眼光再看看’，或‘把它颠倒过来’，或‘横向思考’。你对自己习惯的识别基本上是认知性的。但也不是总要改掉习惯，因为有时候你想用到一些习惯。如果有时我想让一个对重力原理心领神会的舞蹈演员在地板上跳得更好，我就想用那个技巧，我不想让他们就只是跳，我想用那些我知道真的很有用的办法。因此我认为，这一技巧中的一部分就是要把习惯用在工作中，也要能够了解习惯在哪里发挥作用以及你希望它被转移到哪里，特别是如果你感到被卡住或堵住，或是感觉到身体内或想象力中的‘心流’不再流动了，这就是专注力转移真正能起到帮助作用的时候。”

像与我谈过的许多人一样，他引入了时间的概念，以便把讨论进行下去。“有趣的是专注力与时间的关系。因为专注力也是在给自己一些时间。我注意到了很多事情，认知科学家们也告诉我很多事情，有时候我会给舞蹈演员一个创造性的任务，舞蹈演员会很快做出反应，但实际上他们并没有真正理解——他们没有真正给自己时间去做要求他们做的事情。所以我认为，在我看来，在身体内部和一天中，在你与他人的时间体验交流中，时间的顺序之间存在着很大的关系，这是转移专注力乃至锁定专注力练习的核心。我认为这是完全不可分割的。

“我认为大脑需要时间来处理信息，虽然这是一个紧密联系的系统。我认为它会有快速的反应——或战或逃反应，这是让你快速摆脱困境的主要反应。然后，它还会有各种不同的反应，需要采取不同的参与方式，实际上是要求你在自己的头脑中，回收、挑战、测试、推动、转移各种想法，这样你就可以看到它的不同角落，然后发现其他被暴露出来的东西。我经常发现，如果我真的是在工作室里难以找到思路，就把专注力转移到别的事情上，然后直接睡大觉，这个问题到了第二天反而会被轻易解决。在睡觉的时候，在做别的事情的时候，关于这个问题的答案往往也会冒出来了——它歪打正着地给你解了围，我喜欢这样。我确定无疑地认为时间和专注力之间有一种共生关系，二者是分不开的。”

当我问韦恩是否认为专注力可以训练时，我犯了一个小错误，无意中把“专注力”（attention）说成了“意图”（intention）。他立即对问题本身和我的小错误做出回应：“我当然认为能，但有趣的是，你犯了个弗洛伊德式的小错误——把‘专注力’和‘意图’说混了，这二者之间的关系真的很有意思。我其实知道，与舞蹈演员合作时，有时你可以通过专注力得知他们的意图。有些事情就是这么简单，你是如何通过身体转移专注力的？我是怎样专注于我的肘部的？当我移动时，我如何专注于自己的手腕或者身体系统中的血流情况，这二者是非常不同的事情。现在我正在营造一个不同的想象景观，给你一种意图。这不同于‘现在就去感受一些东西，然后让专注力通过意图来表达’。

“你可以通过很多方式在专注力和意图之间斡旋，你必须明白它们是不同的，然后你才可以像演奏乐器一样演奏它们。是的，它们可以排练，可以进行打磨，可以练习：技术可以放在适当的位置，以便能够更加巧妙地处理各种选择，所以你不仅仅是以非此即彼的二元方式在这二者之间移动。因此，在这种学习中存在着复杂性，这真的很像演奏乐器。掌握技巧能让你更自由，而不是把你束缚住。这就是技巧的意义所在。技术上的要点不是要僵化，而是要解放你，让你用不同的方式去表达。”

在韦尔科姆收藏馆的展览中，人们的注意力被吸引到所谓的“分布式认知”，即集体理解这一理念上，这可以强化这种训练。韦恩认为：“它总是和人与人之间的能量交易有关，但它正在理解人与人之间的交流，它存在着一个围绕着一个群体传播的想法，并且这个想法中的一些要素改变了或以不同的方式被接纳了。不过，你首先必须准备好把专注力投向哪里。有时候你不需要这样做——人们完全可以自由选择——但是在其他地方，每个人都会被放大，会被分区到一个更特殊的属性上，然后就会变得非常有趣。”菲尔·巴纳德（Phil Barnard）是一位神经科学家，他和韦恩·麦格雷格舞团一起做了很多工作。“他和我一起做了一个很有趣的实验。他说，‘好吧，你或许可以在说话的时候听着你说话的声音，还可以听清楚你说出的是什么词语，或者我可以让你听到你声音里的嘶嘶声，你就会意识到你说话的时候发出多大的嘶嘶声。’那么，当我现在和你交谈时，你就可以听到我的声音里有很多嘶嘶声（笑）。这种非常小的注意力转移能够让你体验一些事情，理解一些你在埋头思考时理解不到的事情。我认为，如果你鼓励舞蹈演员在各种各样的情况下都做到这一点，就有了创造的可能性，这是非常令人兴奋的。这些练习带来的一个美妙之处是，专注力实际上是把你和自己的身体重新联结了起来，你实际上正在做那些练习，你还从脚到头顶地进行了身体扫描，这真的会让你变得更高一点，而不是想象你会更高。它实际上是在你的椎骨、臀部、腿部和关节中创造了空间，最终让你感觉自己的身体以非常不同的方式占据了空间。这就是身体和精神联结的力量，让你能够以不同的方式呼吸，而一天中的大多数时候我们都是紧缩着，不思考，不知道。这是一种知晓的状态，不是吗？”

韦恩也因在训练和表演中应用尖端技术而闻名，尽管他说过对应用技术来装门面并不感兴趣。韦恩说：“技术不过是可以用以激发一种你自己无法想象的感觉。甚至在数码摄像机发展的更早时期，我们也经常用它来为舞蹈演员摄像，然后再回放，这样虽然转化了专注力，但我们能够在影像系统中看到它，能回过头来对此进行学习研究。这是一个细节和经验的层次，你无法存储于自己的头脑中，但是一旦你看到了它，就能更容易地向后扫描细看，从而锁定它。我们用微软公司推出的 SenseCam 做了早期实验。这是一种可穿戴相机，IBM 公司想把它应用在那时的俱乐部文化的环境中，能真正随机地给朋友们拍下照片。我们在工作室里对此进行了几周基本测试。它每隔几秒钟就会随机拍摄一张照片，当你把它视为一部 Quick Time 电影回看时——在三分钟之内看完一整天，它真是令人惊叹。当你回看它时，你会注意到自己在这一天中没有注意到的所有事情。这是第一件事——在你的编辑之下，这一天有多少内容被你丢弃了。你注意到，在三分钟内有大量的信息丢失了，而这些信息对你来说非常有价值。他们后来意识到，对于阿尔茨海默病患者来说，这是一项令人赞叹的技术，它几乎能像关键帧一样抓拍，能对你专注力不一致的地方进行回看，能使阿尔茨海默病患者的记忆力提高

30% 以上。我觉得这真是很有趣——技术能让你以一种不同的方式来体验专注力，这样你就可以从中获得有价值的信息。”

我很高兴听到技术能以一种良性的方式被应用，以抵消目前似乎普遍存在的对我们的能力被“外包”的担忧。韦恩还认为，孩子们正在玩的一些 3D 电脑游戏也可以帮助他们建立一种空间感和行为感，这远远超过了前几代人在踢足球时所拥有的那些感觉，而且这种经验远非限制性的，可能真的会促进或发展我们的一些感官。“但是，”他警告说，“它们必须同时完成，不能脱离身体。”

韦恩告诉我，使用这种技术训练舞者的下一步是向观众扩展这种增强的参与方式。“现在，我们已经开始了一段旅程，这段旅程围绕着我们如何针对自己的专注力工作，并真正开发出技术来帮助人们富有想象力地转移他们的专注力，做出与众不同的各种创造性决策，在思维方面进行创新，而不一定只局限在舞蹈方面。我们如何才能让观众也能做到这一点呢？我们都是透过自己的滤镜来观察事物，总是想收集证据来强化我们已经了解的那些观点。当我们看演出时，其实不是真的在看。我们怎么才能做到这一点呢？我现在对这种用身体传播观点的事情很感兴趣。你如何获取生物特征数据？这不仅是你走了多少步，也不仅是燃烧了多少卡路里，而是如何从身体内部获取信号并以某种方式使用这些信号，在观众和表演之间建立一种联系。你能否想象有一天你在观看一场表演时，你的肾上腺素的状态会以某种方式被测量出来，而且剧场中观众的集体肾上腺素的状态也会被测量出来，你还将在舞台上看到在此驱动下出现了一种特殊体验，这有什么用呢？”

他笑着建议说：“这就像测谎器，能探测出你是否在兴致高昂地乐享一场表演。我认为在事关专注力的方面有一些非常有趣的东西，因为你会以不同的方式关注。我确实认为你会以不同的方式去关注。”

我在韦恩早前接受采访的资料中读到，他希望演出能比节目简介所描述的更有诗意，更有超越感，有更多的“另类”之处。因此我问他，对某种超越性的尝试，对观众和演员来说都属于“另类”事物的呈现，是不是都源于增强的、开放的专注力——如果专注力可能与此相关的话。

“我想是这样的。我认为我们生活在一个非常有组织、非常具体的世界里，我们总是在寻找明确的方案，而且也受到自己思想的局限。我认为表演艺术，尤其是舞蹈和音乐中的一个惊人之处就是，如果你能让自己进入这个世界，你就会进入一种开放的状态，一种有些模糊的状态，一种不够清晰的状态——事物都有一些轻微地失去焦点。所有的舞蹈评论家都说这是不该出现在表演中的事情，而我认为这绝对是表演中应该有的事情。我认为要做到这一点，唯一的办法就是，你要允许自己或者训练自己搞明白该如何转移专注力，该如何转移自己的专注力，如何进入这些新的存在状态或是新的准备状态。你是如何真正做到这件事的？我想这也是为什么我们可以从佛教修炼中学到这么多东西，或者为什么我们可以从气功中学到这么多东西——能量和专注力是如何在身体中以非常极端和有趣的方式转移的？这就是为什么艺术这个领域会如此有趣，因为你有一种身临其境的感觉，目前你还无法通过技术以任何其他方式进入这种状态。”

他所提到的这种不清晰的、失去焦点的、模糊不清的状态让我想起了伊恩·麦吉尔克里斯特把“灵魂”描述为专注力，是一种不可能当头碰上的来自边缘的体验。韦恩说：“从根本上说，我认为这一切都是为了寻求某种类型的一个或数个意义。我想重要的是，我们总是禁不住要在事物中寻找意义，但是我们不希望总是在事物中寻找相同的意义。我认为这才是艺术真正的力量。当艺术家和艺术作品真的可以引导观众转移他们的专注力时，就是充满感情地为他们打开一些他们以前无法接触到的情感。也许这种情感始终都在那里，但是他们从来都没有接近它。”

无论如何，舞蹈始终是一种专注力的艺术形式，如果想一想舞蹈中的所有练习，即使是你在训练的时候，转移专注力和视觉化的想法，所有这些都是舞蹈艺术的核心。如何能够思考与他人关系中的专注力，这本身就是一种技能。在这一思考过程中，你思考的不仅是你自己的专注力，还有与他人共同想象的专注力；你要思考能量传递是如何做到的，这是在不同人的身体之间，而不是你自己的身体内进行的转移，也是在不同人的胸腔之间，而非你的胸腔之内所进行的转移。如果你喜欢，这就是舞蹈练习的精妙之处，这种理念的核心就是在不同人的身体之间交换专注力。

就像我们所看到的所有其他媒介一样，专注力也揭示了一种新的语言——运动。当韦恩谈到舞蹈演员的 360 度知觉范围，她对舞伴在她身后、在她视线之外所做的事情的敏感性，并将这种三维知觉与我们面对面交流和通过 Skype 屏幕对话这样的通常观察视角进行了比较时，我才意识到自己的体觉是多么地局限于二维之内。

体觉三维意识

当我在加州与罗伯特·西利曼（Robert Silliman）交谈时，这种体觉三维意识的理念后来出现在一个非常不同的背景中。他描述了一种也许更早的、更与众不同的体觉专注力形式——猎人的专注力，现在已经很少见了。我问他，当猎人打猎时专注力有多重要，他说："重要的是，先找到猎物，然后知道其他狩猎伙伴或其他人在哪里。你必须有观察能力，以确保一切都处于安全境地。你也可以利用你甚至不认识的人——你可能会由此发现自己是否处于专注状态——让他们在不知情的情况下帮助你打猎。这有点像潜行，需要忍耐和保持安静。他们携手并进。一些不成功的猎人可以到处寻觅，耐心等待，但如果他们没有观察能力和专注能力，他们就不会成功。有时候，你恰好觉得有什么东西可能在看着你，你一转身，发现它就在那里。有时候，如果你带着望远镜，你就有那种感觉，当你一拿出望远镜，果然就在那里发现了一头猎物或一个人。我不知道这是第六感还是经验。"

这也许是经验，当我问他是否认为这些专注力技能可以学习时，他回答说，他认为这是肯定的："如果一个人没有这些专注力技能，那么他有时可能会成功，但肯定不能一直成功。他们说，在狩猎中，90% 的猎物是被 10% 的猎人猎杀的。这就是为什么在早期的人类群体和部落中，会指定那些最有成就和技能的猎人去负责打猎。很明显，这要看他们拿下猎物的能力，也要看他们能不能发现猎物，并与之足够接近。要做到这一点，他们就必须了解猎物的动向，比如，可以利用风来进行判断。对绝大多数猎物来说，人不能顺风走向它，所以要注意风向，还要注意地形。成功的猎人们会去学习这些东西，学得越来越好，所以很多老年人比年轻人更擅长打猎。很多年轻人放弃了，我想可能是因为这太费时间了。将来再也不会有这么多猎人了。我确信我和我的兄弟们从我父亲那里学到了很多，我父亲也从他的父亲那里学到了很多，我的祖父也是如此。当我们去一些地方了解以前的成功案例时，我们仍然会听到一些故事。你观察到这些，并把它们归档到自己的记忆内存中，在将来的某个时候可能就会调用它们。今天有各种不同的狩猎方式，但与旧式狩猎并没本质上的不同，人们带着向导外出，向导可能会贡献很大一部分技能，人们可能只需要做最后一击。你还得知道你正在做什么，你还得完成猎杀，但这与传统的一对一的人工狩猎是不一样的。"

我问罗伯特，他打猎时磨炼出来的这些专注力技能是否对他在其他方面的专注力技能也产生了影响。他表示肯定，并说："你会更加注意你周围的事物。你就像是在地球上找到了自己的位置——它会与你如影随形。显然，猎人必须注意周围的各种要素——风、天气，这样你就会培养出对周围的人和事的专注力。当你看到某物快速移动时，它会更快地引起你的注意。大多数动物都能根据你的运动发现你，所以你学会了更慢、更小心地运动。如果你注意观察，就会发现有些动物会在一个地方站上 30 分钟后才迈出另一步，而人们却一直在移动，他们没有注意观察和提前规划。在家里的牧场上，我在走出去之前会先环顾四周，看看是否会惊动池塘里的鹌鹑、鸽子或兔子。我不会贸然闯出去，当我外出时，我会选不那么侵扰它们的路线走。如果猫头鹰在外面，我会从它们身下走，但我可以站在它们觉得彼此相安的地方。如果我直接打开门奔向谷仓，我就会打扰谷仓里的猫头鹰，然后它们就会飞离一天或几个小时，所以我觉得还是改变自己的行为，把这里当成野外会更好一些。我不急，动物也就不会急。有许多种动物都会安排放哨，由哨兵负责监视危险，然后提醒同伴。比如，鹌鹑总会在篱笆桩或树上安排哨兵。如果我对它们发声，它们认出了我，我就可以慢慢地从它们身边走过。猎人说，掠食动物是向前看，而被捕食者是观察四周。一只叉角羚的眼睛正好在头部两侧，几乎可以看到它身后300多度的地方。它们显然是猎物，它们必须能够一直处于观察状态。听力也很重要。我观察过野兔或鹿的耳朵，它们会以两种不同的方式倾听，而以另一种方式观察，这就是它们存活下来的方式。它们也有着令人难以置信的嗅觉能力。我们作为掠食者有不同的感觉方式。我们关注和聚焦于我们前面的东西，而不必一直环顾四周，但我们必须利用风并训练我们所有的感官。一个优秀的猎人会在动物闻到或听到他之前先闻到或听到猎物的踪迹。尽管像望远镜这样的现代技术有种种优势，但一个好的猎人仍然需要动作缓慢并有耐心。

"在打猎时，你必须小心地慢慢移动，争取在猎物发现你的动作之前先发现它。当我们和家人、兄弟、父亲和祖父这样的群体一起出猎时，我们有时会进行所谓的'安静狩猎'。你慢慢移动，停下来看看，再慢慢移动，再停下来看看。要像鹿、山狮那样行进。我们会花上几个小时的时间，穿越数英里的路程。因此，我们可能会在凌晨5点半的黑暗中出发，直到10点才会合。我们知道要去哪里。当我们行进的时候，我们只会断断续续地看到一个人站在我们的一边，在50~100码①以外的地方，当我们继续前进时，不管在哪个具体的时间点，都要知道某个人应该在哪里。如果你仔细观察，就会发现他们瞬间就会出现在那里。所以几个小时后，当我们到了某个地方，父亲会问，'你弟弟在哪儿？'你可以指给他，'他就在那边。'然后，他就真的会在那里出现。这就是彼此对对方的专注力，并且在感觉上还都差不多。就像你正与一个舞伴共舞，你必须迈出与对方同样的步伐，

① 1码=0.9144米。——译者注。

要在同一时间同一个地方结束，你已经培养出了这样的能力。经过这么多年的操练，现在我们仍然可以走出去，到同一个地方会合，甚至在以前没有到过的地方去做同样的事情。我们说要会合，描述过地点后，我们就真的会出现在那里。到不了那里的人就不能和我们一起打猎了。有些人你只是告诉他们停在一个地方，待在那里观察猎物，等我们回来能找到他们就行。他们和我们还没有足够高的互相关注的能力。”

罗伯特认为，这种技能已经应用到了他生活中的其他领域，比如他的工程师工作中：“我做了五年潜水员，是搞建设的。我们在黑暗中待了很长时间——在旧金山湾的一条输油管道内待过一年半，那里真是黑得伸手不见五指。首先你自己要保持平静，知道当你下到那里时不用担心幽闭恐怖症发作，或者担心遇到鲨鱼以及其他事件。因此，从根本上说，你必须有信心。然而，一旦你下到那里，就必须始终知道自己的方位。如果你开始移动，就必须确定你正向哪里移动——因此，你知道周围的一切。一旦你进入水中，就要意识到你在朝哪个方向走，知道自己走出了多远。当你到达管道或防波堤时，必须知道你在任何时点的确切位置。你要记住，当你开始行动时，就要预计到它会是什么样子，这样就会在脑子里留下痕迹。我认为其中很大程度上就是依靠耐心和专注力以及意识和计划。这与你在其他方面的体验可能是相似的。在体育运动中，你需要注意，你必须知道每个人下一步将在哪里出现。我是一个橄榄球队的四分卫，即使是在平常练着玩时，在任何时候你都要知道每个人的位置，你要注意那些你无法控制的防守队员。田径运动和打猎的训练环境可能是一样的，你必须培养在你余生中也很重要的技能。”

冲浪之美

后来，我又和另一种体育运动的体觉专注力实践者萨姆·布莱克利（Sam Blekley）交谈过。他是一名冲浪冠军，他曾去过许多遥远的地方体验极限冲浪。

他还是一位优秀的作家，著有《正念与冲浪》(*Mindfulness and Surfing*)。这本书引用了海德格尔与“栖居”、朱利安与“生命滋养”、德里达与“心流”，以及佛教与道教的一些观点，这在体育文学中可能是罕见的。萨姆从一开始就把冲浪的正念与其他形式区分开来。他很清楚先前讨论过的关于当代正念的辩论，并明确表示，他相信目前的正念方法可能会变得盲目、愚蠢、以自我为中心和个人化，会导致修炼者退出世界而不是参与进去。相比之下，他的书描述了从自我到生态的旅程。他认为，这与西方注重自我和内心生活的心理技巧发展潮流背道而驰，这会导致我们遭受到他所说的“自我过剩和生态危机”。他对冲浪正念的介绍是基于以生态为中心的身体正念，与走入内心相反，这是一种从心灵向世界的移动，违背了内心的想法和沉思，而是进入了环境所要求我们产生的敏锐感觉中——这是风、水流、海滩形状、波浪类型和月球潮汐运动相遇之地。从这个意义上说，我们从“自我”走向了生态，我们产生了“身体正念”，将自己定位在了位置和空间之中。

为了达到这种状态，他描述了一个留在当下的旅程，让自我消融，沉浸在大自然中。其中，“表演”冲浪是第一步，通过冲浪“思考”是第二步，让冲浪思考你和表演你，或者被整个环境塑造，我们很方便地把自己简化为“冲浪”这一动作，这仍然是跨出了很大一步。

再往前一步，他认为，这种正念可以向外联结到“更大的社区层次的身心合一，联结到一个更加向外延伸和共享的认知，这是‘从自我到他人，从历史背景中的人到社会关系中的人，再到政治中的人’的发展，最终意味着‘正念可以实现激进的变化’”。

我通过 Skype 和萨姆连线时，他正在位于康沃尔的家中，刚刚从菲律宾和毛里求斯旅行回来。他解释说，他在这本书中所持的观点是，把生态知觉的理念及像冲浪这样的参与户外活动的方式，立即带到正念中，以促进对环境的密切注意。他告诉我：“很明显，冲浪自然有助于形成高度的专注力和密切的在场感，而且很大程度上是在凭直觉行动和表演。与此同时，像所有活动一样，冲浪也是熟能生巧的——随着投入的时间越来越多，冲浪运动员在海洋中快速反应的能力也会随之提高。一万小时法则相当有趣，因为它成了在各种层次下对当下的参与，这很好地代表了正念中来自亚洲哲学的那些精神实践。冲浪的有趣之处在于，它具备所有这些层次的专注力和密切注意，从深深沉浸在海洋中，到对开花浪做出反应和驾驭波浪，到对有时可以提前几周预测或观察到的气象和天气模式的认识。比如，我可以透过窗户看到大海，我很清楚现在的情况，但是最投入的冲浪者能靠着他们的潜意识和智慧预测到未来会有怎样的情况。因此，如果你知道明天或一周内会有一个特定的风向和特定规模的涌浪，你就已经在做综合判断了——你是不是有时间？你想去哪里冲浪？潮汐情况怎样？当你想在沙滩上驾车时，沙子的运动情况会怎样？这样一来，你的专注力会投入所有这些不同的方面，这些不同的方面有着迥然不同的时间尺度和空间尺度，从大的宏观海洋天气系统到非常微观的对波浪曲线的响应。冲浪也是一项很重要的旅游活动，大多数人都要去海边冲浪。然而，即使是住在海滩边上，他们仍然需要步行或开车出行。冲浪者对追逐质量更好的波浪很感兴趣，所以他们倾向于一年至少旅行一次，也许是去水更温暖的地方，比如印尼，那里的波浪可能比欧洲好。因此，这带来了大量基于活动的对环境的参与。

“冲浪与其说是进入自我，不如说是接触更广泛的社区和环境——不仅仅是指物质环境，更是来自社会的文化交流需要。很多冲浪运动都有潜在的侵入性，因为一般来说，在历史上被视为‘帝国主义者’的白人会去较穷的地方旅行，比如非洲的海岸线，做一些当地渔业社区的人们看来可能很无聊的事情，因为这里的人们不一定有空闲时间或金钱，去购买冲浪板或从事休闲活动。然而，冲浪通过分享经验超越了这些界限。我想让我的正念书超越那些典型的内在冥想性，去考虑我们有时何需走出自己的心宇而进入地球的心宇，像散步或养蜂这样的事情可能会对此有所帮助。像冲浪这样的活动也会这样提醒我们，我们不仅要让自己适应环境的需要——海平面变化或污染、全球变暖，还要满足文化交流的需求。”

萨姆谈到了冲浪之美，以及冲浪带来的喜悦兴奋之情与耐心、时机和等待之间的对比：“当抵达海岸，看看情况，穿上潜水服，走入水中，坐等波浪涌来，然后开始在浪尖上滑来滑去，在浪上滑行的时间有时候只有几秒——要是能持续 10 秒钟，就算是一次很棒的冲浪了。我想，武术中那些非常非常精准的动作也与冲浪一样伴有属于空间、耐心和空的时刻。事实是，即使冲浪者在冲浪方面没有变得非常熟练，他也一定能提高理解冲浪环境的能力，要留心去乘上哪一道波浪，要在正确的时间行动，要跳上冲浪板并保持身体平衡，要让冲浪的时间尽量长一点。它对那些想逃离互联网和媒体重围的人很有吸引力。这是一次美学上的冒险。这能够刺激肾上腺素分泌，肯定会让心跳非常快，冲浪之后也能让心率减慢，因此活跃的冲浪者会非常健康，因为他们会非常平静，心凝神聚，他们的身体也经历着从恐惧肾上腺素，到预感、期望，再到冷静满足的令人难以置信的波动。我认为这是在身体、精神和创造性方面健康的真正标志。这项活动在艺术和文学方面的创造力水平并不高，可能是因为它发生在远离城市中心的农村。而像滑板运动，在刺激肾上腺素分泌方面与此类似，也是以运动为基础，但因为基于城市环境开展，因此更受到艺术家和音乐家的推崇。”

虽然我认为萨姆对 21 世纪城市音乐的看法是正确的，但在其他方面我并不同意。威廉·芬尼根（William Finnegan）的《野蛮时代》（*Barbarian Days*）现在很成功。丹尼尔·杜安（Daniel Duane）的《被卷入其中》（*Caught Inside*）也属于冲浪文学，更不用说以前那些关于美国西海岸冲浪的音乐和电影了。事实上，在杜安的书中，我发现了对前面所讨论过的地方性和荒野文学中所表达过的几个主题。他注意到“发现对地方性的真正理解来之不易这一事实是多么令人不安，它需要多少寂静和时间——实时、每日探访”。杜安还将“海洋的吸引力”描写为“对宇宙不可知性的投入，是人们每日都需服用的一定剂量的野性之药”。

萨姆解释说，在他的书中，他谈到了一种叫作“身体正念”的东西，并暗示“也许另一位冲浪写作者可能已经用经典的内心正念的形式来构建了它，但由于我自己对地理的兴趣，我想把它构建得更加外向。我认为这将是一个关于正念文学的新视角”。他认为，这种将正念解读为身体正念、身体内的反射和心里的反射的做法，意在恢复他所说的“行动中的反身性”的本能，这听起来很像是行动和意识在“心流”的融合。他在书中描述了他为什么觉得在音乐中，没有比爵士乐和击鼓更接近冲浪了，尤其是后者。在这两种表演艺术中，规则是在准备好的状态这一常规框架内，紧跟着“现在”。在鼓手被鼓乐附身后，一个新的即兴创作模式出现了，它能让演奏者自己和观众都感到惊讶，正如萨姆·理查兹和洛娜·科兹克所描述的那样：“你不是演奏你想演奏的，而是音乐自己想表现的。”此时此地，大海也许和音乐的声音融合在一起了。

第9章

修炼专注力

专注力是灵魂自然的祈祷者。

马勒伯朗士

这些主题和想法在本书前面反复出现并得到回响，这是非常特别的。在不同的访谈和阅读文本中，先前遇到过的观察结论会重新出现在另一个语境中，并被新的环境稍微改造，但在无休止的关于专注力的交流中，肯定会向前或向后指向其他讨论。

互相搭配或者互相矛盾的现象比比皆是：聚焦的专注力或自由发散的意识，创造性的自由或约束，谦逊或自负，自求清静或表达自我，听或说，说或言说，表现或代表。思考和斟酌始终在继续，始终处在过程之中，这个活动类似于或接近于专注力活动本身在活动中将其自身创造出来；在创造性或专注性的头脑的单独行动中，在与他人的共同关注中，这是一种共同的激情——同情同感。这是一场永不完结、永不终止的运动，一场充满悖论的运动——需要做出必要的屈服去寻找自由，需要通过他人去寻找自我，这是一场聚焦与延伸、自我与他人、自由与局限之间无休止的舞蹈。这种自相矛盾的配对再次在神经元层面发生的事情和活生生的感觉体验之间的二元性中得到呼应。思考专注力就像眼睛试图看到它自己。然而，在这样的思考中，对舞蹈本身的关注，而不是对固定形式的追求，这样一种完整和丰富的感觉，可能会被体验到，如果说不是最终感的话。

我写得越多，交谈过的人越多，就越发认识到，“专注力”这一主题超出了任何包含它的意图，还有那么多内容没有被我关注到。我对社交媒体的危险性（甚至潜力）都说得很少。其他人已经留意到并将继续探讨解决这个重要问题。我只是希望，我可能已经启发了一些关于这个过程和我们对专注力的意识和好奇心。因此，考虑到最终的结论是开放的，我想试图从上面所写的所有内容中聚拢起一些尝试性的线索，并会特别关注到我在开始时概述过的三个主题。即使在我写这篇文章时，我也注意到了自己的意图所发生的转变——从开放的专注力转向寻求确定性、清晰度、意义，并且想强加某种模式。这当然是一种人性的冲动，但我认为应该主动去抵制它，或是至少应该对其保持警惕。对知识的需求可能会导致开放性被过早地关闭。要理解这种冲突——关闭和确定性应该与开放性和好奇心和平相处，并且保持更长久的开放性专注力，抵制已知模式和习惯反应的诱惑力，这可能会改变已知模式，开辟出新的道路和新的视野。因此，最后还有一些线索——它们可能会被纳入新的理论框架，导致新的路线产生，从而对时间、无常、易变性给出一个新的澄清性表达，尽管这总是处于变化中，总是暂时性的。我希望这能让你考虑、鉴别并花时间去关注更广泛的专注力领域，超越眼前的任务或目标。我希望我已经成功地展示了作为一种能被培养的技能和修炼的专注力。谈话中的所有参与者似乎都认为，这是一种可训练的能力，可以以各种方式进行修炼，并能带来丰厚的回报。他们提出了一些对我们过上美好生活可能特别有益的做法，以及如何对这样的做法进行鼓励和分享。

第三个主题是将强化的体验作为当代世俗“宗教”体验的理念——“日常崇高”。西方对有组织宗教的信奉正在下降，但每一次有关“灵魂”或“精神性”的民意调查都显示出人们对某种意义、超越或高峰体验的渴望。我想给出的建议是，也许通过专注力修炼，我们就可以做到这些。专注力修炼提供了通向深化的、有意义的体验的路径，这已经被艺术、冥想和祈祷的悠久历史所证实。要区分这些术语有些困难：“宗教的”“精神的”和“世俗的”，在关于这些话题的任何讨论中都会出现，并且反复出现。美国洛杉矶西方学院宗教研究教授戴尔·S. 赖特（Dale S. Wright）最近写了一篇很好的文章，反对在描述当代西方佛教时使用“世俗”这一修饰词。他的论点是基于这样一种理解：

> “世俗”并没有包括对生灭这类“大事”的充分认识，这就是我们的历史任务、我们的使命：通过在当代思想、修炼和经验的前沿，重新设想和建构精神敏感性，来确定人类生活的宗教维度。与有神论和无神论的胜利主义和教条主义形成鲜明对比的是，彻底的后有神论宗教实践将是实验性的，以谦逊和开放的态度向觉悟的人类生活的一系列新的可能性迈进。
>
> 这种后世俗化的取向将从冥想修炼开始，以建立起质疑当前常识的工具性品格的身心习惯，这种常识永不休止地设想出新的手段，导致我们得不到适合我们时代的理想和目标。

韩国艺术家、作家尹顾俊（Jungu Yoon）在探索当代艺术的精神性时，用“numinous”（神圣的、超自然的）一词来形容对类似问题的关注，从而规避了“精神”和“宗教”的陷阱。然而，赖特和尹先生，还有坚持“世俗”的斯蒂芬·巴彻勒等人同样关心大事。我认为，如果我们把重点放在实践上，按赖特的话说“追求真实、追求完整性、追求自我实现和自我完成”，表达善意，承认人类和人类文化始终在进行中，从未完成，尽管术语不同，但有益的、健康的融入是可能的。

激进的专注力揭示了相互依存性、偶然性和空，应该能鼓励我们宽容未知，避免对确定性、本质和同一性的渴望。它利用了约翰·济慈的消极能力，“处于不确定性、神秘性、怀疑之中，不以任何急躁的态度去追求事实和理性”，这一点在麦克法伦的“无知的意识”和马修克劳福德在“随机性艺术”（stochastic arts）关于知识的谈话中得到了响应。

我们探索了一些艺术家是如何运用专注力，以及他们的专注力之旅是如何通过耳朵、眼睛和手来引导我们，并通过文字、声音、图像或动作来让我们跟上他们的步骤的。我们已经了解了冥想和正念是如何带领我们走上同样的旅程，以及运动和工艺是如何通过其他途径来磨炼我们的专注力技巧的。在这些不同的方法中贯穿着什么样的线索？这种增强的、有意义的和启发性的体验的成分是什么？我认为，在这条道路上有很多台阶。首先要放下，或者至少是对我们通常对语言的理解进行深刻的质疑，然后是对思想，最终是对确定性和我们自身进行这样的质疑；然后，是有一个开放的心态，是对仍然存在之物的接纳，一种开放的、安定的、中立的接纳。这些就是修炼的步骤，这种修炼可能会改变我们的习惯，改变我们日常的缺省模式。

放下语言

我们会在叙述中失去生命。艾略特曾提出："我们有了经验，却没有领会其中的含义。"不过，我们也有可能在对意义的阐述中失去经验，让理论包住了活生生的经验，正如伟大的神话学家约瑟夫·坎贝尔（Joseph Campbell）所说："让概念吞噬了知觉……从而保护自己免受经验的伤害。"慢慢地、很微妙地，抽象的故事变得比感觉到的体验更重要、更真实。名称和对它的习惯性期望限制了体验。正如塞缪尔·贝克特（Samuel Beckett）所指出的那样："不需要故事，故事不是强制性的，仅仅就是生活，想要一个故事给自己，那就是我犯的众多错误中的一个，其实生活本身就足够了。"也许我们确实对两者都需要，但在对前者的需要中失去后者又是多么容易、多么不起眼的事情？形象取代了现实，表象取代了存在，我们对某事物为何物的希望来自它可能为何物。

在这里，我们再次看到海德格尔对言语和讲话的区分，以及亨利·波尔托夫特对被体验之物的关注和对被体验之物的体验之间的区分。过分关注语言，我们可能不会完全失去词语，但我们可能会用不同的方式来使用它们。同样重要的是，我们可以用心去注意，我们语言的语法规则，不可避免地倾向于把动作和动词变成静止的名词，并考虑它对我们的体验方式所具有的习惯性影响。

也许企图带领我们超越语言的最激进的口头尝试是在佛教禅宗的公案中发现

的，大卫·辛顿把它们美妙地描述为“一些似是而非的故事和诗歌片段，是对正常语言结构之外的思维进行挑逗，使之进入深刻的非语言的深度”。这样做的目的就是让我们通过一扇没有门的门，这也是一部公案集的标题。它是“主观与客观、意识与景色、人与天上的星星之间的门户”。这个门户其实没有门，因为在我们的原始本性中，在身份和语言的大门之外，“意识、景观和星星都属于同一个组织”。

放下思想

这在冥想和正念的正式修炼中尤为明显。它们传达的核心信息是，放下思想、名称和故事，在有限的时间内控制漂泊的心灵，让这种正式的修炼为培养不羁的思想和揭示隐藏在其下的意识带来永久的益处。把我们更全面地带回身体当下的体验，首先揭示然后再驯服我们对这漂泊着的思想的认同，并屈从于它。它可能会让我们重新欣赏我们的感官和他们与世界之间的界面。

注意力与自我控制、情绪的自我调节有关，这在儿童发展研究中得到了证明。约翰逊博士在 1772 年认识到了这一点，并担心会失去它，他写道：

> 我以前对自己的专注力有很大把握，我不喜欢的东西就忍住不去想它。已经有一段时间，我感到自己几乎耗尽了这种对生活的宁静至关重要的力量。

一旦失去了专注力，我们就会陷入对自己的思想和情感自我叙述的力量控制之中。专注于它们就会让我们看到，它们只是与感官相联系的具身化和世俗化的更大图景的一部分。矛盾之处在于，这可能会导致我们失去身份上的同一性，并导致意识的扩大，使思想失去那种惯有的主导权。

我们的思想经常被用来为确定性服务，而确定性实际上是没有根据的，是凭空想象的。超越自我的更广泛的意识给了我们一个真实的基础。在撰写这本书的过程中，我与之交谈过的所有人都以某种形式谈到了不确定性和对任何事情的开放，他们没有任何期待或恐惧，我可以称之为面对经验“创造性的谦逊”。

放下自我

我想先来讲一个故事。

在一个寒冷的冬日，我在路上骑马前行。我绕过一个弯道，冬日的阳光透过结了霜的树篱突然照射过来。每一颗霜晶都变成了钻石，道路变成了镶着宝石的隧道。这真是美得让人屏声静气。当我的马走过这片光辉时，我转过身，试图捕捉最后的一瞥，但我面对的立刻就是另一个方向了——太阳在我身后，我在太阳和水晶之间。眼前只剩下一片潮湿的绿棕色树篱，光秃秃的，没有闪光，所有的辉煌都消失了。然而，我永远记得那一刻，它说明了我们眼前的景象是多么依赖于我们的观察位置。对同一景观中的同一道树篱却有两种完全不同的体验。直到很久以后，我才意识到，当我改变自己的位置，站到光和物体之间时，这奇妙的景象就消失了。这似乎是象征性的。是啊，在很多情况下，都是因为我挡住了道路。

当我挡住视线时，它占据了一切的中心，然后一切都要从这个主体的角度来看，它就成为唯一的主体。在这一立场上放松一些，我们可能就会从这个世界接收到不同的东西，所以要强调接受，而不是把自我和以自我为中心的观点强加上去。诗人雪莱渴望自我的消解，想成为一架风鸣琴，让风在他身心的琴弦上弹奏，他写道："让我成为你的竖琴。"当写信给朋友利·亨特（Leigh Hunt），要求他匿名发表一首诗时，他说："太多的自我，就像芒刺在身（令人烦恼），可是我还是不能摆脱它。"我们已经看到佛教徒和神经科学家是如何描述自我的，这与我们通常将自我视为单一身份的方式大相径庭："如果有一个真实存在的自我隐藏在蕴（aggregates）中或蕴的背后，它的不变性将阻止任何体验的发生；它的静止的本性将使不断涌现和消退的经验戛然而止。"他们认为，作家、神经心理学家保罗·布罗克斯所描述的自我是"分裂和不连续的"。2016 年夏天，布罗克斯播出了一系列基于历史案例的广播节目，深刻质疑了我们通常对自我作为一个永久的、完成的身份的理解。这种观念上的转变也鼓励了一个情感上的转变——进入更谦逊、更富有参与性的与世界的交往中。

如果我们的这个“我”被认为是更复杂、更多变的，那么它也就更会被牵连到它与那些非我的事物的互动中。如果这种理解能够实现，而不是无止境地渴望去把握那些可以强化被我们视为自己身份之物的东西，害怕任何可能危及它的（虚构的）坚固性，我们的经验将被大大地扩大——甚至可能受到启迪。因为，正如安妮·狄勒德（Annie Dillard）如此美丽地描述过的那样，这是把失去的话语和自我结合在一起：

> 伟大作家所说的自我死亡并不是暴烈的行动。这仅仅是地球巨大的岩石心脏在滚动中进行的连接。只是意志的冲刺和智力的饶舌的缓慢停止——它像一口钟舌停下后，余音正在沉闷回荡的钟，等待着下一次敲击。

身体体验

放下思想、语言和自我不会让我们漂浮和迷失方向，因为它还伴随着体觉专注力。狄勒德的鼓励是，“舔舔你的手指，感受当下吧”。本书的许多受访者都提到了身体练习和身体意识。这种体觉专注力，再加上语言、思想和自我的放松，使我们能够从一个地方移动到另一个地面，就像斯蒂芬·巴彻勒对地面（ground）和地点（place）的区分一样。地点代表我们共同认同的一切——我们的位置、社会地位、宗教和政治信仰，以及我们对独立自我的信念。这是我们通常“站出来”捍卫自己的地方。相反，地面是偶然的、短暂的、模棱两可的、不可预测的、迷人的和可怕的，被叫作“生活”。这是毫无根基的地面。

安东尼·葛姆雷把他的整个工作实践都建立在身体体验的基础上，他认为雕塑可以成为一种反思性的工具，而不是一种代表性的叙事。他称赞佛教雕塑启示他，制作雕塑是关于存在的，而不是关于劳作的：“在为用于叙事性说明而雕塑出的身体和将身体制作为能够吸引感情投射的静止物体之间有一个重要的区别。”他谈到，这些作品既是专心的产物，又需要带着某种形式的专心去观看，并将由此产生的雕塑描述为“促进反思的催化剂”。他在作品中写下两条路，“一条是对活的身体的空间进行客观的人体尺度的模拟，另一条是可进入的结构，让个人以新的方式体验意识”。

埃德蒙·德瓦尔对我们日益忽视触觉表示担忧；其他人则谈到了“外包”人类的身体性反应。我们面临的风险是可能会失去丰富的体验。以身体作为专注力基础引发的下一个涟漪是参与到环境和语境中的发展动向。要充分理解专注力的身体化，就需要从根本上背离我们通常的思维方式。在这个对身体化的新的理解中，我们不再说我们有身体，而是说我们就是一具身体。由此衍生出来的是对许多目前仍然普遍没有争议的二元性的挑战，比如笛卡尔的心 / 身专注力分工，理性认知和情感的分裂，自我和其他，甚至自我和世界的分裂。反过来，这又质疑了所有源于这些人们长期信奉的二元观点的价值判断：认知智力是比感情更有价值的；以大脑为基础的工作优于动手操作。用以身体为中心的观点最明确的支持者之一、曾与我谈过教育问题的盖伊·克拉克斯顿的话来说就是：

> 整个人类系统是自组织的。没有“脑袋里的小人”来做这种认知性举重，由这个小人来负责“关注”“决策”和“计划行动”。我们本身就是一系列嵌套或展开的系统，而要说拥有一个身体的话，那就是对系统的曲解，是在身体和所谓的“主人”之间打进了一个楔子，这个“我”和思想或行为本身一样，真的都是从内心涌上来的。我是一个身心联动的星座，不断变化，永远向上。

这个身心联动的星座也是属于世俗世界的。

接受是与不是的并存：参与

前面这三个标题都涉及放手。这是出于什么目的？我们是不是可以更好、更公开地走向那些作为化身和世界的事物？从叙述、概念和自我中解脱出来，这是故事和思想的关键，当与我们的肉体重新结合起来，也许就可以用不同的方式来看待世界——这种方式更加开放，更加天真无邪，也更加富有参与性。放开话语和自我，会使我们团结在一起，这包括心灵与身体，存在与世界。伊恩·麦吉尔克里斯特认为，“我们既没有发现客观现实，也没有创造主观现实，而是有一个反应性唤起的过程”。世界“呼唤”着我身上的某样东西，反过来我又“呼唤”着世界上的某样东西。

这是中国古代的观点，是认知或神经科学、心灵哲学和现象学的成文法学派的观点，也见于本土人民的经验中。巴里·洛佩兹（Barry Lopez）在描写与当地人一起旅行所经历的事件时，明确阐述了这一观点。他描述了如何超越他自己对事件的解析，将其扩展至“我们通常对时间、主体和客体的习惯性划分中，我的朋友们已经把自己置身于一个动态的事件中”。他们的方法包括“扩展时间界限”，关注他们遇到的模式，而不是孤立的对象。因此，他们允许并充分体验了事件的展开。他说：“与我不同的是，他们觉得没有必要立即将它转化为意义。他们的做法是让它继续发展下去。注意每一件事，让任何意义在它自己的时间里显现出来。”因此，他们允许事件的展开，并把它作为一个完整的存在来体验，与他们自己更肤浅的体验相比较，思考它，把“神秘拆解成语言”。正如他所描述的那样：“对我来说，‘熊’（bear）是一个名词，是一个句子的主语；对他们来说，这是一个动词，是动名词‘承受’（bearing）。”正如麦吉尔克里斯特所说，他们的世界观源于他们的专注力。

亨利·波尔托夫特仔细描述了放手，这种与语言、自我和体验有关的改变了的关系（用更西方的哲学性术语而非身体感受性的术语），即“世界［还没有显现的］上的某些事情激发了某种回应［在知觉者身上］，这又在唤起反应［显现］的世界唤起了它”。这个过程是一个动态的整体，它把存在和知觉编织在一起，就像海德格尔所寻求的那样：“存在意味着显现。显现不是后来偶然发生的事情。存在就是像显现一样呈现的。”如果我们允许并理解，世界上的某些事物以这种方式引发反应，我们就避免了存在与显现的二分法；它们在某种程度上既不相同也非不同；有区别但不分离；而这种矛盾的参与空间，允许在存在和显现之间切换，使得强烈和宏伟成为可能。这需要在经验中进行专注力转换；这种转变让我们进入上游的过程，而不是对下游结果的习惯性关注。也就是说，它的上游从说的内容成为言说本身；从被理解的内容变成了理解这一事件。这样一来，理解事件这一行动本身就成了意义的显现，语言也成了信息披露的事件。这就是海德格尔所说的“语言的本质存在就是作为显示的言说”。博尔托夫指出，正确理解语言和世界的障碍就是所谓的“主观性神话”，它强调自我意识，因此认为个体自我是一切事物必须提及的中心和根源。

莫里斯·梅洛－庞蒂早些时候曾指出，塞尚就是现象学立场的例证，他引述画家的话：“世界生命的一分钟过去了！把它描绘成现实！忘记与此相关的一切事情。成为一分钟，成为敏感的感光底片……”

这要求我们轻视并质疑我们习惯性的观点，以及自我和语言的表现。我们在这个世界上的日常生活方式是忘却包含在自我和世界关系内的创造力，这是落进了习惯性的、不加思索的反应中，正如我们的专注力聚焦在那些已经显现的事物的表象上，具有主客体二分的结构，而不是活生生地参与到显现的过程中。如果我们能把专注力向上转移到显现的过程中，这个言说的过程就成为展露的过程，我们与世界的关系发生了变化，这一过程就被重新修正了。

劳伦斯·伯杰（Lawrence Berger）最近在《纽约时报》上发表的一篇文章中谈到了这一区别，文章题目为《在那里：海德格尔论我们存在的意义》（*Being There: Heidegger on Why Our Presence Matters*）。作者试图将专注力这一课题从认知科学领域转移到我们所称的切身感受上：

> 专注力与人类存在的所有可能模式有关——所有感官（如视觉、听觉等）和其他方式（如思想、情感和想象）。能提供对事物的访问，以便它们能够被

表示出来所需的任何信息处理，都必须首先通过专注力的过滤器。

在海德格尔看来，专注是事物对我们呈现的方式，因此，与实体在一起并更好地专注于它就能够更深刻地揭示它的本质。我们在里尔克的诗歌、塞尚的绘画，以及海德格尔和博尔托夫的哲学著作中所看到的这种专注力，允许存在一种与世界的不同关系——一种参与性的关系。在这种关系中，我们专注力对象的存在及我们与它的关系，不能脱离我们参与其中的整个背景来构想。用海德格尔的话说，我们与我们所专注的对象“永远在一起”。“我们在一起是显而易见的。不是作为离散的实体，关系是第一位的，并且这种关系到了这样一种程度，即在我们和石头（对象）最终为何物这个问题上，我们和石头是相关的事物。”而且，这样的专注力很重要。“一方面，我们从根本上是与世界隔绝的；另一方面，我们与我们所遇到的人和事又有着直接和潜在的深刻关系。”

这反映了巴里·洛佩兹在与地点的关系方面所给出的更具呈现性的例证。

> 以我的经验来看，去了解某个地方的决心始终是有回报的。在我看来，每个自然的地方都是开放可知的。在这个过程中的某个地方，一个人开始感觉到他们自己正变得为人所知，所以当他们不在那个地方时，他们知道那个地方会想念他们。而这种相互作用，即去知道和被知道，强化了一个人在世界上是必要的这种感觉。

专注力与时间

在我为写作这本书而进行的几乎每一次谈话中，专注力都以某种方式与时间问题相关联：花时间、放慢速度、设定更长的时间尺度。韦恩·麦格雷格谈到了专注力和时间之间的“共生关系”。亨特·罗伯特·西利曼（Hunter Robert Silliman）和埃德蒙·德瓦尔谈到了灌输一项技能所需的时间。专注于一个地方的作家谈到要对他们的地方做到专注和到场所需要的时间，如温德尔·贝里之于他的农场，巴里·洛佩兹与更广阔的环境，丹尼尔·杜安与他的冲浪点。费登奎斯的方法建立在缓慢的经验基础上。几乎和我交谈的每个人都提到要慢慢来，要投入时间。我们生活在一个讲求速度的时代，时时处处都被鼓励要“节省时间”“要走捷径”“每天都要更充实”。令人担忧的是，我们对孩子也是这样要求的——空闲的时间、反思的空间、进行想象游戏的机会，都被现成提供和专业制作的娱乐节目挤占了。每当想到我在童年时所抱怨的无聊变成了如今孩子们的渴望，我都不禁会感到吃惊。

时间是一个如此广阔的话题，如此难分难解，当与我们的经验纠缠在一起时还显得有些神秘。要想合理地对待这个话题，它本身就值得写一本书，需要更多的空间和关注，我在这里所能做的还远远不够。因此，我在这里将只限于指出时间的重要性，这种专注需要时间，甚至与时间是不可分割的。专注力当然可以改变我们对时间的体验；花些时间可以鼓励和支持我们向着后续的目标前进。因为，正如艾米莉·狄金森所告诉我们的：“永远就是由现在组成的。”

日常生活中的顿悟

斯蒂芬·巴彻勒经常用“日常崇高”一词来描述一种看待和参与日常现实的与众不同的、增强性的方式。他所讲和所写的日常现实既涉及冥想（正如第 8 章所论述过的），又涉及艺术实践。他认为，洞察力既有美学维度，又有情感和认知维度。他说：“冥想源于日常崇高并在其中达到高潮。”对念诵咒文，或把佛与曼陀罗形象化，以及获得身体外体验、清醒的梦境或超心理体验，他都没有兴趣。在他看来，冥想是关于拥抱这个有机体在这一刻发生的事情的能力：

> 我并不拒绝神秘的体验，我只是拒绝神秘仅仅隐藏在那些显而易见的事物背后的观点，它是现在正在时间和空间中发生的事情之外的任何事情。神秘无法超越这个世界却浸透了它。

为了理解这一点，在崇高代表着超越我们的能力所代表之物的意义上，他指出了这个事实，即正确地、沉思地看，"世界是过度的——每一片草、每一缕阳光、每一片落叶，都是过度的"。在文字、形象或概念上，所有这些都是无法被充分捕捉的（在这里，我想我们也许可以补充一下，海德格尔也许会指出"言说"，博尔托夫也许会指出对"上游"的理解，以规避这样的不足）。他说，这种崇高，"能让思考、算计的头脑停止，会让人无语，会让人被惊奇或恐惧征服"。这种奇迹或惊惧只能在言语、计算或以自我为中心的控制的另一面才能被发现。当一个人在黑暗中仰卧，望着浩瀚的暗夜和深邃的星空时，他可能会感到一种奇妙、可畏的被征服感。我们那个日常生活中的自我太难以理解这一切了，因此我们会习惯性地退缩。我们从浩瀚的宇宙中退缩，只从习惯性自我那有限而安全的角度来看待它，用我们的小欲望、恐惧和范畴来涵盖它。然而，日常崇高是存在的；当从一个能够包容我们整体状况的角度来看我们的普通生活时，我们就能认识到它的存在。它并不局限于非凡。正如詹姆斯·特雷尔对我说的那样："我们忘记了那些小事情，忘记了它们有多么珍贵。"维特根斯坦写道："神秘的不是世界上的事物是如何存在的，而是它存在着。"我们必须摒弃习惯性的思想和防御性姿态，承认从这些思想和防御中获得自由的可能性，从事既能彰显这种日常崇高，又能从其浩瀚中脱颖而出的实践。吉尔克里斯特曾暗示"灵魂"也许是一种专注力品质。

巴彻勒将艺术、伦理和精神实践结合在一起，认为贪婪、仇恨和无知是一种麻醉——它们使我们的知觉迟钝，只呈现出一种平淡的生活。因此，艺术可以是这样一种实践，它从包含着悲惨和快乐的所有方面来拥抱生活这个整体，如果一个人对他生活的审美维度知觉特别生动的话，就可以揭示出每天生活的崇高。马修·克劳福德在他的"专注力的情欲性"中提醒人们注意这一点。激进的专注力实践可以导致一种对我们的处境做出"同情的、伦理的和创造性的"反应的生活方式，这就是一种永远变化的、悲惨的和快乐的、空虚的生活体验。正如巴彻勒所说，这是一种终生的实践。这样一来，人们的专注力就像马勒伯朗士所说的那样，成为一种自然的祈祷。W.H. 奥登写道：

> 祈祷就是专注于某些事情或别人而非自己。当一个人如此专注于风景、诗歌、几何问题、偶像或真神时，他就会完全忘记自己的自我和欲望，他在祈祷着。

他接着说："老师的首要任务就是在世俗的背景下，教导儿童理解祷告的性质。"

诗人兼作家凯瑟琳·杰米（Kathleen Jamie）这样描述了她丈夫病危的那段时间：

> 我没有祈祷，但我注意到了，蛛网，正在变浅的光线，医生的倾听方式，她裙子的斑点花呢面料，有斑点的鸟，还有得了镰状细胞性贫血的男子那纤细的脚。这不是一种祈祷吗？关心和保持我们注意的网络，你关注了吗？

空和开放性，不确定性和悖论

以前我曾写过关于空的哲学文章，我在写作中发现，理解它们需要转移专注力，最初这类似于对物质和存在的缺省设置做一个图形 / 背景翻转。在协助进行这种重新调整的过程中，我深刻理解了西方最近几篇对空、模糊、不确定、不可知甚至显得像是"消极原则"进行鉴赏的文章。与我交谈过的许多人都注意到这样的主题：伊恩·麦吉尔克里斯特谈到边缘和隐喻；罗伯特·麦克法伦写的"偏心的眼睛""无中心的自然"和"无知的意识"；简·赫斯菲尔德对无法言喻和不可能的提及；而且，早些时候，还有济慈对负面能力的表达。马修·克劳福德强调了约束的重要性，将"共同的专注力"描述为"消极原则"。

科学家特伦斯·迪肯（Terrence Deacon）在他最近有趣的工作中提出了一些问题，他以一种自然发生的动态方法来定位生命和心灵的产生，这种方法既考虑到了存在的东西，又考虑到了不存在的东西，要在"特定的缺席倾向、与工作的因果关系结构密切相关的动力约束，以及非自发变化的关键媒介中找到工作能力”。迪肯将零的数学运算所带来的挑战与他所称的生活和精神过程的“ententinal”属性所带来的挑战进行了类比。ententional是一个形容词，用来描述在“与非内在事物相关、由非内在事物构成或为实现非内在事物而组织起来的意义上，本质上不完整的所有现象。这包括功能、信息、意义、参考、表示、代理、目的、感觉和价值”。他说，现代科学就像中世纪试图排除零的作用一样，试图排除缺席标记作为合理解释的一个因素。相比之下，他试图进行他所说的图形/背景反转，把“一些最基本的物理过程按照约束的概念进行再概念化——没有实现的属性和自由度”，他为这些约束创造了“缺席的”一词。“缺席的”是指“对于缺失的、分离的、可能不存在的事物而言，存在的自相矛盾的内在属性”。尽管当用于无生命的事物时，这是一种不贴切的属性，但对心灵来说，这是一种决定性的属性。他把它描述为一种“结构性缺失”，这是ententional现象的一个关键的决定性属性。他的书以这样一段话作为结尾：

> 通过以一种精到的形而上学方式来重新思考自然科学的框架，并把我们体验到的缺席现象的领域加以整合，我认为我们可以从当前年代的存在危机中找到一条替代的道路——一条既不需要相信魔法，也不需要加入终极自我怀疑的诡计的道路。宇宙比我们可以用眼看到、用手触到，或用回旋加速器这只外手来操纵的部分大得多。这里有太多的东西。这些东西是如何组织起来的，又是如何与其他东西相联系的……是时候认识到在物理性解释的结构中，还有意义、目的和价值的存在余地了。因为这些现象有效地占据了区分和关联起物理性存在着的世界的缺失。

面对这一切，无视约束、偶然性和空虚，强调我们的自由，似乎是在自欺欺人。对克劳福德来说，答案当然在于熟练的实践，以及仔细关注其在身体上的体现、参与和依赖他人、传统、文化和语境等方面的隐性维度。有趣的是，尽管也许更抽象一些，但迪肯认为他理论中最重要的部分是工作能力的概念。

麦吉尔克里斯特建议“在创作中‘不，先来吧’。他引用了鲁利安·卡巴拉

（Lurianic Kabbalah）和神经科学，我还会加上道家思想”。他在描述中也阐释了在场和代表的观点，用科学来支撑现象学，声称“非”的首要地位：

> 似乎直观地反映了我相信一切都是通过大脑两个半球的相互作用而在现象上为我们产生的。第一个“行动”不是发生什么事情，而是由所有新体验从此开始的大脑右半球所掌控的开放的接受性注意力。它为某物创造了存在空间。然后，那些被接收到的东西就会被“注入”到大脑左半球所带来的各种类别和系统中，但是这些并不足以包含第一次在这里显现的或“在场”的含义，并且它们会被分解。这个意义又必须返回到右半球，通过重新将它作为整体理解来“恢复”它。

所以，不仅仅是佛教徒寻求接受偶然性和矛盾高峰之间的中间道路。在写本书时，我遇到了一些关于悖论的精彩陈述。在一系列旨在说明对科学显而易见的东西和逃脱它的其余东西的讲座中，麦吉尔克里斯特指出：“在每种智慧传统的核心都存在着悖论。”与此同时，对悖论的一个奇妙的正面描述也相伴而生，描述了“一个反抗的象征，一个思维与现实不符的警告，因此现实不仅仅是我们所想的”。伴随它的还有物理学家尼尔斯·玻尔（Niels Bohr）的一句名言：“我们能遇到一个悖论是多么美妙的事情。现在我们有了一些进步的希望。”当被丹麦政府授予勋章时，玻尔选择了在臂章上绣上阴阳符号，还有“相反相成”这句话。克尔凯郭尔（Kierkegaard）说道：

> 不要对悖论有误解，没有悖论的思想家就像没有激情的情人——那是平庸的人……思想的终极悖论是，想发现自己无法思考的东西。

作家安妮·狄勒德是最擅长描述关于日常崇高的不同面貌体验的人之一，她表达了增强注意力的必要的悖论。她写下了另一种涉及放手的景象：

> 当我看到这种方式时，我呆呆地晃起来，内心一片空白……但我不能出去尝试着这样看。我会失败，我会发疯。我所能做的仅仅就是试图堵住评论

员的嘴，堵住那些不想让我听见的，内部发出的无用的胡言乱语的声音……这真是一门需要我投入毕生奋斗的学科；它标志着东方和西方各派圣人和僧侣的文学，在各种规则和不规则之下的，包括穿鞋的和赤脚的。世界的精神天才们似乎普遍发现，心灵的污泥浊水，这些源源不断流过来的琐屑废物，难以用坝拦住，而想筑坝拦住它不过是枉费精力，可能会让人疯狂。相反，你必须让浑浊的河流在朦胧的意识河道中不受注意地流淌过去；你提高你的眼界；你顺着它看就好，温和地承认它的存在但对其不感兴趣，并在其外凝视着其真实的领域，主体和客体在那里纯粹地行动和休息，而没有发出言语。

修炼

以上所有这些思想都有望证明专注力的重要性和增强意识的回报。

遗憾的是，这种对悖论的宽容和这些空与开放性、存在与缺失、自我与世界的观念，无论在过去还是现在，都不是我们在当代西方思考和体验自我、世界与时间的共同方式。更普通的方式仍然以笛卡尔哲学的二重性和对一个坚实的同一性、一个外部世界和一个规范的时间的信仰为标志。另一方面，现象学、道教、佛教是神经科学的活跃分支，强调 4E 认知——制定（enacted）、体现（embodied）、嵌入（embedded）和延伸（extended）。许多思想家和艺术家都以上述方式提出了更具参与性的世界观。

他们强调，通过对当下时刻发生的事情所保持的开放性和接受性来强调专注力的力量，可以揭示体验与世界、自我和其他之间复杂且常常自相矛盾的舞蹈。对佛教徒来说，仔细磨砺的专注力揭示了无常与虚幻、自我与存在的复合过程，以及对期望与性情的依赖；对科学家来说，内感受性的和外感受性的专注力技能确保我们更多的身体体现过程，可以对我们的环境做出最好的反应；对于艺术家来说，经过磨炼的专注力重新展现了世界的日常崇高和方方面面。

第 9 章
修炼专注力

对当下时刻的认真关注使我们进入了一种不同的理解，一种对自我的体现，揭示了我们对这个世界的参与，这是一个丰富的世界，它不仅被视为资源，还被视为源泉。接受性的反思意识是对任何事物的产生保持的有意开放的状态。这本书的对话所揭示的另一个共性是，认为达到这样一种状态是一项可以练习的技能。正如盖伊·克拉克斯顿所说："专注力就像是一块肌肉，会随着时间的推移变得越来越强壮和可控。显然，它可以像任何其他习惯一样得到培养和发展。"用丹尼尔·西格尔的话说，这"创造了自我调节的灵活性，可以让个人彻底摆脱习惯性的适应和反应方式"。这样一来，它可能会打破我们的习惯模式，促使我们从被动反应转向接受和响应。从代表（在习惯的支配下）到展示（与代表不同，展示可能既包括"有什么"，还包括"没有什么"）的类似的并行运动活跃了一切，把我们与一切联系在一起,"绑缚"在一起。这种开放让我们回到专注力的词源性根源，让我们的注意范围向外展开。通过这种伸展，我们打开、触摸到其他的，而不是自我的世界。

因此，最终重要的还是修炼，这是对我们所做的一切培养不同的意图和关注，这可能是这次探索得出的唯一坚定的结论。正如安妮·狄勒德指出的，这是一种放手，但也是一门可能需要毕生奉献的学科。提高注意力技能的修炼挑战了不加思考的习惯，向我们敞开了新的体验，培养了新的、更好的习惯，而这些习惯又从来没有坚持自己不受质疑。正如神经科学所揭示的那样，神经可塑性是依赖于体验的，因此这样的练习是值得做的。我们可以从自我和知觉世界中培养出经验。在写作本书的过程中，我所经历的每一次谈话都强调了专心修炼、专心栖居、专心生活的重要性。各种形式的艺术和工艺练习就是一个明显的例子，正念和冥想是其他形式的例子，心理治疗也是一种形式。如果说我高度重视艺术家作为熟练实践者的经历，那么我是希望大家能够以他们为榜样，将我们的生活视为艺术作品，至少在某种程度上，这些项目可以是有意识地创作的，而不是仅仅作为对外部强加事物的反应而持续体验的。如果我们能意识到我们每时每刻都在运用的专注力的重要性，就很可能会生活得更好、更快乐。任何事，只要专注于此，就都可以成为一种修炼，比如园艺、散步，以及在世界上保持清醒。

只需要一点点对自身专注力有意识的注意即可。威廉·詹姆斯认为：“专注力和努力是……相同心理事实的两个名字即可。一个人如果养成了专心致志、精力充沛和在不必要的事情上能克制自己的习惯……他就会像高塔一样矗立起来，他周围的任何事情都会坚若磐石，而他那些意志不坚定的同辈俗流就会像稻壳谷糠一样被大风吹走。”

专注力最好不要被看作名词，而是作为一个动词、一个过程——一个参与的过程——来看待。遗憾的是，我们的名词语言从根本上导致了僵化；我们习惯性地谈论专注力而不是保持专注，习惯性地谈论自我，而不是自我化。僵化排除了悖论，紧紧抓住确定性不放使我们对事物发生和演进的方式视而不见，而如果我们真的专注于它们就不会这样。专注力修炼其实是一种自我化修炼，可以通过行动、正念和一些努力来培养。这个过程是无止境的、无限的。当今天的好习惯变成了习惯性，就会对新体验失去反应。一旦习惯变成了习惯性，就不再具有反思性，也不再能进行自我反思。它的局限不再被注意到，从而制约了对一个总是处于变化中的世界进行公开回应的能力。对意识的修炼必须是无止境的。

要专注。

Attention: Beyond Mindfulness by Gay Watson was first published by Reaktion Books, London, UK, 2017.

ISBN:9781780237459

北京阅想时代文化发展有限责任公司为中国人民大学出版社有限公司下属的商业新知事业部，致力于经管类优秀出版物（外版书为主）的策划及出版，主要涉及经济管理、金融、投资理财、心理学、成功励志、生活等出版领域，下设“阅想·商业”“阅想·财富”“阅想·新知”“阅想·心理”“阅想·生活”以及“阅想·人文”等多条产品线，致力于为国内商业人士提供涵盖先进、前沿的管理理念和思想的专业类图书和趋势类图书，同时也为满足商业人士的内心诉求，打造一系列提倡心理和生活健康的心理学图书和生活管理类图书。